千年守望
金陵大报恩寺塔古今

史诗长　周云贵　编著

东南大学出版社
SOUTHEAST UNIVERSITY PRESS
·南京·

内容简介

南京城南长干佛陀里有两座古老的寺庙,一座是晋代东吴孙权为印度高僧康僧会所建的"江南首寺"建初寺,另一座是东晋咸和年间所建的长干寺。这两所著名的寺庙,开创了江南佛教文化的先河,并随着岁月的流逝及朝代更替,屡毁屡建。尤其是到了明代,明成祖朱棣诏敕以皇家规制在长干寺原址建成了规模宏大、金碧辉煌的金陵大报恩寺与五彩琉璃塔,当时中国人称之为"第一塔",西方人称之为"南京瓷塔"。该寺塔被列入"中世纪世界七大奇观"之一,可惜在太平军战火中被毁。如今,渐行渐远的大报恩寺塔在长干里复建,重现了昔日的辉煌,千年守望,薪火相传。

千百年来,这座古寺在屡毁屡建中到底发生了哪些故事,又藏有多少不为人知的秘密,本书带你寻觅和佑证那些谜团,回忆尘封的历史记忆。

图书在版编目(CIP)数据

千年守望:金陵大报恩寺塔古今/史诗长,周云贵编著.—南京:东南大学出版社,2020.8
　ISBN 978-7-5641-8933-4

Ⅰ.①千… Ⅱ.①史…②周… Ⅲ.①佛教—寺庙—介绍—南京 Ⅳ.①K928.75

中国版本图书馆CIP数据核字(2020)第097549号

千年守望——金陵大报恩寺塔古今　Qiannian Shouwang——Jinling Dabaoensita Gujin

编　　著	史诗长　周云贵
出版发行	东南大学出版社
社　　址	南京市四牌楼2号　(邮编:210096)
出 版 人	江建中
经　　销	新华书店
印　　刷	徐州绪权印刷有限公司
开　　本	787mm×1092 mm　1/16
印　　张	14.75
字　　数	280千
版　　次	2020年8月第1版
印　　次	2020年8月第1次印刷
书　　号	ISBN 978-7-5641-8933-4
定　　价	68.00元

本社图书若有印装质量问题,请直接与营销部联系,电话:025-83791830。

序

悠悠岁月，沧桑万变；朝代更迭，几经轮回。

南京是六朝古都，十朝都会，拥有近2500年的建城史。自公元前472年范蠡在城南长干里筑"越城"始，其后经历了孙吴，东晋，南朝宋、齐、梁、陈，南唐，明代，太平天国，中华民国南京临时政府与后续的国民政府。南京又是一座具有世界影响的文化名城，是文脉悠长的佛教圣地，其悠久历史构成了精彩纷呈而又波澜壮阔的历史长卷。同时，南京也是一座有1780多年佛教文化发展史的城市，南京城南长干佛陀里最古老的建初寺、长干寺等寺庙，千余年间，流传着许许多多传说和动人的故事。

东吴、两晋、六朝时的建康（南京）都城，位于秦淮河（今内秦淮河）之北，"曲屈秦淮济万家"，秦淮两岸是建康城最繁华之地，贵族世家聚居，文人墨客荟萃，这里不仅是当时最为繁盛的商贸区和居民集住区，也是佛寺最为发达的地域。东吴赤乌十年（公元247年），吴大帝孙权为印度高僧康僧会在内秦淮河南岸兴建了建初寺，为"江南首寺"，也是"江南佛寺之始"。稍后，在六朝宫城"南护城河"（今为外秦淮河）南岸古长干里，又建起了一座寺庙，因该寺在长干里，取名为长干寺。之后又建起了古瓦官寺、光宅寺、天量寺等寺庙，实乃"南朝四百八十寺"滥觞之标志，古老的长干里便成为"江左大法遂兴"的佛陀里。

建初寺大约幸存了100多年，到了东晋司马衍执政的咸和三年（公元328年），建康（今南京市）发生了"苏峻之乱"。建初寺和阿育王塔不幸在这场战乱中被毁，颓垣残壁，逐渐冷落，曾经繁华一时、香火盛行的"江南首寺"几乎荡然无存，渺无人迹。到了元代末期，原址成为一片废墟，被后来兴建的瓦官寺吞吃。而长干寺在晋太康年间（公元280—289年），虽然时废时建，但香火不绝，到了东晋咸和年间千年佛脉又得到了复建；再到了北宋端拱元年（公元988年）长干寺因得到玄奘顶骨而重建，同时又建圣感舍利塔；天禧二年（公元1018年）将长干寺再改名天禧寺；到了明永乐六年（公元1408年）这座古老的寺庙又毁于火灾；再到了永乐十年（公元1412年），明成祖朱棣以报恩父亲明太祖朱元璋和母亲马皇后之名，命工部重建大报恩寺及九层琉璃宝塔，历时十九年才完工。

建成的金陵大报恩寺和五彩琉璃塔，其恢宏的气势，独特的构成，最具有中国皇宫特色的标志性建筑物，为当时全国最高的建筑和南京最具有特色的标志性建筑。夜晚几十里外可见其灯火。当时有人称赞琉璃塔"白天似金轮耸云，夜间似华灯耀月"。明末文人张岱称之为"中国之大古董，永乐之大窑器"，居金陵三大寺（与灵谷寺、天界寺并称为金陵三大寺）之首，琉璃塔被称为"天下第一塔"。当时金陵大报恩寺游人如潮，万邦来拜，名扬天下。西方的商人、游客和传教士将它与罗马斗兽场、亚历山大地下陵墓、比萨斜塔相媲美，称之为"中世纪世界七大奇观"之一，是当时中外人士游历金陵的必到之处，给人们留下了一种难以言表的文化意味。后来，最为痛心的事发生了，咸丰六年（公元1856年），金陵大报恩寺及琉璃塔毁于太平天国之役。从此，千年佛教圣地失去了往日的辉煌。之后，这块圣地遗址上逐渐建起了兵工厂、民房等，荒凉地飘摇在历史的风雨中，渐渐地沉没在历史的深处，湮没于市井之中，此后也牵系着南京几代人"塔"情之结的记忆……

曾名扬天下的金陵大报恩寺与琉璃塔虽毁，但永远走不出人们的记忆。从被毁的那时起，一百多年来，众多志士，为重建金陵大报恩寺与琉璃塔奇观，倾心呼唤，搜集资料，勘探原址。新中国成立后，南京的有识之士都在苦苦寻求重建的机遇，这种愿望已成为一代又一代南京人的共同梦想。改革开放后国家的综合国力得到较大提高，南京地方经济的蓬勃发展，给复建大报恩寺塔带来了新的机遇。秦淮区区委、区政府早在1982年初，就提出了"夫子庙秦淮风光带建设"及复建大报恩寺塔建设项目的构想。从1984年起及在其后几十年中，在制定"秦淮区经济和社会发展目标"重大建设项目时，都会把复建大报恩寺塔工程作为年度重点项目之一。到了1987年10月，秦淮区政府拿出了《复建金陵大报恩寺与琉璃塔建设规划》，经区人代会、政协会讨论后形成正式文本；2001年7月，在秦淮区委、区政府主持下，市政府有关部门领导及专家，对"复（重）建金陵大报恩寺及琉璃塔工程"规划进行讨论和论证；2004年复建金陵大报恩寺与琉璃塔目标计划，被南京市政府列入全年"十大重点工程"目标之一。2012年9月16日，被正式命名为"南京大报恩寺遗址公园"的工程项目举行开工奠基仪式，并正式开工建设。多少年来，多少有识之士盼望重建南京大报恩寺塔之梦，凤凰涅槃，终于变成了现实。

时维初冬，斗指东南，微风八弦，桐叶金黄。

2015年12月16日，曾名扬天下的金陵大报恩寺与五彩琉璃塔，经过了几代人的努力重获新生。它与秦淮风光带、中华门城堡、雨花台联成一片，合为一体，成为南京历史文化名城的精神标高，吸引着海内外的旅游者和研究者来到南京，让人们在她的历史传承和文化积淀中品味出撼动人心的魅力，从而提升了南京城南风景旅游的服务功能，也是今人给后人的一份值得珍爱的文化馈赠。

《千年守望——金陵大报恩寺塔古今》用详实的史料多层次、多角度记录了六朝古都深厚的文化底蕴，浓缩了金陵佛教文化的结晶，彰显出南京城南长干里从古到今绵延不绝的历史文化传承和独特魅力，尤其是记录了秦淮区政府和全体百姓不断追求和艰难向前的足迹。千年寺塔，毁建兴替，历史痕迹，了然一册。本书的出版，对提高南京这座历代文化名城的知名度和美誉度有集大成之美，从这个意义上讲，愿意郑重地将其推荐给广大读者。

中共南京市秦淮区委书记　林　涛

2018年10月18日

前言

这是一座在我国最早被史料记载、最古老的江南寺庙,它是江南佛庙的发源地,尽管它屡毁屡建,但千百年来,代代守望,为世人之瞩目;这是一座南京规模最宏大的皇家寺庙,因为寺内有一座九层雄伟璀璨、五彩琉璃宝塔,成为近世纪东方最雄伟、最壮丽之建筑,被世人称作"中世纪世界七大奇观"之一。

这座扬名中外的金陵大报恩寺塔,何因何时而建,又经历过多少次的劫难,最后又何因被毁?它的一幕幕历史烟云,一幅幅沧桑画卷,记录了数代王朝的兴衰荣辱的变迁,见证了南京佛教厚重的文化底蕴,也见证了南京城市的崛起和辉煌,让人们在她的历史传承和文化积淀中细细品味这座名城撼动人心的魅力。如今,复建后的大报恩塔,高高屹立在六朝古都的老城南长干里,得以薪火相传,悠悠古老的金陵文化得到传承。当人们走进这座复建后的遗址公园及展厅,可以回味那一段段尘封的历史,解开其中牵系着南京几代人的"塔情"之结,并解开一个又一个谜团……

华夏大地,悠悠数千年,潮落潮起;物非人亦非,不变的是上下五千年的衣冠传承。

当你走过雄伟的明城墙,步出中华门外,越过古秦淮河畔的长干桥后,沿着雨花路向东行走,可见房屋栉比,人烟辐辏,这里就是南京历史上闻名中外、最为悠久的著名的古长干里，也称佛陀里。古长干里的历史积淀深厚，文化古迹丛聚，是南京城市的发祥地，也是江南佛教的发祥地暨金陵大报恩寺琉璃塔的遗址所在地。这座南京历史上最为悠久的佛教寺庙，千余年间，屡废屡建，寺名亦屡屡更易，但皆因报恩缘，留下了许许多多历史印痕、传说和动人的故事。在东吴赤乌十年（公元247年），吴大帝孙权为印度高僧康僧会在长干里兴建了一座寺庙，因为是江南首寺，故称"建初寺"，为"江南佛寺之始"。在建初寺建成稍后，在六朝宫城"南护城河"（今为外秦淮河）南岸古长干里，又建起了一座古老的寺刹，因寺址在长干里，取名为"长干寺"。后在长干里相继兴建了瓦官寺和瓦官阁、光宅寺、净觉寺、华严寺等，实乃"南朝四百八十寺"滥觞之标志，古老的长干佛陀里便"江左大法遂兴"，开启了江南建立庙堂的风气之先，构成了长干里渊源深厚的佛教文化，秦淮河也成为闪烁着璀璨人文之光的历史文化名河。

但好景不长，江南首寺建初寺建成后大约存在了100多年，到了东晋司马衍执政的咸和二年（公元328年），建康（南京）发生了"苏峻之乱"，建初寺和阿育王塔不幸在这场战乱中被毁坏，曾经繁华一时的"江南首寺"荡然无存，逐渐被冷落，世人敬仰的感应舍利从此以后也被煙没在历史烟云深处。到了元代末期，原址成为一片废墟，一些建筑物并入到著名的、正在扩建中的瓦官寺之中，从此，江南首寺建初寺湮没在历史的长河中……而在西晋太康年间（公元280—289年）重建的长干寺，也经历了屡毁屡建命运多舛的坎坷过程：到了晋简文帝咸安年间（公元371—372年）得到"复建阿育王塔，加之为三层"；到了梁大同八年（公元542年），曾四次出家为僧的梁武帝下诏再修缮和扩展长干寺及阿育王塔；到了隋代初期，长干寺遭受恶命，被"废寺为营庐"，满目荒凉，寺殿中最有名气、具有传奇色彩的金佛像迁移长安，六朝以来的繁华景象一时荡然无存；到了北宋端拱元年（公元988年），南京籍高僧可政在长安南山得到唐三僧玄奘顶骨，背回南京后，长干寺的发展迎来了新的机遇，在恢复的同时建起了圣感塔；到了宋真宗大中祥符年间（公元1011年），长干寺在原址扩建了寺庙，又营建了双塔，发展达到了顶峰；宋天禧二年（公元1018年），宋真宗根据他的年号，将长干寺改名为天禧寺；元至元年间（公元1288年）将天禧寺改为元兴慈恩旌忠教寺；到了明永乐六年（公元1408年）这座古老的寺庙又毁于人为的火灾；再到了永乐十年（公元1412年），明成祖朱棣以报恩父亲明太祖朱元璋和母亲马皇后之名，命工部于此重建大报恩寺及九层琉璃宝塔，不惜代价，完全按照皇宫的标准来营建，征集天下夫役工匠十万余人，费用计钱粮银二百五十万两、金钱百万，历时十九年始完工。

明成祖朱棣所建的金陵大报恩寺与琉璃塔的形制，气势恢宏，构成独特，是最具有中国皇宫特色的标志性建筑物，为当时全国最高的建筑和南京最具特色的标志性建筑。其以五色琉璃精工砌筑，金碧辉煌，昼夜通明，塔顶悬挂140多盏篝灯，夜晚点燃时，几十里外可见灯火，当时有人称赞琉璃塔"白天似金轮耸云，夜间似华灯耀月"。明末文人张岱称之为"中国之大古董，永乐之大窑器"，是明初江南三大寺（与灵谷寺、天界寺并称为金陵三大寺）之首，明清时期中国的佛教中心。当时，中国人称之为"天下第一塔"，西方人称之为"南京瓷塔"（Porcelain Tower of Nanjing），将它与罗马斗兽场、亚历山大地下陵墓、比萨斜塔相媲美，称之为"中世纪世界七大奇观"之一，是南京的象征，亦是中国的象征，是当时中外人士游历金陵的必到之处。咸丰六年（公元1856年），金陵大报恩寺及琉璃塔毁于太平天国天京之役。从此，千年佛地，塔倒屋塌，雄伟壮观的大报恩寺塔被夷为平地，结束了盛极一时的景象。之后，在这块"圣地"的遗址上逐渐建起了清政府的兵工厂、民房，"圣地"渐渐地沉没在历史的深处，湮没于市井之中。已经消失100多年的大报恩寺塔残砖碎瓦构件散落于民间，也在悄悄毁灭、消失，如果再不发掘、保护和复建，就可能连它最后的痕迹都会从南京长干里这块土地上彻底消失。自从大报恩寺塔被毁之后，南京人的塔"情"未了。在民国时期，就有有识之士提出要复建大报恩寺塔，众多的志士和百姓，搜集资料，现场拍照，为复建塔寺奇观倾心呼唤，化缘集缮。新中国成立后，国内外学者呼吁复建大报恩寺塔之声频起，有的前来遗址踏勘；有的考古单位进行窑址钻探，寻建寺塔初所贮藏琉璃构件；有的四处奔走，收集和整理有关文献，为复建大报恩寺准备资料；也有的考察后拿出了复建方案等等。但终因当时的条件所限、财力不济而作罢。

改革开放后，随着南京市的经济发展，复建金陵报恩寺及琉璃塔等到了百年难求的机遇。1987年10月，秦淮区人民政府乘着改革发展的春风，为复建金陵大报恩寺开始谋划，收集资料，现场调研，邀请有关专家制定建设规划，拿出了第一份复建规划。2001年9月，在南京第六届世界华商大会上，秦淮区政府首次公开对外招商，但由于时机不到，不得不搁置下来。直到2002年年初，秦淮区政府复建大报恩寺塔的申请报告，得到南京市市委、市政府的批准，并被列为南京市社会和文化建设的奋斗目标之一，至此，再显世界奇观、弘扬中华文明的历史使命有了近期实施规划。到了2007年元月，由南京市文化投资控股（集团）有限责任公司、中冶置业集团有限公司、南京市南部新城开发建设（集团）有限公司、秦淮区人民政府（南京风光建设综合开发公司）四家国有股东共同出资，注册资本6.1亿元人民币，成立了"南京大明文化实业有限责任公司"，并由该公司来承担金陵大报恩寺遗址公园及配套项目建设和运营管理工作。2010年11月，该项目有幸得到大连万达集团股份有限公司董事长王健林先生的资助，他慷慨捐赠了10亿元人民币来支援这个项目的开工。该项目被正式定名为"南京大报恩寺遗址公园"。此工程2015年12月完工，12月16日对广大市民开放。消失了100多年的金陵大报恩寺和琉璃塔得到新生。

南京大报恩寺遗址公园,以"最小干预,原真性与可识别的原则"为依据,以大报恩寺、琉璃塔为中心,以秦淮河、长干里为纽带,整合宗教、文化、历史、旅游、商业资源,整体经营,形成游客、信众在园区及附近项目中新的生活行为。寺庙为吃素斋药膳,听晨钟暮鼓,住禅修宾馆,忆往昔繁华,看当今盛世,修幸福之道,建和谐社会,再建商贾云集、市井繁华、雅士与高僧互动的金陵风情胜地。高高的琉璃塔,居古长干里文化风水之巅,稳重而不失纤秀,玲珑而不失庄严,倒映在外秦淮河水中,与明城墙、中华门相守,和雨花台相望,显现了21世纪南京人的禅意新生活和追求古韵的精神情趣,体现了古都文化城市之魂。

南京大报恩寺遗址公园,集古长干里历史文化成就之大成,与秦淮河、明城墙共同构成南京城南历史遗迹景观新廊道,再现了历代文人笔下"郎骑竹马来,绕床弄青梅。同居长干里,两小无嫌猜"(唐李白诗句)"千里莺啼绿映红,水村山郭酒旗风。南朝四百八十寺,多少楼台烟雨中"(唐杜甫诗句)等景象。有着浓郁生活气息、文化氛围、历史积淀的依城傍水的新长干里历史文化街区,其历史价值不可低估。这座千年古寺的复建,见证了南京历史文化的历程,寻找到了南京集文化、历史、宗教、旅游、商业等诸多因素于一身的历史深处的文化发展机遇,彰显了南京的大气浑然、古朴厚重,展现了博大精深的古代文化,成为南京人文绿都建设的新地标,成为南京历史文化名城的精神标高。

南京,是一座诗意隽永的城市,是一座充满魅力的城市,钟山龙蟠,石城虎踞,钟灵毓秀,人杰地灵,山水城林,气象万千。南京有近2500年的建城史、1700年的建都史,号称"十朝古都",帝王风采逐步赋予了南京"王气"。元末明初的大文学家、"明诗第一人"高启在他的《登金陵雨花台望大江》中描写龙蟠虎踞的南京风光时写道:

大江来从万山中,山势尽与江流东。
钟山如龙独西上,欲破巨浪乘长风。
江山相雄不相让,形胜争夸天下壮。
秦皇空此瘗黄金,佳气葱葱至今王。

诗人登高俯瞰金陵全景,滔滔长江从万山中奔腾而来,山的气势和江的流向都是由西向东。他盛赞雄伟壮丽的山水形胜、气象雄伟,对新王朝的建立,以"欢呼大庆"之情大唱赞歌。如今，我们站在高高的雨花台远远望去，复建的金陵大报恩寺暨遗址公园及高入云霄、五彩缤纷的大报恩寺塔，有"龙蟠虎踞"之势、有"钟阜祥云"之景，更有"形胜壮天下"之佳境，足以令人自豪和陶醉，让我们在热爱中始终眷恋着这座城市。

  大报恩寺塔遗址公园的复建，本身就是一部南京史、文化史、佛教史，其在文化传承方面的价值，体现在宗教、建筑、艺术、文学、民族以及对外交流等各个领域，展示了东方建筑艺术的精华，彰显了南京古都历史文化的精粹，作为多年生活在南京城南古长干里的一名普普通通的市民，为此感到荣幸、感到兴奋、感到自豪，特别是作为一名曾在南京市秦淮区政府多年的工作人员，有幸参与了复建大报恩寺塔的前期准备工作，在这期间收集和查阅了数千万字的浩瀚史籍，搜集了几百张旧图片，积累了许多有关资料，对近百年来长干里两座古寺身世和源头所产生的自陷迷途进行了觅踪，在无数个日子里，盼望着已消失了100多年的金陵大报恩寺和琉璃塔，在我们手里涅槃重生。如今，它终于走出了历史封存的记忆，千年不绝的历史佛脉，牵系着南京几代人的"塔"寺情结，终于解开，从中，我们慢慢感受到佛教的智慧，感受到舍利子的佛光，感受到南京历史文化底蕴的深厚，感受到秦淮河畔古长干里文化底蕴的厚重，这些将成为我们平常生活气息的精神标高，为南京、秦淮留下了丰厚的文化遗存和说不尽、道不完的故事。

史诗长

于 2016 年 8 月写于南京城南秦淮河畔

目录

上篇：大报恩寺塔与佛都南京

第一章　长干里屡毁屡建"四座寺塔" 002
第一节　江南首寺建初寺原址在何处？ 003
第二节　觅踪古长干寺的身世及源头 014
第三节　天禧寺怎么有玄奘顶骨？ 022
第四节　朱元璋修建报恩寺的疑端 026

第二章　金陵古刹名寺知多少 029
第一节　南京何因称佛都？ 030
第二节　金陵古刹何止480寺？ 036
第三节　大报恩寺高僧知多少？ 042

中篇：皇家风范的大报恩寺塔

第三章　朱棣报"恩"敕建皇家寺塔　050

第一节　皇家规制营建的寺塔多浩大？　051
第二节　琉璃塔为什么说"大窑器"？　056
第三节　文人笔下的"中国符号"　064
第四节　外国人眼中的"南京瓷塔"　072
第五节　两篇"御碑文"说了些啥？　077
第六节　两套琉璃备件藏在何处？　080

第四章　朱棣为报"谁"恩之谜　085

第一节　明成祖朱棣报"恩"之惑　086
第二节　明成祖朱棣"生母"之疑　093
第三节　历史学家怎么看？　097

第五章　大报恩寺塔毁于"谁"之手　100

第一节　来自"天灾"的劫难？　101
第二节　八国联军的"洗掠"？　102
第三节　毁灭于太平军"炮击"？　103
第四节　清军破坏与日寇盗挖？　108

第六章　大报恩寺塔下"地宫"之谜　111

第一节　"双地宫"身世之谜　112
第二节　地宫内发现了多少惊喜？　117
第三节　佛教"瘗藏圣物"是什么？　127
第四节　塔基下的"舍利子"何为圣物？　130

下篇：大报恩寺塔薪火相传

第七章　牵系着几代人的塔"情"之梦　134

第一节　民国志士"塔情"未了　135

第二节	艰难的"寺塔"复建之路	136
第三节	复建三套方案优选谁？	143
第四节	复建后塔有多高？	149
第五节	永远消失的"古地名"有多少？	151

第八章　复建后的大报恩寺塔是啥样　　153

第一节	举行迎请感应舍利盛典	156
第二节	复建后大报恩寺塔亮点多多	157
第三节	大报恩寺河对岸浮雕走廊	170

第九章　千年寺塔留下的历史痕迹　　173

第一节	金陵大报恩寺琉璃塔新老图片	173
第二节	复建后大报恩寺遗址公园展厅灯光	185
第三节	金陵大报恩寺与五彩琉璃瓦构件图片	191
第四节	南京大报恩寺地宫发掘宝物图片	200

附件：

- 附件一　关于在原址复建金陵大报恩寺塔旅游项目的报告　　203
- 附件二　市政府关于成立南京市大报恩寺琉璃塔暨遗址公园建设领导小组的通知　　206
- 附件三　复建金陵大报恩寺塔项目对外招商文　　207
- 附件四　复建南京大报恩寺遗址公园项目内容一览表　　212
- 附件五　复建南京大报恩寺遗址公园建设时间一览表　　213
- 附件六　南京长干寺（宋代）地宫考古及发掘时间一览表　　216

参考资料　　218

编　后　　219

上篇
大报恩寺塔与佛都南京

第一章 长干里屡毁屡建「四座寺塔」

第二章 金陵古刹名寺知多少

第一章

长干里屡毁屡建"四座寺塔"

在中国这块大地上，寺、庙、院、塔作为佛教的公开性屋化建筑，是僧众供奉佛像和居住修行的场所，是佛教活动的中心。寺，印度梵文音译为"伽蓝""僧伽罗摩"，意思是僧人的居地，在中国古汉语中最早指待人。东汉许慎《说文解字》中称："寺，廷也，有法度者也。"寺庙是僧人重要的生存场所和佛教圣地存在的必要条件。

佛塔，或佛窟，是佛教建筑中一个特殊类型，其高耸突兀、直插云天的艺术形象与序列整齐的传统木构建筑群体形成鲜明对照，为梵文"堵波""偷婆"音译，意为坟冢，本为保存或埋葬佛祖释迦牟尼身骨舍利（即遗骨）或遗物的建筑，后也用来埋葬佛徒的骨灰、保存高僧的遗物等。中国最早记载佛教的《魏书·释老志》云："佛既谢世，香木焚尸。灵骨分碎，大小如粒……弟子收奉，置之宝瓶……建宫宇，谓之塔。"明人说："塔者，梵语窣堵波，此云方坟，以之藏舍利，标记古师灵迹、示法不灭也。"（葛寅亮《金陵梵刹志》卷三"重修宝公塔记"）众所周知，佛教初传入中国时，中国佛寺平面布局也和印度一样，以佛塔为中心。从隋唐开始，寺院中塔、殿并重，佛殿逐渐成为寺院的主体，这种形式一直传承到宋代、明代以至到现代。

南京大报恩寺塔遗址公园，其前身在南京城南的古长干里，很久以前也称为

"佛陀里",曾经有过举世闻名、屡毁屡建的四座古寺塔,即建初寺、长干寺、天禧寺、大报恩寺。最早的寺叫"建初寺",迄今已有 1 600 多年,是江南首寺,是佛教传入江南的开始,也是洛阳中国第一座佛寺——白马寺之后的第二座佛寺,在中国佛教史上占有重要地位,它是佛教在南方兴起的一个重要标志。而在建初寺没建之前,在内秦淮河南岸的"大市"后头就有佛僧在这里活动。到了东晋时期(公元 229—280 年),在长干佛陀里这块"圣地"上逐渐建起了建初寺、长干寺、天禧寺、大报恩寺,使这块"圣地"成为江南佛脉之始和最有影响的佛陀里。到了明、清两代,明成祖朱棣诏敕重建金陵大报恩寺及琉璃塔。当时的报恩寺和琉璃塔是一座最为宏伟壮观的皇家寺庙,也是全国最大的讲寺和佛教活动中心,并一度成为管理全国佛教事务的僧录寺所在地,在我国的佛教历史上有着特殊的意义。

千百年来,在"圣地"佛陀里,这四座寺庙为什么屡毁屡建?又到底发生了哪些不为人知的故事?让我们去解开这些谜团……

第一节　江南首寺建初寺原址在何处?

所有的故事都连结着历史,而所有的历史都记录着真实的故事。

地处南京市城南秦淮河北岸(现为内秦淮河)的古长干里,是一个相当古老的地名,是六朝时期的建康(南京)宫城。历史上的古长干里范围很广,大致是现在的内秦淮河以南到雨花台、东至江宁路、西至赛虹桥一带,是南京城南先民聚居的繁华商贸区,也是佛寺最为发达地区。这一带地处江南丘陵,西临长江,交通方便,集贸市场是本地区经济命脉之所在,当时这里称为"大市",历史上记载为"吴立大市"(东吴孙权时期)。在"大市"的后头,经常有"僧尼人"在这里活动,也有月氏人优婆塞(男居士)支谦来译经传道。并有自建的小寺庙,平民百姓也积极参与。僧尼人从"神不灭论"出发,在这里设坛传经,弘扬佛法。"大市"的后头就成了南京佛教最初始的活动场所。

到了吴赤乌十年(公元 247 年),这里建造了一座寺庙,因是江南兴建的第一座佛寺,由此取名为"建初寺",也称"大市寺"。它不仅是南京历史上最早、最初的佛教发祥地,也是中国江南佛教塔寺之始,是古代著名伽蓝,有"江南第一寺"或"江南首寺"之称。

说起建初寺的营建,几千年来,流传着一段生动不灭的故事。

据(梁)释皎《高僧传》卷一"康僧会传支谦传"记载:吴太祖孙权,字仲谋。孙权的父亲孙坚和兄长孙策在东汉末年群雄割据中打下了江东基业。建安五年,孙策遇刺身亡,孙权继之掌事,成为一方诸侯。孙权建都的初期(公元 211—

图 1-1 清代绘制的印度高僧康僧会之像

219 年），即吴赤乌十年（公元 247 年）的一天，在长干里热闹的"大市"上，出现了一位"怪人"，他的相貌与服饰都不同寻常，深目高鼻，皮肤黝黑，剃着锃亮的光头，显然来自异国他乡。奇怪的是这位"怪人"在这个繁华的市场上一不摆摊，二不贩卖，只是搭建了一间简陋的茅草棚，挂出了一幅佛祖释迦牟尼画像。像上之人头生肉髻，双耳垂肩，神态庄严，来来往往的人驻足看后，没有一个人能认识画上之人是谁。这时，康僧会向人们娓娓介绍佛祖（释迦牟尼）放弃王位、出家苦修、割肉喂鹰、舍身饲虎等等神奇的故事。人们听后惊诧、感动、领悟，从此茅草棚前门庭若市，人们静静地听他讲述佛祖的故事，传播佛经。康僧会在长干里的传教活动，很快有官员禀报上去，引起了吴大帝孙权的注意。

有一天孙权在建业宫中升朝理政，有司进来禀奏："陛下，日前有一胡人入境，自称沙门，容貌服饰怪异，应对之进行查验。"

"沙门？这可是从来未有过的。他如何行事？"

"他在自建的茅屋中设立佛像，宣称佛乃大彻大悟之人，超越生死，能解救世人苦难。但他高鼻深目，又剃发，没有多少人敢信，臣以为……"

"好，不用说了。卿是否知道，当初汉明帝梦见神人，就自称为佛。此人所信仰的，会不会与之相同呢？你且带他来见孤。"很快，这个沙门便出现在殿中。孙权一见此人气宇轩昂，二目灼灼，心下便一喜。

孙权便开口问康僧会说："你传之道，有何灵验？"

康僧会回答说：自佛祖涅槃到如今，已过千年，然而佛祖遗舍利，应众生机缘，

图 1-2 康僧会法师求佛祖求舍利图和向孙权弘佛图

无数次地现身,神光照耀,福佑芸芸众生。从前,印度阿育王建寺塔八万四千座,就是为了彰显佛祖的遗教风化……

孙权不信,说:"若得舍利,当为立塔。"康僧会请求将一间洁斋静室给他。他于这间洁斋静室中,把铜瓶放在几上,整天烧香礼请,二十一天后的五更时分,瓶中忽现佛雾,之后,佛祖舍利出现。舍利五色光芒,照耀到瓶外,闪闪射光。

第二天天刚蒙蒙亮,康僧会急匆匆进宫,将舍利子呈献孙权吴大帝,到早朝时上上下下聚集观赏,只见舍利子的五色光焰浮现在铜瓶之上,形成一朵巨大的莲花,照耀宫殿,映红了天空。康僧会说:"舍利的神威,岂止只有五色光芒呢?如要焚烧,火不能毁坏它;如要砸碎,金刚杵也不能破碎它。"

孙权手执铜瓶,将舍利倒入铜盘,铜盘被舍利子击碎,他为之一震,惊讶说:"希有之瑞也!"

最终孙权相信佛教的传播有利于教化民众,巩固自己的统治地位,于是下令帮助康僧会在建邺长干里修建了一座佛塔——取名为"阿育王塔"。康僧会将自己从印度带来的佛祖真身舍利供奉于塔内。

孙权为康僧会建起阿育王塔之后,又为康僧会建立了一座寺庙。因这座寺庙不仅是南京历史上的第一座寺庙,而且也是江南兴建的第一座佛寺庙,由此取名为"建初寺"。

江南首寺建初寺与洛阳白马寺齐名,是我国两大佛教中心之一,成为南京人千百年来的佛教览胜之地，已成为中国佛教历史上灿烂晨光中一抹光耀眼的光辉。

清代乾隆皇帝曾作诗《大报恩寺》这样描绘：

南朝四百八十寺，惟有建初真最初。
步长干巷寻觉路，想赤乌年创佛庐。
放烛天光镇如彼，登凌云顶记曾予。
拾级盱眙姑且置，千秋兴废慨凭余。

西天竺高僧康僧会（公元？—280年），单名"会"，世居天竺（今印度），祖上为康居国（西域古国，约在今巴尔喀什湖与咸海之间）人。康僧会十余岁时，父母双亡，于是出家为僧。他精进励行，为人弘雅，有识量，笃志好学，明解三藏，博览六经，天文图纬，多所综涉，辩于枢机，颇属文翰，吴赤乌十年初达建邺（金陵长干里），营立茅茨，设像行道，是当时吴国人最初见到的"沙门"。

建初寺完工后，康僧会在这里一边积极地宣讲佛法、施讲佛祖的故事，一边译经。他在江南长干寺译经传法30余年，曾翻译的佛教经典有《阿难念弥经》《镜面王经》《察微王经》《梵皇经》《小品》《六度集经》及《杂譬喻经》等，共计7部20卷。《六度集经》收集了大量的佛本生故事，其中就有大家都熟悉的"瞎子摸象"的故事。除了从事译经活动外，康僧会在佛典方面的重要贡献还在于其为经典作注和撰写经序，其有三部注经，即《安般守意经》《法镜经》《道树经》，并为作序。佛教史中评价他的经注和经序"辞趣雅便，义旨微密，并见于世"。吴天纪四年（公元280年）四月，高僧康僧会于建初寺无疾而终。因为康僧会在建初寺开展了一系列佛教活动，使建初寺成为南方的佛教传播中心，成为金陵一个重要的公共场所和佛教活动的圣地。千余年以来，它吸引着成千上万的信徒来这里求神拜佛，把自己的心灵寄托于佛祖，保佑家庭和事业的平安和发展，为江南佛教进一步传播埋下了种子。

唐代著名诗人朱存（公元？—1644年），为长干里的建初寺塔留下了《金陵览古·阿育王塔》：

窣堵凝然镇梵宫，举头层级在云中。
金棺舍利藏何处，铎绕危檐声撼风。

北宋时期诗人杨备（生卒年不详），也为建初寺留下了《吴建初寺》：

僧会西来始布金，常闻钟磬伴潮音。
江南古寺知多少，此寺独应年最深。

东吴大帝孙权为高僧康僧会建建初寺的故事，在许多历史书籍中都有较详实的文字记载：

第一个写出南京私家专著的唐代历史学家许嵩，在他所撰著的《建康实录》中就记载了这段故事："是岁，康僧会入境，置经行所，朝夕礼念，有司以闻。帝曰：'昔汉明帝感梦金人，使往西方求之，得摩滕、竺法兰来中国，立经行教，今无乃是其遗类乎？'因引见僧会，其言佛教灭度已久，唯有舍利可以求请。遂于大内立坛，结静三七日得之。帝崇佛教道……遂于坛所立建初寺。"

据《南史·列传》卷六十八记载：东吴大帝孙权"即为建塔，以始有佛寺，故号建初寺，因名其地为佛陀里，由是江左大法遂兴"。

明正德十四年（公元1520年）刘雨纂在《江宁县志》中记载："大报恩寺在聚宝门外，有康居国僧曾来，居长干里，帝命致佛舍利，为建塔寺，曰建初。"

嘉靖十三年（公元1534年）陈沂在《南畿志》中说："大报恩寺在聚宝门外，吴赤乌间有康居国僧来居长干里，吴大帝命致佛舍利，为建塔寺，名曰建初。"

清代孙文川所撰《南朝佛寺志》中记载："建初寺在古宫城南七里（当今花孟冈之南），吴大帝赤乌十年天竺康僧会初达建业，营立茅茨，设像行道，大帝为会建塔于此，以金陵始有佛寺，故号建初，并名其地为佛陀里。寺前立大市，又称大市寺焉。"

民国时期的张惠衣著《金陵大报恩寺塔志》也有这样的记载："赤乌十年（公元247年）的一天，赤乌四年至建康，时中国未有像教，会始诛茅设像，即秦淮西南建初寺塔。"

东吴大帝孙权与高僧康僧会对话的故事，也被甘肃省酒泉市的敦煌佛教圣地壁画记载了下来。

在中国这块大地上，自从东吴孙权帮康僧会建造了建初寺、阿育王塔，东吴大地始有佛寺，为初来江南的沙门提供了生活起居之地和佛事活动的场所，由此，金陵长干里佛法大兴，香火盛旺，上至王公贵族，下到黎民百姓均以来建初寺信佛、拜佛为荣耀。

说起"阿育王"塔名字的来历，据唐代道世著《法苑珠林》卷二介绍："阿育王"是印度孔雀王朝的第三代国王（约公元前273年登位），阿育王之名可意译为"无忧王"。他生活的时代距今约2200年。他的祖父旃陀罗笈多，击败了入侵印度的

图1-3 甘肃九泉市敦煌壁画记载吴大帝孙权为康僧会建建初寺、供奉舍利的故事

希腊人,创立了孔雀王朝;他的父亲宾头沙罗为巩固了这个国家,发动了向南扩张国土的战争,累计攻灭了16个国家。这场战争使孔雀王朝基本完成了统一印度的大业(最南端的部分除外,历史上很少有北印度的政权能征讨到这里),但这场战争也造成了10万人被杀、15万人被掳走的人间惨剧。阿育王被这场战争所带来的伏尸成山、血流成河的场面所震撼,深感痛悔,感到心惊肉跳,从小在他心中埋藏的佛性,曾一度被权欲所遮盖,这时终于被恻隐之心所唤醒。

阿育王在惊愕和忏悔之余,决定不再用暴力来完成对印度的征服,并且放弃一切侵略性的军事行动。他同佛教高僧优波毯多次长谈之后,终于被感召,决心皈依佛门,彻底改变统治策略。他采用佛教作为他的宗教哲学,努力实践"达摩"规范,包括诚实、仁慈和非暴力。阿育王向佛教僧团捐赠了大量的财产和土地,到各地去朝礼佛的圣迹,访问有名的大德高僧,他还在全国各地兴建佛教建筑,供奉佛舍利。传说他在释迦牟尼灭度之后,凭借神力,一日一夜之间兴建了84 000座宝塔,专门用于奉祀佛骨的佛舍利,凡遇"八吉祥六殊胜之地",就派遣神人护送安放一座。其中也包括中国建康(今南京市)城南长干里的阿育王塔。

为了消弭佛教不同教派的争议，阿育王邀请著名高僧目犍连子帝须长老召集1 000比丘，在华氏城举行大结集（此为佛教史上第三次大结集），驱除了外道，整理了经典，并编撰了《论事》。向边陲地区和周边国家派遣了包括王子和公主在内的佛教使团以传播佛教，斯里兰卡、缅甸甚至叙利亚、埃及等地都有他们辛勤的足迹。这是佛教走出印度，迈向世界性宗教的开始。在84 000座阿育王塔中，在中国兴建的有19所。

高僧康僧会在建初寺进行佛教活动多年，但好景不长，17年后（公元264年），孙权的孙子孙皓接皇帝位，是为末帝。据《三国志·吴书·孙皓传》记载：孙皓接皇位后，"肆行残暴，忠谏者诛，谗谀者进，虐用其民，穷淫极侈"，曾毁坏佛寺，污秽佛像，并要将香火盛旺的建初寺烧掉。也曾命他的卫兵将掘得的金佛像置于"不净处，以秽汁灌之，共诸臣笑以为乐"。不料，他刚刚做完恶作剧，便全身肿胀，尤其是阴部疼痛难受。群臣们以建初寺是先王孙权所建为理由，上言进谏，极力劝阻，言已"犯大神所为"。孙皓于是将那座尊金佛像供奉殿上，"烧香忏悔，皓叩头于枕，自陈罪状。"（中国古籍）。经过众臣的劝说和孙皓的自悟后，终于保住了建初寺。孙皓还召康僧会进宫诘问，康僧会借用儒家学说来宣传佛法，阐明教义，又以善恶因果报应和生死轮回开导和感化他，孙皓终于被说服，并从受了"五戒"，即不杀生、不偷盗、不淫邪、不妄语、不饮酒肉。

建初寺建成后大约存在了100多年，到了东晋司皇帝马衍执政的咸和二年（公元327年）冬，建康发生了"苏峻之乱"。在公元327年冬天，晋朝将领苏峻以讨伐庾亮为名，与镇西将军祖约起兵反晋，在夺其兵权后起兵历阳（今安徽和县），第二年二月攻入建康，大肆杀掠并专攻朝政，建初寺和阿育王塔不幸在这场战乱中被毁，寺庙被夷为平地，改作农田，昔日繁华一时的江南首寺荡然无存，感应舍利从此以后也被煙没在历史的烟云深处，失去了往日那种"江左大法遂兴"的景象，江南首寺进入一个相对低潮、衰落、暗淡的时期。据有关史料记载，建初寺到了隋代，香火又起，僧人法朗于南京皇兴寺大弘创建了佛教"三论宗"之学，弟子吉藏在建初寺讲三论；法朗弟子智炬也曾在建初寺弘宣三论，听众常百人；唐显庆元年（公元656年），牛头宗初祖法融禅师曾应地方官礼请到建初寺讲经说法，并住驻建初寺，第二年在建初寺圆寂。但到了中唐后期，建初寺颓垣残壁，满目荒凉，渺无人迹，在历史长河中慢慢地消失，被人忘却。再到了元代末期，原址成为一片废墟，一些建筑物被并入著名的、正在扩建的瓦官寺中，当初建初寺的繁华景象荡然无存……（1997年，南京出版社《雨花风物》）。

江南首寺建初寺从吴大帝孙权建寺，后更名为天子寺，晋更名为建宁寺，南宋更名为祇园，齐更名为白塔，隋末唐初时复原名建初寺，后来一直沿用至今。

江南首寺建初寺这座古刹原址在什么地方？有众多学者对此进行了研究。有的历史学家认为，建初寺的原址是在今中华门外的长干里，即现在的金陵大报恩寺塔遗址公园处；但更多的史学家认为，建初寺原址是在"淮水南""古名瓦官寺

图 1-4　2007 年古吴轩出版社出版《秦淮五十景图咏》中插图，诸辛耕绘"建初寺"

南侧"，即今中华门内花露岗、胡家花园处。这分歧争论了近百年，至今仍争议不休。

那么江南首寺建初寺的原址到底在什么地方呢？

首先，我们从古代众多文字记载中来寻踪：

据《南史·列传卷六十八》"扶南国传"中记载："我昔在宫沐头，……一日一夜，役鬼神造八万四千塔，此即其一。吴时有尼居其地，为小精舍，孙綝寻毁除之，塔亦同灭。吴平后，诸道人复于旧处建立焉。"

据唐代许嵩著《建康实录》卷二中记载："金陵南郭群山环之，而雨花峰为最大，其脊曰石子冈，即古之大长干也。稍西曰：小长干，吴立大市（建初寺），晋瓦官寺适当其地。"

周应合修纂于南宋景定年间（公元1260—1264年）的《景定建康志》四十六卷中记载："大长干寺道西有张子布宅，在淮水南，对瓦官寺。长干是秣陵县东里巷名，江东谓山陇之间曰干。建康南五里有由冈，其间平地，庶民杂居，有大长干、小长干、东长干，并是地名。小长干在瓦官寺南巷西头，出大江。"又记载："吴大帝赤乌四年，为西竺康僧会建寺，名建初。对宋有凤翔集此山，因建凤凰台於寺侧。""寺院门"中又载：吴赤乌十年，沙门僧会自西竺来传佛法，吴大帝作寺居之，寺自此始。杨备有诗云："僧会西来始布金，常闻钟声伴潮音。江南古寺知多少，此寺独应年最深。"

今杨宽著《中日古代都城制度史研究》说："大市设在长干里和横塘之间的建初寺前。从长干里到横塘之间确是建初寺的所在地。古瓦官寺和凤游寺等也在这一带。"

日本著名的佛学家、古建筑家常盘大定（公元1870—1945年）于1920—1929年1月，先后五次来中国调查中国佛教史迹，其中在1920年、1922年来南京考察，他在1925年出版《支那佛教史迹》"南京怀古"中这样记载：来到南京，首先必去的是江南最最早的佛寺建初寺。孙吴赤乌十年（公元247年），渡江南下的康僧会，因感悟舍利子因缘，建造了这座名寺，当时建初寺的所在地被称为佛陀里。这座寺庙的建造，为佛教在江南的传播奠定了基础。该寺在孙皓时曾被拆毁，不久后又重建，之后几度变迁……从此失去了古寺址的价值。现今虽无法确定建初寺的明确地点，不过应该就在南门外报恩寺附近。（南门外报恩寺离古名瓦官寺南侧只有约1公里，卢海鸣、邓攀著《金陵物语》）

依据上述众多文字记载，从地理因素来寻踪：

文字记载中的"长干里"，是指东吴大帝孙权在建康建都城时的秦淮河（即今内秦淮河）两岸。古长干里范围很大，据南宋张敦颐《六朝事迹编类》卷十一、明人陈沂编撰的《金陵古今图考》考证，古长干里地势高亢，南有雨花台，北有秦淮河，西则长江相护，又处秦淮河入江通道旁。文字记载中的"长干里"，有大长干、小长干和东长干之分。大长干在今石子岗以南，望江矶一带；小长干为今内秦淮河以南地带，西边直抵今天的赛虹桥地带，总面积约为 6 平方公里。在六朝时期，秦淮河两岸有两个著名的地名，即"长干"和"横塘"。据《梁书》·卷五十四·诸夷·扶南国"中记载：东吴时期，这两个地区不仅物产丰富，交通便利，人口密集，商业繁荣，是南京都城内外居民集中交易的地方，而且也是佛寺最为发达地方。在这块土地上，相继诞生了建初寺、长干寺、瓦官寺、高座寺、祇园寺等古刹。至五代杨吴、南唐之际，南京的都城向南扩大，将六朝时期"都城"的"南护城河"——内秦淮河圈于城中，又在新的南城墙外开挖了开通濠二十五里外秦淮河，也就是现在的外秦淮河，后人称为"杨吴城濠"。从此以后，秦淮河两岸盛行的佛教圣地，便改变了原来的地貌肌理。当初所建的建初寺的地点位置变迁为"城西南花盝岗南麓"，即在今内秦淮河南岸的花露岗、胡家花园处。

文字记载中的建初寺"在淮水南"，是指在今内秦淮河南、中华门城堡内所在地区，包括中华门外在内。因为六朝时期，"秦淮河古名龙藏浦，又名淮水、小江"。（唐·许嵩《建康实录》卷一）秦淮河水系从南京城门外上坊流入通济门（东关闸）入城区，到了现在的东关头再流入内秦淮河。河两岸都是先民住址点，自发地形成了南京最早的商贸集市，出现了手工业及水运等繁荣的商贸景象。随着时间的推移，到了"五代十国"时期，杨吴权臣李昇（公元 937 年）十月定都建康，改称江宁府。这时，由于南唐朝政治、经济、文化建设的需要，把城墙向南推移，将内秦淮河两岸繁华的商业区、居民聚集区扩进城内，"长江，是直逼建康城西石头城下，从西南向东北绕城而过"。（唐·许嵩著《建康实录》卷二）千百年来，长江紧靠今南京市区的西侧（现在的赛虹桥、鬼脸城、石头城）流过，曲折而下。后长江水道因泥沙淤积，不断西移，远离石头城，原在长江中的白鹭洲已成为陆地，长江离市区的南部和西部已很远了。六朝时代的都城，都建在现在的内秦淮河北岸，即今花露岗、胡家花园处；到了五代杨吴时期筑金陵城时，将秦淮河圈入城内，秦淮河河道逐渐淤塞，日益狭窄，无复旧观。中华门南的外秦淮河，是在南唐时另挖护城濠开凿而形成，并非六朝时期的天然河道内秦淮河，两者不能混为一谈。

文字记载中的建初寺在"瓦官寺南"，与"古凤凰台"相邻，指的是古瓦官寺（今位于南京中华门西南隅的花露岗）。瓦官寺，由东晋哀帝司马丕下诏，最早始建于兴宁二年（公元 364 年）。此地原为官府管理陶业之处，后因慧力法师在这里建寺而得名。据《高僧传》卷中记载："释慧力，未知何许人。晋永和中，来游京师，常乞蔬食，苦行头陀修福。至晋兴宁中，启乞陶处以为瓦官寺。"晋咸安（公元371—372年）年间，法汰法师在瓦官寺讲《放光般若经》，许多人来瓦官寺烧香拜佛，寺运隆盛，朝野震动，瓦官寺得到扩建，同时又建起了古瓦官阁。南朝宋元嘉十六年（公元439年），有三只异鸟飞集瓦官寺，朝廷认为是凤凰栖息之瑞相，乃置凤凰台，山称"凤台山"。瓦官寺进一步得到扩建，当时由于此区生存与发展空间颇为狭窄，建初寺又与古瓦官寺为邻，随着战乱兵燹，寺院逐渐倾圮，虽然在劫后多次重建，但只能在附近择地而为之，遂使规模缩小，久而久之，名不符实，故在倾圮后逐渐被瓦官寺蚕食。"保宁寺（建初寺）逮元末，寺废，琳宫绀宁，遂并入瓦官寺中矣。"（清·陈作霖《金陵琐志九种》）

再从"改名"来寻踪：自东吴至隋朝，建初寺历六代之更替，虽多有劫难、被毁，但录于典籍的寺名却始终如一。《南朝佛寺志》卷上记载："建初寺在古宫城南七里。……晋咸和中，苏峻乱，塔焚，司空何充复为修造，平西将军赵诱又于寺东立小塔。宋元嘉中，有凤翔集此山，因凤凰台于寺侧。南朝高僧如支昙籥、帛尸黎密、道儒、僧祐，皆居此寺。又有琼法师护持像，法汲引人伦，既卒，陈江总为之作碑。逮唐贞观中，懒融和尚亦卒于是。"宋代周应合所撰的《景定建康志》卷四十六记载："吴大帝赤乌四年，为西竺康僧会建，寺名建初。刘宋有凤翔集此山，因建凤凰台于寺侧，宋更寺名曰祇园，齐更名曰白塔。唐复名曰建初。开元更名曰长庆。南唐更名曰奉先。国朝太平兴国中赐额曰保宁。政和七年，敕改神霄宫。建炎元年敕复旧额"。屡毁屡建的建初寺至宋代改名成了保宁寺，其当年的分刹祇洹寺，则有可能屡经变迁后成了法性寺，而寺僧皆以古刹建初寺之余脉自谓，世人不明就里，照单全收，遂说法各异。其实，至宋元时期，无论是保宁寺、前法性寺、后法性寺、石佛院，皆地处原建初寺旧址附近，大抵都能说与之有关，况寺院所传，原本一脉相承，只要不改弦更张，皆可称之精神延续。清代孙文川在《南朝佛寺志》中认为，建于东晋时期、位于凤凰台之西的祇洹寺，才是建初寺的分刹，白塔寺、保宁寺的真正源头。祇洹寺在凤凰楼之西，建初寺之分刹也。晋支遁尝升寺中高座讲义，与刘惔、王濛相酬答，其名始著。宋武帝永初元年，车骑将军范泰于其宅西建立精舍，因与寺近，遂袭其名。延高僧慧义为之经始，并而合之……"。明代的《金陵梵刹志》，清嘉庆年间的大报恩寺专志《折疑梵刹志》，以及民国时期三藏殿住持本明和尚写与大云佛学社的社书等都记载，在七百余年间，建初寺七易其名，不可谓不频繁。而屡屡易名的结果，是使那具有开创意义的"建初"之名，只留存于历史的记忆中。

而从上述文字史料记载中不难看出，建初寺和长干寺都建在长干地区，但两寺的具体地点不同。建初寺原址在今天的内秦淮河南岸，这已成为权威定论。这一说法在以后的历史长河中继续得到丰富。

为什么在历史上出现了"建初寺"原址在中华门外的另一种说法呢？

经觅踪，这主要是明代天启七年（公元1627年），南京礼部祠祭司郎中葛寅亮所撰的《金陵梵刹志》卷三十一中记载：江南首寺建初寺，"在都城外南城地离聚宝门（今中华门城堡）一里许即古长干里。吴赤乌间康僧会致舍利，吴大帝神其事，置建初寺及阿育王塔，实江南塔寺之始。"该书把长干寺的原址归为建初寺原址，且此书出版发行后，对后代的影响很大。许多年来，葛寅亮的这种说法一直被人所接受，误认为长干寺即建初寺诞长到至，自陷迷途。

葛寅亮为什么把建初寺作为报恩寺的前身呢？乃事出有因，他在《金陵梵刹志》的凡例中有一条注释："报恩即长干寺，建初寺与长干寺相望，其地皆名佛陀里，建初废，掌故自宜入长干，以征江南塔寺之始。"这就清楚地告诉我们，著名的江南首寺建初寺已废，为使其掌故不被湮没，将建初寺并入报恩寺前身。

总之，当初吴大帝孙权为高僧康僧会所建的建初寺，开创了江南佛寺之先河，是江南佛教的发祥地，是南京的千年佛脉，它永远定格在敦煌莫高窟（初唐第323窟北）的壁画上，成为中国佛教历史上耀眼的光辉。长期以来，关于建初寺的沿革、演化过程，大多数历史学者都循唐代、宋代、元代文字记载中的既定说法，更重要的是建初寺不是金陵大报恩寺前身和源头的说法已占主导地位。

如今，江南首寺建初寺千年之后，2014年在金陵大报恩寺遗址南隅三藏殿的残存建筑上已经复建。复建建初寺时以大报恩寺仅遗的"三藏殿"为基础，又修建了大雄宝殿、舍利殿、禅堂、讲堂、念佛堂等。中国佛教协会会长传印亲笔题匾额"建初寺"三个字，使江南佛教史上为开山始祖的建初寺又成为著名的伽蓝。

第二节　觅踪古长干寺的身世及源头

悠久的古长干里，是一块山环水绕、钟灵毓秀的圣地，有着灿若云霞、蕴藏丰富的文化遗迹。据《丹阳记》记载："长干是里巷名，江东谓山陇之间曰干。建康南五里有山陇，其间平地，民庶杂居，有大长干、小长干、东长干，并是地名。小长干在瓦官寺南巷西头，出江也。梁初起长干寺。按《塔记》：在秣陵县东，今天禧寺乃大长干也。"《景定建康志》记载："长干里，在秦淮南。越考证范蠡筑城长干"《吴都赋》刘逵注："建业南五里有山岗，其间平地，吏民杂居，东长干中有大长干、小长干，皆相连"。"里"是古时居民区名称的通名；"干"是南京古代地方话用字，意为山陇之间的长条形平地地形。在六朝时期，秦淮河两岸是南京先民聚居和商贸云集的区域，靠着秦淮河水运的发达，市场兴旺，商店鳞次栉比。明代文学家、诗人于慎行（公元1545—1607年），在游古长干里时曾留下《长干》一诗：

图 1-5　明代绘制的南京金陵四十八景之中的长干里　　图 1-6　清代金陵四十八景中的长干故里

　　白门通市里，传是古长干。
　　陌柳藏鸦曙，秋潮带雨寒。
　　横塘归客断，子夜旧歌阑。
　　别是繁华地，休将六代看。

　　秦淮河两岸的繁华地区，也是佛寺最为发达的地区，在其两岸建起了众多的佛寺，上至王公贵族、下至黎民百姓，都前来烧香拜佛，香火一时盛旺，长干里也自然成为中国佛教之圣地，也成为名副其实的佛教伽蓝。

　　长干寺的原址到底在什么地方呢？下面我们从史料记载中去觅踪古长干寺的身世和源头。

　　六朝时期的建康都城，位于秦淮河（今内秦淮河）的北边，那里有两个著名的地区"横塘"和"长干"。在杨吴时期，"横塘"向南扩张，将六朝时期都城的护城河——秦淮河圈于城中，同时，又在新的南城墙外开挖了一条护城河（今称外秦淮河），这一地境的变迁使被圈于城外长干里的长干寺遗址北面紧贴着护城河，南边与雨花台紧密相邻，成了今天的现状。这两个地区也是佛教最为发达和盛行的地方。

　　"释迦八万四千塔，一在江南古道场"，在建康都城之南秦淮河南岸，在东吴早期就有佛教活动："吴时有尼居其地，为小精舍（即小寺院），孙綝寻毁除之，塔亦同灭。吴平后，诸道人复于旧处建立焉。"（唐·姚察、姚思廉《梁书》二卷）吴末孙綝之乱后，西晋初由僧人在原址上又重建了不显眼的佛寺。那时候，寻常百姓生活困苦，迫切希望从困苦的人生中寻找到精神上的寄托，所以就有了烧香拜佛、聆听法音活动。到了东晋初年（公元317—323年），建康城古长干里一带，面临秦淮河，往西直达长江，交通十分方便，便建起了长干道场，有了热闹的集贸市场和佛教活动场所。到了东晋简文帝时期，原来不起眼的阿育王塔因塔内奉有佛真身舍利，就建起了一座像模像样的三层塔，同时兴建了寺庙，因寺庙建在长干里，取名"长干寺"。这一情况，在我国首部僧史典籍释慧皎《高僧传》、姚察、姚思廉《梁书》、僧人道世《法苑珠林》和许嵩《建康实记》《丹阳记》中都记载：高僧慧达于长干里掘发塔基得佛舍利，复于其地建寺，造三级塔，遂称其寺为长干寺。梁时大加兴建，号为阿育王寺。

长干寺在东晋孝武帝司马曜当政的宁康年间（公元373—375年），发生了一件举世瞩目的沙门刘萨诃造小塔、复建长干寺"未及成而亡"的故事，让长干寺迎来了一个新的发展机遇。

住在长干寺的东晋僧人慧达（本名叫刘萨诃），他在梦中受菩萨所托，从北方的并州离石（今山西省吕梁市离石区）来到江南，要寻找真正的"阿育王塔像"，礼拜修行。"观世音语云：汝缘未尽，若得活，可作沙门，洛下齐城、丹阳、会稽并有阿育王塔，可往礼拜。若寿终，则不堕地狱"。（《梁书·卷五十四》）刘萨诃来到建康城南后，"登越城四望，见长干里有异气，因就礼拜，果是先阿育王塔所，屡放光明，由是定知乃集众就掘，入一丈，得三石碑，并长六尺，中一碑有铁函，函中有银函，函又有金函，盛三舍利及发爪各一枚，发长数尺。即迁舍利近北对简文所造，塔西造一层塔。"（《金陵大报恩寺塔志》记载）刘萨诃等僧人们的这一发现，顿时轰动了江南，世人认为佛祖显灵了，争相布施。太康年间（公元281—289年），在众人的帮助下，刘萨诃很快在长干里内建起了一座寺院和一座佛塔，将阿育王真身舍利迁至塔内供奉。

到了东晋孝武帝太元年，高僧刘萨诃和众僧们在孝武帝的支持下，将之前建造的那座佛塔改建为三层佛塔，在这之前，孝武帝的父亲简文帝已为长干寺修建了一座三层佛塔，这样使长干寺出现了"双塔"并峙的繁荣局面。"梵僧刘萨诃得舍利子长干里，复建长干寺"这件事在陈作霖《南朝佛寺志》卷上和张惠衣《金陵大报恩寺塔志》等历史资料中有详细的记载。

到了南梁时期，由于统治者梁武帝萧衍对佛教的崇信和虔诚为极，建康佛寺达到最鼎盛阶段。在他即位的第三年（公元504年）四月八日，率僧俗两万多人，在重云殿阁亲自制文发愿，舍道归佛，甚至自己也去同泰寺出家，一时江南庙宇遂如春笋，肃然林立，繁盛至极。这一时期，他在南京兴建了许多寺庙。长干寺由于收藏有佛祖真身舍利，特别受到萧衍的重视。大同三年（公元537年），梁武帝命令住在长干寺周边的数百户人家献出宅基地用于扩建长干寺。长干寺借此机会扩建了许多佛殿、佛堂，达到了空前的规模。其中有一座佛堂名为"瑞像周回阁"，阁内四壁画满了佛教故事的壁画。它们全部出自张僧繇的笔下，精美绝伦，冠称一绝。大同三年八月，梁武帝又下令对长干寺双塔进行改造。改造期间，佛祖真身舍利、发和爪等遗物被从阿育王塔的地宫中取出，萧衍为此"设无碍大会"，

图 1-7 梁武帝敕造建长干寺如来舍利塔砖

大赦天下,并多次驾临长干寺主持无碍大会,与全城僧俗信众一同礼拜舍利,并施一千万为寺基业。第二年九月,阿育王双塔改造完工后,梁武帝将佛祖舍利及发、爪等遗物分成两份,分别放入两座佛塔的地宫中。据说,当天夜里两座佛塔的顶部同时大放光明。20世纪初,在长干里曾经出土了多块梁武帝时代的塔砖,其中有一块上面刻有铭文:"大同三年,岁在丁巳,十月十五日,敕造长干寺如来舍利塔砖,陈庆之造。"司马光《资治通鉴》第一百五十七卷也记载:"上修长干寺阿育王塔,出佛爪发舍利,辛卯,上幸寺,设无碍食,大赦。"据《景定建康志》四十六卷中记载:长干寺在城南门外。考证梁天监元年立大同元年幸,长干寺阿育王塔出佛爪发舍利,又幸寺,设无遮会大赦。"这一时期,长干寺的发展达到了顶峰。寺庙建成后,寺内请了来自天竺(印度)的铜佛像,在方圆百里范围内,名气愈来愈大，逐渐成了拜佛求教的圣地。

说到这里，也要说说高僧刘萨诃本人崇信佛教的故事。

唐代道宣编著的《续高僧传》上记述：高僧刘萨诃（又名刘奉和，出家当和尚之后，法名为释慧达），是咸阳东北，三城定阳稽留的胡人。这个家庭豪奢乡里。刘萨诃弟兄三人，都很有膂力，武艺不凡。刘萨诃在弟兄之中居末，身材高大魁梧，武艺超群，刀、枪、剑、戟、棍等兵器，都舞弄得很娴熟，走马射箭更是他的拿手绝技，具有百步穿杨的本领。但他目不识丁。刘萨诃年轻时，嗜好游猎，后来当了兵，担任梁城突骑，戍守在襄阳。一日，刘萨诃大会亲朋，饮酒过量，昏倒在地，四肢伸直，双目紧闭，牙关紧咬，人事不省，如同死人一般。但鼻中尚留一丝余息，心口还有一丝温意，家人没有把他收敛埋葬。过了七天，刘萨诃死而复活，就给人们详细讲述了死后七天的经过：我刚死之时，阎罗王差来两个皂隶，不由分说，把我双手绑定，向西北方拖走，没过多时，来到一座建造宏伟的宫殿门前，按倒我，逼着我爬进大门，爬到大殿前，我不敢抬头看望，只听得三声鼓响之后，面目铁青、头戴冕旒、身着龙袍的阎罗王在侍卫前呼后拥、左扩右卫下步山后殿，登上玉阶，端坐在雕龙红漆大案后。左右两排侍从手握大刀、刑棍高呼三声。两个皂隶把我按倒在地，阎君在高堂上大吼一声，厉声喝问我：

"下跪者是刘萨诃吗？"

"小人是也。"

"刘萨诃，你可知杀害麋鹿之罪吗？"

"我不知所犯何罪。至于说杀鹿一事，那是别人杀死的，我也没吃它的肉。这有什么罪呢？"

"你是不见棺材不落泪，不到黄河不死心。"阎君说罢，把手一招。麋鹿和我生前所乘的大黑马从后堂窜出，来和我当面对质。大黑马详细说了我杀麋鹿的时间地点和具体过程。阎君又命差役从麋鹿身上拔出一支箭，扔在我面前，要我细看。我拾起箭，只见上面有清楚可识的"刘萨诃箭镞"一行字迹，确系我使用过的箭镞。我不得不低头认罪，再也不敢抵赖了。此时阎君摔响堂木，责问道："刘萨诃，你招不招？"我无话可讲，只好画供认罪。

接着，凡是被我射杀的雁、雉、兔等飞禽走兽，都来控诉我杀害它们的罪行，要求阎君严惩我，为它们申冤报仇。阎君严斥我："你在阳世，专事射猎，杀牲无数，罪恶累累，有据在案。今日，严惩你杀牲之罪。"于是阎君高呼："役从们，汤镬伺候！"役从们闻声而动，抬来一口大锅，倒入油，锅下生火，不一会，一锅油沸腾了。阎君又命令道："把刘萨诃投入油锅！"役从们七手八脚把我抬起，扔到滚开的油锅之中。说时迟，那时快，刹那之间，我全身焦烂，其苦实不堪忍。后来，他们把我的焦骨烂肉捞出抛在地上。忽有微风轻轻吹来，我的碎骨复聚，生肉长皮，才恢复了原形。

刘萨诃死而复活后不再游猎杀牲，也不沾荤食肉了，出家入佛门，落发为僧，由一名高僧为其受戒，起法名叫释慧达。刘萨诃出家不久，就持钵杖锡，遍礼中

图 1-8 在长干里新建的"古长干里"牌坊,现已拆除

原,游览佛法胜地,瞻仰佛祖真容,游化说法。他曾住在文成郡(现在的慈州东南高平原)一寺庙中,庙中有佛像。他每日礼敬,对寺院进行治理,安守于寺中。他曾前往南方吴越之地游化弘法,直到元魏太武太延元年(公元435年)。他在南京长干里的长干寺拜佛祖、做善事,并寻找阿育王塔和阿育王真身舍利。相传他走到凉州番禾郡东北御望山时,向山谷岩崖远远致礼,同行的人都不明白,就问刘萨诃是何缘故。刘萨诃便向同行人说:"此岩崖今后必定有佛像出现。如果佛像完好无缺,就会世乐时康,如果佛像有所短缺,就会世乱民苦。"

隋灭了陈以后,隋文帝杨坚下令将建康的城邑、宫殿等重要建筑全部夷为平地,改作良田。处在建康城南长干里的长干寺和阿育王塔,在这次历史动荡中虽然没有被彻底拆毁,但也受到很大损坏,六朝以来的繁华景象一时荡然无存,建康城市的佛教活动进入了一个低潮时期。据史书记载,杨坚曾下令将长干寺殿中最有名气、具有传奇色彩的金佛迁往长安城(今西安)著名佛教寺院日严寺,所幸因在移奉中出了差错,只移走了小部分。

北宋军队进攻南唐时,他们首先占领了长干里这个制高点,大将曹彬登上了残石塔,北望金陵城,然后从这里发兵攻城,拔关而入,征服了南唐。由此,古老的长干寺和阿育王石塔又失去了往日的繁华和风采，在很长时间内萧条、冷落，沉寂在一片荒凉之中。朝廷军队在长干寺原址上盖起了营房，屯兵守城，这时的长干寺址已成了一片废墟，只剩下一座三层石塔，失去了往日一代名寺的风采。2007年南京市政府决定复建金陵大报恩寺塔，考古工作者进入旧址进行发掘时，发现了多座南朝时期的大殿及砌筑精美的房屋。房屋内还出土了水缸、瓦罐、砚台等贵重物品……考古工作者推测，这些规模庞大的房屋，都是在南朝时期兴建的长干寺和阿育王塔的遗址痕迹。

到了唐长庆四年（公元824年），时任浙江西道观察使兼润州刺史的李德裕将荒废已久的长干寺和阿育王塔地宫打开，从中发现了二十一枚佛祖真身舍利。李德裕将其中的十一枚迁移润州（今江苏省镇江市）北固山上的甘露寺，建造了一座石塔供奉佛祖真身舍利，成为甘露寺的镇寺之宝。而另外的十枚佛祖真身舍利，仍被留在长干寺地宫之中。1960年在镇江市甘露寺铁塔塔基内出土的唐代长庆四年（公元824年）李德裕所撰写的《重瘗长干寺阿育王塔舍利记》石刻铭文中有这样的记载：

"上元县长干寺阿育王塔舍利二十一粒，缘寺久已荒废，以长庆甲辰岁十一月甲子移至建初寺，分十一粒置北固山（镇江市甘露寺），依长干旧制，造石塔，永护城镇，与此山俱。"

到了北宋真宗大中祥符年间，释可政将在长干寺旧址发现舍利圣物之事写成折子上报了朝廷，经朝廷批准，为供奉北天竺高僧施护带来的佛祖顶骨舍利及寺塔内原有的感应舍利，可政和王文等人在原址重建了九层佛塔，于大中祥符四年（公元1011年）举行了"阖郭大斋"。宋真宗得知佛祖舍利显灵，派人查证后而"信其事"，后将长干寺更名为天禧寺。

东晋初年所建的长干寺，几经易额、几度兴衰，在许多历史书籍中记载：

北宋尚书右丞黄履（公元1013—1101年），对长干寺和舍利塔的修建时间和当时情形作了比较清楚详细的回顾，他在《二十七日登长干塔一首》一诗中这样描写的：

祥符庚戌感光瑞，累岁九成凌紫霄。
迄今八十有二载，香火瞻奉倾齦髫。

注："祥符庚戌"年，即大中祥符三年（公元1010年）

据北宋词人李之仪（公元 1048—1128 年）所撰《天禧寺新建法堂记》中记载："江宁府天禧寺及长干道场，旧葬释迦真身舍利。后寺废。至南唐时为营，庐舍杂比，污秽蹂践，无复伽蓝绪余。国初，营废，鞠为榛莽。久之，舍利数表见感应。祥符中，僧可政状其迹，并感应舍利投进，有诏复为寺。政即其表见之地建塔，赐号圣感舍利宝塔。至天禧中，又赐今额。"

唐宋八大家之一的王安石（公元 1021—1086 年），在职江宁知府任时，曾作《长干寺》诗一首：

梵馆清闲侧布金，小塘回曲翠文深。
柳条不动千丝直，荷叶相依万盖阴。
漠漠岑云相上下，翩翩沙鸟自浮沈。
羁人乐此忘归思，忍向西风学越吟。

北宋词人贺铸（公元 1052—1125 年）为长干寺曾作两首诗：《题金陵长干寺》和《题金陵长干寺塔庚午十二月赋》，其中"十二月赋"云：

南国长干古佛祠，浮图鸳瓦碧参差。
欲追三阁登高作，非复六朝全盛时。
檐角西风挂星斗，墙阴寒雨啸狐狸。
劫灰终换人间世，石甃金棺好护持。

千年名刹，苍荡变迁。长干寺虽然屡毁屡建，时而沦落，时而旺盛，经历了坎坎坷坷不平的发展之路。但它不是从江南首寺建初寺演变过来的，更不是建初寺的前身，而是从一个不显眼的"小精舍"佛地，发展到"三级佛塔"，又从"三级佛塔"发展为皇家名寺，名气愈来愈大，逐渐成了江南拜佛求教的圣地。"建初寺与长干寺相望，其地皆为佛陀里"，它记录了长干佛陀里的发展变迁，见证了南京历史佛教文化的盛衰，在南京佛教史上，与建初寺同样有着不可替代的作用和地位。尤其是后来的继承者天禧寺、金陵大报恩寺和如今的南京大报恩寺塔遗址公园，都是长干寺的薪火相传，千年延续。

第三节 天禧寺怎么有玄奘顶骨？

秦淮河水，幽幽流淌。公元664年，圆寂于长安玉华宫的玄奘，这位生前从没有来过南京的高僧，死后却与南京结下了深厚情缘。

据《景定建康志》卷四十六中介绍："长干寺塔按塔记在秣陵县东，今天禧寺乃大长干也。"也就是说，天禧寺的前身就是长干里的长干寺。明代时期的詹事府右春坊王俊华奉命于洪武二十八年（1395年）纂修的《京城图志·寺观》中记载："天禧寺，即古长干寺，宋名天禧寺，在聚宝门外，有塔，今名因之。"张惠衣《金陵大报恩寺塔志》载："天禧寺即古长干寺，在城南门外，宋天禧二年改今。"

繁盛几朝的长干寺，自从被毁之后，沉寂了长达400多年。到了宋代初期，发生了一件令人惊喜的大事，天禧寺的佛教活动终于走出了低谷，迎来了一个新的发展机遇。

北宋端拱元年（公元988年），当时任古长干寺住持高僧演化大师可政，在朝礼终南山紫阁寺时，意外找到了唐代玄奘法师的顶骨舍利（玄奘法师唐麟德元年（公元664年）二月圆寂，葬于浐水之滨白鹿原）。可政发现玄奘顶骨舍利之后，亲自背负至金陵，在长干寺内专门建造了一座石塔瘗藏，并供奉。据《景定建康志》卷四十六记载："白塔在寺东，即葬唐三藏大法师顶骨之所。金陵僧可政端拱元年得于长安终南山紫阁寺，俗呼白塔，事具塔记。"《天禧寺白塔记》中又记载："端拱元年，僧可政得玄奘顶骨于终南紫阁寺，葬于此，起塔，即今报恩寺三塔也。"

图1-9 长干寺地宫内发掘的佛顶真骨舍利

据考证，宋释可政，金陵人，族氏、生卒不详。其活动主要在太宗、真宗、仁宗时代。早年师从蒋山赞元禅师，曾游学关中，研习戒律。端拱元年于长安终南山紫阁寺幸得玄奘顶骨，携归金陵。景德年间募资修复栖灵寺多宝塔；大中祥符初奏请恢复金陵长干寺，诏允重建，主其事，祥符四年（公元 1011 年）建成圣感舍利宝塔；天圣五年（公元 1027 年）二月，建"白塔"瘗葬玄奘顶骨，同年三月开挖"义井"。可政称谓有"僧可政""金陵可政""可政禅师"及"塔主大律师"等，于景德年间获赐"演化大师"称号。

佛祖舍利经常显灵，全城僧俗民众屡屡受到感应。于是，可政大师将此事上奏宋真宗。真宗派人调查后认为属实，祥符四年（公元 1011 年），宋真宗便下诏重修长干寺，并兴建佛塔一座。新建的佛塔八面九层，高 200 尺，初名真身塔。建成后，真宗又亲自赐名为圣感舍利塔。宋天禧二年（公元 1018 年），宋真宗又根据他的新年号，下诏将古老的长干寺改名为天禧寺。到了元至元二十五年（公元 1288 年），又将天禧寺改为元兴慈恩旌忠教寺，改塔名为慈恩塔。元世祖对天禧寺青睐有加，曾下令将秦桧家族位于南京江宁县的家庙旌忠寺没收，拨给天禧寺作为下院，以壮大天禧寺的经济实力，又下令由国库出钱 5 000 缗，并且从他个人的内库中捐出三碗黄金，对圣感舍利塔进行维修，还直接出面任命佛光弟子广演高僧为寺庙住持，赐号"弘教大师"。在佛光及弘教大师的苦心经营下，天禧寺拥有了崇高的地位。元末，战火纷飞，天禧寺除舍利塔的塔身幸存外，其余庙宇均遭受毁损。

1937 年 12 月南京沦陷，日本高森部队占领了城南的金陵机械局，并辟为日军的军工修械厂，先后以部队长高桥、高森、贵志、稻田、松尾等名字命名。当时日军将留厂的工人分成各种班组分派劳务，每天每人只给斤余糙粮。1942 年 11 月初，高森部队营造场派出十几名工人到工厂东南大报恩寺三藏殿后的土丘上挖掘土地，准备建造"稻荷神社"办公房，工人们在挖至 3 米多时发现一长方形石，掀开石后有一洞穴，内有一石椁，椁内有石函，周围散布着古钱。石函上刻有铭文："玄奘顶骨因黄巢发塔，今长干（寺）大师可政于长安传得，于此葬之。"

在这块石函两侧的文字上，记载了唐代玄奘法师顶骨辗转来南京迁葬的经过。地宫之谜得以解开，原来这里是大报恩寺三藏法师玄奘的灵骨墓址"地宫"。这与在复建南京大报恩寺塔考古发掘时所发现的舍利子相合。

据宋代周应合著《景定建康志》卷四十六和元代张铉修纂的《至正金陵新志》记载，大唐高僧玄奘（公元 602—664 年），本名陈祎，通称三藏法师，是唐代著名的高僧和佛学理论家，与鸠摩罗什、真谛并称中国佛教三大翻译家，是唯识宗的创始人，佛教界四大译经者之一，为佛教在中国的传播奠定了深厚的基础。他不辞艰险西去印度求经，历时19年，归国后在唐代长安慈寺翻译撰写经书，唐高宗麟德元年（公元664年）二月在陕西玉华寺圆寂。遵照他的遗嘱，四月十四葬在长安东郊浐河东岸的白鹿原上。宋端拱元年（公元988年），金陵长干寺演化大师可政传得玄奘灵骨，遂将其带回金陵，葬于古长干寺内的东岗上并建白塔。明洪武年间，经工部左侍郎黄立恭奏请，为纪念佛祖，在古长干寺遗址建九层浮图，并将玄奘灵骨迁葬于寺的东南岗，上建喇嘛塔式的三藏墓塔。永乐六年（公元1408年），九层塔不幸毁于灾火；永乐十年（公元1412年），朱棣在古长干寺上建造大报恩寺塔时，三藏墓塔纳入寺塔的东侧，并在三藏塔前建三藏殿等；太平天国期间，金陵大报恩寺、琉璃塔等地表建筑毁于战火。三藏塔的上部遭受到破坏，后用土覆盖，但三藏殿保存完好。

领队日军闻讯后派出一批日兵赶到现场，将工人们搜身后赶走。下午日军将周围用铁丝围住，严密封锁消息。之后，日军获得玄奘灵骨。稻田大佐企想掠往日本，全部攫为己有。但这一消息还是被泄露出来。1943年2月3日，汪伪的《民国日报》上突然爆出一特大新闻：原大报恩寺三藏殿后发掘出唐代玄奘法师的顶骨，被日军占有。顿时，舆论哗然，惊动中外，引起了中国各界人士的强烈抗议。为了掩盖这一丑闻，欺骗中外人士，日伪共同演出了一出奉移和重建的闹剧。1943年2月23日，日寇为舆论所迫，在发掘的原地，由日本大使重光葵移交文物于汪伪政府外交部长兼文保会委员长褚民谊。移交的文物中有顶骨（约二寸宽、四寸长），金佛像一座，纳骨小龛及银、锡制箱，石龛，黄铜佛器、瓷器、玉饰珠宝、古钱等，分装于十个盒子，后陈列在博物馆内二楼。日寇为了掩盖盗窃玄奘法师顶骨的丑行，利用玄奘法师的中外影响来捞取资本，为日军打气，决定将玄奘顶骨及石龛等物重新安葬。1944年10月10日，在小九华山三藏塔竣工之时，大张旗鼓地进行了玄奘顶骨的"奉安典礼"。

典礼以大汉奸褚民谊为首，日伪大使谷正文，德、意驻伪大使代办，伪印度政府代表，日伪汉奸，军国主义分子，以及佛教徒约300人参加。其实，日伪不过是遮人耳目，平息舆论，暗中早有图谋。在移交时仅将玄奘顶骨一小部分葬于塔底穴中，还有一部分由日寇瓜分。据说当时由大汉奸褚民谊将玄奘顶骨打碎，一说分成三份，一份留在南京，一份送北京弘福寺供奉，一份被掠夺到日本。后来据查考，留在南京的一份分为四份：一份瘗藏在南京覆舟山，即今九华山顶的三藏塔内（1943年初建"玄奘寺塔"）；保存在灵谷寺的那一份，于1957年由达赖喇嘛代表我国政府赠送给了印度政府，安放在玄奘当年留学讲经的那烂陀寺的纪念堂中；南京博物院的那一份由文管会金琦先生发现后交给毗卢寺，后放于栖霞寺，1973年灵谷寺修复开放时，又移入该寺的玄奘法师念念堂；存放在北京的那一份玄奘法师顶骨由北京佛教协会送到十三层密檐木塔中。日寇盗窃的那一份藏于日本琦玉县慈恩院内，后又分一份给台湾，安放在日月潭的寺塔里。2000年应西安市佛教协会请求，从灵谷寺中又请分出一份，供奉于西安大慈恩寺新建的玄奘大师纪念馆。2008年8月，在大报恩寺原址考古发掘时发现了北宋地宫，地宫内石碑上刻有"金陵长干寺塔身藏舍利石函记"。由此确定长干寺地宫始建于北宋真宗年间。石碑上还记载，铁函内的"金棺银椁""七宝阿育王塔"中藏有"佛顶真骨""感应舍利十颗""诸圣舍利"，这就解开了大报恩寺遗址地宫之谜。

在大报恩寺遗址考古时还发现了数十口历代古井。经专家介绍，其中一口古井建于北宋天圣五年（公元1027年），距今已有近千年的历史。此井深度达12.8米。在这口古井中，出土了300余件古代遗物，其中出土的石刻上有"义井"二字，这与当年天禧寺的高僧可政有关。可政大师在晚年特别热心公益。他向时任江宁知府，后来任丞相的李迪建议，在南京城南的交通要道处建一口井，让百姓路过此地时可以喝上一口清泉消暑解渴。李迪同意了他的建议，可政大师找到大善人唐文誉出资，兴建了这口井。李迪还专门为这口井撰写了一篇《义井记略》，其内容是：

相国陇西公赴镇江宁，思福黎庶，志在康济，常虑一物不得其所。有塔主大律师可政者，乃谓城之南隅，康衢四达，憧憧往来，朝及其夕。请官之隙地，特建义井，俾历炎酷，以济其众。公跃闻斯美，笔允其请。遂募其积善者唐文遇，出家帑以备其……

可政所建的这口义井，时至今日，仍然有水未竭，成为报恩、行恩的历史见证。

第四节　朱元璋修建报恩寺的疑端

天禧寺在元末的战争中遭到较大破坏，但舍利塔塔身主体却得以幸存。公元1356年，明太祖朱元璋攻克了元重兵把守的集庆（南京）后，定都该处，并改名为应天府。公元1368年1月28日朱元璋在钟山之阳举行声势浩大的仪式，登上皇位，改国号为"大明"。

朱元璋登上皇位后，首先想到的是他由一介草民坐上皇帝宝位，是"天赐""佛恩"，故对天禧寺这样一座拥有悠久历史和崇高地位的名刹特别青睐。洪武十三年（1380年），朱元璋下令对曾受天灾而损的天禧寺进行大修，洪武十五年（1382年）派工部侍郎黄立恭主持这项维修工程。

修建工程刚刚开始时，发生了两件事，使朱元璋修复天禧寺的心态发生了变化，对重修天禧寺发生了疑端。

第一件事，据明史记载，在朱元璋坐上皇位之前，胡惟庸是朱元璋的亲信。朱元璋当上了皇帝之后，看中了胡惟庸的才能，先升他为右丞相，后来任左丞相。胡惟庸在荣升中随之起了野心。洪武十三年（公元1380年）的一天，胡惟庸请朱元璋到他的府上观看天降"祥瑞"。正当朱元璋带领一行人浩浩荡荡来到胡惟庸家附近时，突然有一个人冲出来拦阻朱元璋并行刺他。经过一番搏斗之后，朱元璋发现胡惟庸家里已经埋伏了众多士兵，等待着他的到来。朱元璋明白是胡惟庸安排人来行刺的，一怒之下，立即将胡惟庸处死。此事发生后，明太祖朱元璋认为"臣之不臣"，其原因是天禧寺"浮图太耸"所致。他认为天禧寺塔的高度超过了当时的明皇宫，破坏了明朝的风水，于是命工部将天禧寺圣感舍利塔迁移到天禧寺北边钟山之左。

第二件事是在迁移天禧寺塔的过程中有一名工人在维修时从脚手架上跌落摔死，信神疑鬼的朱元璋认为不吉利，又将迁移工程停了下来。

就在朱元璋进退两难之际，工匠出身、时任鞍辔局大使黄立恭对朱元璋再三劝说，并承诺经费由民间筹资，促使朱元璋改变了态度。洪武十八年（公元1385年），朱元璋同意再修天禧寺塔，并派黄立恭在原址上修建天禧寺和圣感舍利塔。黄立恭利用三年的时间，依靠民间捐款，筹巨资黄金两万五千两，完成此项修建工程。同时，将大殿、僧房、两庑、重门、楼观等修饰一新。天禧寺殿宇巍峨、金碧辉煌，圣感塔再次焕然一新。朱元璋对此非常满意，指定朝廷掌管佛教的僧录司经守仁为天禧寺住持，亲自为该寺撰写了长文《御制黄侍郎立恭完塔记》，对修建天禧寺经过进行了追述：

"京南关左厢朱雀桥之左有浮屠，层高九级，根入厚坤……洪武十三年，胡、陈乱政，朕观七朝居是土者，皆臣愚君者多矣。考山川之形势，大江西来，淮山弼之。山庞川巨，右势足矣。以此观之，龙虎均停。择帝居者，宜其然也，何故臣下之不臣，无乃虎方坤位，浮图太耸之故。于是，命构架，将移塔于钟山之左。工将完，塔将毁，有来告者：'工人有坠于塔下者绝'，于是罢役。"

从那时起，朱元璋经常在天禧寺举办法会，弘扬寺宇，奉佛虔诚，其"高壮坚丽，度越前代"，如朱元璋在刚刚修复一新的天禧寺追悼在元末战争中阵亡的将士。永乐五年（公元1407年），仁孝皇后徐贞静去世，朱棣命人在天禧寺举行盛大法会，并亲自撰文记录了这次盛典。重建后的天禧寺，与灵谷寺、天界寺并列为南京三大名刹。

但好景不长，自朱元璋下令修缮天禧寺十四年之后，天禧寺又遭受到了很大的天灾。明朝永乐六年（公元1408年）的一天，突然下起了一场倾盆大雨，因宝塔顶上的避雷针无故失效，雷电击中了塔顶，大殿起火被毁，整个殿宇都遭受损毁。据记载，修缮后的天禧寺"落成之日，车驾临幸，命师庆赞。祥光烨煜，悠众聚观，天颜愉怿"。又过了几个月后的一天，寺院里一位僧人，夜间在天禧寺大殿放火。这把火将天禧寺整个殿堂，包括圣感舍利塔在内全部烧毁。面对残墙断壁，朱棣决定倾力重建。永乐十年（公元1412年），明成祖朱棣在准备迁都北京之时，为报生父明太祖朱元璋、生母马皇后之"恩"，下诏敕在天禧寺的原址上按照皇家规格和宫殿建筑风貌，大规模地重建天禧寺和五色琉璃塔，并将天禧寺改名为"金陵大报恩寺塔"，这就是后来展现在人们面前的举世无双的大报恩寺及琉璃瓦塔。

悠悠岁月，变化万千，千年佛脉，薪火相传。

古老长干佛陀里的四座寺塔，都命运多舛，从建庙那一天起，它们的命运与整个南京城的命运便息息相关。从东吴孙权为印度康僧会在长干里建起江南第一座寺庙建初寺和阿育王塔开始，到西晋时期从小精舍逐渐建起的古长干寺；从宋、元两代将长干寺多次改名，到明太祖朱元璋大修天禧寺、明成祖朱棣以皇家风范更大规模重建并将天禧寺改名大报恩寺，千百年的风风雨雨，寺庙屡废屡建，寺名亦屡屡更易，一直受南京百姓的垂青，千年佛脉断断续续地延续到今天。但不知什么原因，长干里的佛脉愈挫愈强，始终不绝地沿袭着佛陀里的佛祖佛缘，香火旺盛，雄峙江左，堪称金陵佛脉的圣地，其影响力和知名度远非他地可及，始终是南京人的骄傲和"亮点"，成为南京文化名城的精神标高，闪烁着佛教文化的耀眼光辉。

表 1-1　长干佛陀里寺塔沿革脉络一览表

序号	寺塔名称	始建年代	佛寺变迁内容简述	考证文献
1	阿育王塔	东汉献帝二年（约公元194—195年）	献帝时，笮融在故乡秣陵长干里建寺塔，称阿育王塔	《南史·扶南国传》《南朝佛寺志》"佛寺"
2	小寺庙	东汉末年（约公元222—263年）	长干里在东吴时就有民间拜佛活动，并自发地建起了小精舍	《梁书》和《南史·列传》卷六十八
3	建初寺	东吴赤乌十年（公元247年）	孙权为印度高僧康僧会建建初寺和阿育王塔，该寺为江南佛寺之始	《南史·列传》卷六十八；《六朝都城》《建康实录》
4	长干寺	西晋年间（公元265—316年）	西晋时期，长干里有小精舍，后建长干寺。到东晋时，长干寺逐渐扩建和修饰，成为江南名寺	《南朝佛寺志》卷上、《资治通鉴》第一百五十七卷、《六朝事迹编类》卷十一、《丹阳记》
5	天禧寺	北宋真宗祥符四年（公元1011年）	宋真宗下诏在长干寺原址重建寺庙，宋天禧二年（公元1018年），宋真宗根据他的新年号，将长干寺改名为天禧寺	《六艺之一录》卷九十五引《天禧寺白塔记》、张铉《至正金陵新志》卷十一
6	大报恩寺和琉璃塔	明永乐十年（公元1412年）	明太祖朱元璋重修天禧寺；朱棣在天禧寺原址大规模重建寺塔，并改名为闻名天下的大报恩寺塔，后称金陵大报恩寺与琉璃塔	《金陵梵刹志》卷三十一、康熙《江宁府志》卷三十一、《金陵大报恩寺塔志·寺僧》
7	南京大报恩寺塔遗址公园	公元2007年开始重建，2015年12月开园	南京市人民政府和有关单位在大报恩寺塔原址重建，并名为南京大报恩寺遗址公园，千年佛脉得到延续	南京市人民政府〔宁发改投资字〔2008〕43号、宁发改投资字〔2012〕1032号、市政府批发《建设用地规划许可证》《建设用地批准书》等

第二章 金陵古刹名寺知多少

六朝古都、十朝都会的南京，拥有近 2500 余年的建城史，1780 多年的佛教文化发展史。它既是古代中国南方出现佛教活动的最早城市之一，也是江南佛脉之始。自东吴孙权为印度高僧康僧会建立江南首寺建初寺以后，佛教活动在这块圣地根深叶茂，而受建初寺这座古老寺庙的影响，在南京地区犹如雨后春笋般孕育出了许许多多的寺、庙、院、庵等，出现了前所未有的庙宇古刹昌盛景象。

佛教乃外来文化，起源于公元前六世纪至公元前五世纪的印度南部（今尼泊尔境内）。佛教文化传入中国是在西汉时期。到了永平十年（公元 67 年），汉明帝为印度僧人迦叶摩腾（即摄摩腾）和竺法兰在洛阳建造了中国第一座佛寺白马寺，从此，佛教逐渐在中原大地上传播开来，又逐渐辗转传入南方。赤乌十年（公元 247 年），东吴大帝孙权为印度高僧康僧会在南京城南长干里建造了第一座佛寺，称建初寺，从此，南、北方分别有了一座名刹。

第一节　南京何因称佛都？

东吴孙权为印度高僧康僧会在长干里建起了江南第一座寺庙建初寺，起到了开风气之先作用。南京佛教文化繁盛于绝大多数历史朝代，营建出了许许多多的寺、庙、院、庵等，庙宇成林，名寺辈出，隆盛于整个江南，历史上把庙宇昌盛的景象称为"佛都南京"。

南京作为"佛都"，在历史的长河中曾有许许多多生存和繁衍的故事。

据王焕镳《首都志》卷十四"宗教·释教"记载："上自帝王公卿，下至士庶，靡不禀志归依，厝心崇信"。东汉末年（公元223—253年），由于北方战乱连年，洛阳、长安（今西安）等地的居民为躲避战乱大批南迁，僧人和居士也随之而来，再一次将佛教玄学传入江南。其中有著名的优婆塞（男居士）高僧支谦来南京译经传道。支谦祖籍西域月支国，博通六国语言，曾从支谶的弟子支亮就学。支谦避乱来到东吴建业（今南京）后，孙权重用支谦并拜为博士。支谦在得到孙权的重用后，用了约30年时间，共翻译佛经36部48卷，重要者有《大明度无极经》《维摩诘经》等，在佛教义学方面主要弘扬般若学。支谦在南京的译经弘法，可以说是南京佛教初传之始，开起了佛教在江南玄学化的先河。

六朝之前，在南京城南古长干里，就"有尼居其地，为小精舍"。（《南史·列传》卷六十八）初起，百姓常来这里烧香拜佛，南朝的宋、齐、梁、陈四朝皇家士族、学士文人无不崇信于佛教，痴迷于菩萨。南梁武帝萧衍是最虔诚的佛教徒，曾四次出家为僧。由于皇帝笃信佛教，官僚贵族也趋之若鹜，南京佛教达到极盛。"钟山帝里，宝刹相临；都邑名寺，七百余所"，其中梁武帝亲自敕建的同泰寺，有大殿6座，小殿及佛堂20余所，殿外积石为山，林木葱茏。梁天监七年（公元508年），梁武帝十分宠爱的皇后郗氏去世，武帝悲伤不已，魂不守舍，遂册封郗后为龙天女，日夜礼佛忏悔。他决定把自己的出生地同夏里三桥的旧居（现南京市秦淮区江宁路老虎头44号）改建为寺，并取名"光宅寺"（后改名"萧帝寺"，到明朝永乐年间又改名为"回光寺"）；公元511年，武帝亲自颁布了《断食酒肉文》，要求僧尼吃素食。为了统管全国僧尼，他命法超制订了《出要律仪》，命法云创立了僧尼戒律；（唐道宣《广弘明集》卷二十六"慈济篇"）大同三年八月（公元537年），在执政重臣何充的主持下，长干寺进行了大规模扩建，新建了许多佛寺、佛殿、佛堂，达到了空前的规模。梁武帝又下令对长干寺双塔进

图 2-1　始建于隋文帝时期的南京栖霞寺舍利塔　　图 2-2　始建于梁武帝时期的紫金山东南灵谷塔

行改造。改造期间，佛祖真身舍利和发、爪等物被从阿育王塔地宫中取出。萧衍为此大赦天下，并多次驾临长干寺主持"无碍大会"，与全城僧俗信众一同礼拜舍利。第二年九月，双塔改造完毕，梁武帝将舍利及爪、发等物分为两份，分别放入两座塔的地宫之中。据史书记载，舍利放入两塔地宫之后，当天夜晚两塔的顶部就发出光亮。梁武帝崇信佛教、虔诚拜佛、主张佛化治国的行动推广后，南京城内外广建寺院庵庙，南朝的寺院比东晋时增加一千余所，僧尼增加三倍多。据《南史》卷七十中记载："都下佛寺五百余所，穷极宏丽，僧尼十余万，资产丰沃。"南朝佛教不仅译经鼎盛，在义学上也有较大发展，出现多种佛教学说，如三论学、涅槃学、毗昙学、摄论学等，为隋唐时期中国佛教大盛、判教立宗奠定了基础，也给南京带来了佛教文化的蓬勃发展。

隋、唐、宋、元时期，南京地位下降，佛教随之衰落，庙宇数量萎缩。六朝时期那种佛寺林立、繁荣鼎盛的景象已不多见，但六朝时期奠定的佛教根基，还影响着这一历史阶段佛教的弘传。在陈、隋时期，僧人法朗于南京皇兴寺创建了"三论宗"。生于南京的弟子吉藏，7岁从法朗出家，19岁学有所成，在建初寺讲三论多年，后至会稽（今绍兴）弘扬三论宗，世称嘉祥大师。隋初，至长安日严寺，完成三论注疏，成为三论宗的实际创始者。法朗弟子智炬也曾在建初寺弘宣三论，听众常百人。天台宗三祖智𫖮在陈时即在南京瓦官寺、光宅寺讲经，陈之后离开南京。隋时受晋王杨广（后为隋炀帝）礼请至扬州，授"智者大师"之号。隋开皇十五年（公元595年）至南京撰《净名经疏》二十八卷，使南京佛教的义学研究有所深入。后至浙江天台山，为天台的实际创始人。因此，天台宗虽以天台标名，如今仍视南京光宅寺、瓦官寺为其祖庭之一。陈、隋之际，南京佛教寺、庙、庵和院遭兵火破坏严重，南朝所建许多大寺院遭毁。隋朝之后几十年间逐渐修复。

到了盛唐、明初时期，南京牛首山法融禅师创禅宗牛头宗，文益禅师于清凉寺三座道场开禅宗法眼宗。宋永初元年（公元420年），武帝召请沙门道照在宫殿设斋，命瓦官寺法和为僧主。同年，范泰（范伯伦）在京城造祇洹寺，并成为京城佛教中心，许多外国僧人来南京住祇洹寺译经。明初，明太祖朱元璋在南京称帝并建都后（公元1368年），用礼佛来加强他的统治，以达到长治久安的目的，对南京佛教的影响至今犹存。他在因建孝陵而迁走的蒋山寺复建后，赐额"灵谷禅寺"，并亲题"第一禅林"匾额，同时在南京复建新修了许多寺院。据记载：洪武元年，朱元璋着力整顿佛教，每季于礼部考试僧官，在金陵天界寺设立善世院，命慧昙住持管理全国佛教，颁布一系列政令，仿宋制开僧衙门，设僧官，立制度。善世院后称僧录司，为僧界之中央，置正印、副印、左善世、右善世等员。明初，朱元璋几乎每年都要在南京一些大寺院召集名僧，举办法会，为国祈福，尤其是灵谷寺、报恩寺、天界寺这"金陵三大寺"，佛教文化活动更为突出，使更多外地名僧前来进行佛法活动。万历初（公元1573年），如馨（公元1541—1615年）在南京古林寺传戒，律学大振，古林成为律宗中兴祖庭，如馨被称为南山律宗中兴第一代祖师。他的法徒三昧，及再传读体，在宝华山传戒，弘扬律学和戒法，对于近世律学重兴起了较大的作用。南京的灵谷寺、报恩寺、天界寺、栖霞寺为天下名刹，其中栖霞寺乃"天下四大丛林"之一，见证了南京"佛都"的殊胜因缘。

南京佛寺的盛行，也促进和带动了佛教译经的大发展，使之成为江南的佛教文化传播中心。

自六朝以后，一代代译经大师在金陵翻译了大小乘佛教经典约500部2000多卷，使金陵成为全国重要的译经中心、义学基地。以建康为中心的南方佛教逐渐形成了重视清谈玄理的交流、传播般若性空之学的特点，为全国佛教义理的弘传与研究作出了重大贡献。吴大帝孙权时，支谦共翻译佛经36部48卷，为佛教思想在江南的传播起了重要作用。其中的《大阿弥陀经》《般舟三昧经》为汉地净土宗思想奠定了基础。印度来的高僧康僧会注释了《安般守意》《法镜》《道树》三经，并最早融合释、儒、道三家思想，为佛教的中国化作出了重要贡献。东晋时，道场寺云集了佛陀跋陀罗、法显、宝云等高僧，翻译了《大方广佛华严经》《摩诃僧祇律》《大般泥洹经》等许多经典佛经，为大乘瑜伽学说的江南东传播开了先河，极大促进了佛教义学的发展。高僧法显在建康道场寺翻译了6部佛经，共 100 多万字，还写成了与唐玄奘《大唐西域记》齐名的《佛国记》，这是我国第一部记述当时中亚、印度和南海诸国山川地貌和风土人情的著作，直至今日，仍然是研究南亚次大陆诸国古代历史、宗教和风土人情的重要历史文献。高僧宝云也游过印度，精通梵文。他在道场寺译经的时间最长，质量也很高，有"江左译经，莫不推宝云为第一"之说。高僧尸梨蜜在建初寺主持翻译了《大孔雀王神咒经》等密教经典，促进了密宗在中国的传播。提婆在建康讲解《阿毗昙心论》，从此毗昙学在我国南方流传开来。他还在建康主持重译了《中阿含经》60 卷，校改了《增一阿含经》51 卷，为小乘佛教的传播起了积极的推动作用。

南京佛教译经在元、明时期，更加硕果累累。嘉元年间，高僧昙摩密多在南京祇洹寺译出《治禅病秘要法》等禅观经典；僵良耶舍也来到南京翻译了后世净土宗的基本经典《观无量寿经》；高僧求那跋摩于元嘉八年（公元 431 年）来到南京，翻译了《菩萨善戒经》《四分羯磨》《优婆塞五戒》《优婆塞二十二戒》等 26 卷，以及《杂阿毗昙心论》后三卷。元嘉十一年（公元 434 年），求那跋摩在南林寺设立戒坛，为僧尼受戒，这可能是中国最早的戒坛。元嘉十二年（公元 435 年），文帝又请他来到南京，住于祇洹寺。文帝非常尊敬他，名士颜延之、王义康、王义宣等均拜他为师。孝武帝也以厚礼相待，天旱时请他祈雨。后求那跋陀罗又翻译了《杂阿含经》《胜鬘经》《相续解脱经》《楞伽经》等经书，对后世禅宗系统的影响很大。元嘉十三年（公元 436 年），慧观、慧严、谢灵运等校对改订《大般涅槃经》完毕，史称南本《涅槃经》。后江南涅槃师根据南本《涅槃经》，产生涅槃学派。《涅槃》在南北朝极为流行，相当于《般若》之在魏晋。另有慧琳，深得宋帝赏识，参与政事，号称"黑衣宰相"，堪称古代佛教界的社会活动家。

明朝末年葛寅亮著《金陵梵刹志》，是我国最早的一部关于金陵佛教的专著。该书记载明清时期，南京是中国佛经流通的中心，刻有汉文《大藏经》。《大藏经》汇佛教一切经典为一部全书，是佛教典籍的总集。清末孙文川先生（公元 1822—1882 年）所撰的《金陵六朝古寺考》一书，充分反映了金陵佛教文化的盛衰。他经历了太平军攻占南京，外国侵略中国来到南京，他们烧杀抢掠，大肆破坏佛教设施与宗教文化，使得金陵佛教由盛到衰的全过程。为此，他发愿要编纂金陵佛寺志书。他广泛征集搜寻，穷经多年，终将《金陵六朝古寺考》撰成，但未及刊印就遽归道山。到了光绪十七年（公元 1891 年）秋，举人刘世珩（公元 1875—1926 年，安徽贵池人）收得孙文川先生手稿，经重新考订，于光绪三十三至三十四年（公元 1907—1908 年）将书稿编辑刊印，并改名为《南朝佛寺志》。该书分上下两卷，上卷记录东吴、东晋、刘宋三代，下卷记录萧齐、梁、陈三代，共收南朝六代一百多年间金陵佛寺 226 所。该书已成古代经典佛教藏经之一。在这个过程中民众们逐渐形成了普遍的宗教信仰，佛教文化思想植根于南京人的心灵世界。

佛书的编撰、雕刻、印刷，一直被视作是至高无上、功德无量的盛事，对于

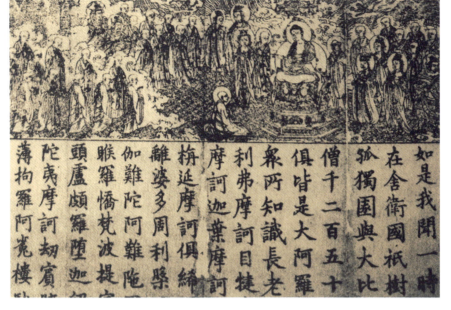

图 2-3 明代永乐年间大报恩寺雕刻《大藏经》版画

弘扬佛教起到重要作用。南京是名扬中外的刻经中心之一。宋太祖开宝四年（公元 971 年）即有刻印《开宝藏》。明太祖于洪武初年即在南京蒋山寺召集高僧大德点校《大藏经》。《大藏经》是佛教典籍丛书，是总括佛家诸家的百科全书，为《初刻南藏》《永乐南藏》的刊雕奠定了基础。《初刻南藏》雕刻完后被收藏在南京的天禧寺内。当时的天禧寺是全国佛教事务管理机构僧录司所在地，收藏、管理有《大藏书》佛经板。永乐六年（公元 1408 年），寺僧为泄私愤纵火焚毁了天禧寺，其所藏的《初刻南藏》的经板也一同葬身火海，全部被毁。《永乐南藏》是一部规模巨大的佛教典籍丛书，全部经板共 57 160 块，全藏共 635 函 6 331 卷，以千字文编号，始于天字函的《大般若经》。《永乐南藏》每印一次，需要用纸 110 526 张，包括全页纸 107 782 张，半页纸 2 744 张。每年印 20 藏，每藏印行大约费银 300 两。（葛寅亮《金陵梵刹志》记载）《永乐南藏》到底印了多少部，现在已难以统计，不过，仅郑和就曾先后印造过 10 部《大藏经》，遍舍天下名刹。这些佛教典籍丛书为什么藏在金陵大报恩寺呢？因为大报恩寺是皇家寺院，在这一领域拥有着独一无二的崇高地位。明清出现的 5 部大藏经（其中官刻 4 部、民刻 1 部），有 3 部官刻与大报恩寺及其前身天禧寺有关。直接相关的为《初刻南藏》（以前称《洪武南藏》）、《永乐南藏》；而在北京雕刻的《永乐北藏》，不仅以《永乐南藏》为范本，而且其主持者有不少是来自大报恩寺。其中经板雕刻于大报恩寺并在该寺长期保存、印刷流传的《永乐南藏》，影响最大。可以说自永乐十八年（公元 1420 年）《永乐南藏》雕成以后,一直到清康熙年间,大报恩寺一直承担着全国绝大部分寺庙的印经任务,是中国佛经流通的绝对中心。

到了清末,著名的近代佛教复兴之父刻经创始人杨仁山居士(公元1873—1911年,安徽池州石埭人)在南京创立了金陵刻经处,致力于佛典的搜罗、整理、刻印,是我国第一家融经籍收藏、雕刻、印刷、流通和研究于一体的佛经出版机构。杨仁山委托日本佛教学者南条文雄在日本搜集了中国失传的佛典经疏300多种,择要刻印了3 000多卷,使三论宗、唯识宗、华严宗等重要佛教宗派的教义重新昌明。他弘法40余年,共刻成木版经书211种,经板4 700多片,印刷佛典1 155卷,组织编刻《大藏辑要》460部3 300多卷(完成了五分之四)。1910年,他建立了佛学研究会,研究佛学,宣讲佛法,培养了许多学者,且在研究与传播佛教文化方面亦有非凡建树,对金陵佛教文化及现代佛学研究作出了重大贡献,为近代佛学复兴奠定了基础。

图2-4　公元1733年完成我国最后一版皇家佛经刻本《乾隆大藏经》

第二节　金陵古刹何止 480 寺？

南京佛教寺、庙、院、庵到底有多少呢？

"出了南门尽是寺"这是南京民间广泛流传着的一句老话。人们耳熟能详地还有晚唐大诗人杜牧的《江南春》：

千里莺啼绿映红，水村山郭酒旗风。
南朝四百八十寺，多少楼台烟雨中。

这首绝句是诗人描绘金陵景物的名作，同时也道尽了南京寺院文化曾经的繁荣和鼎盛。千百年来，由于这首诗广为流传，人们都认为南朝的南京寺庙只有"四百八十"座，其实，杜牧诗中的数字显然是一个诗化了的数字，实际上南朝时期南京的寺院数量不止于此，诗人只是形容南京地区有众多的佛教文化遗存、丰厚的佛教文化底蕴。

佛、法、僧是佛教"三宝"，而寺庙是"三宝"生存的必然条件，也是佛教传入某地区的一个重要标志。南京众多佛教寺庙的营造风格不一样，大多数分为两类：一类是园林式建筑与自然环境中的山石、河水、树林互相结合在一起，亭台楼阁、殿宇回廊高低错落、大小不等；桥廊碑石布局自然，石径蜿蜒，河谷深邃，溪水回流，古树栉比，使人如临仙境，这类寺庙占大多数。另一类是依佛礼来布局，整个寺庙区域以中轴线贯穿，把殿阁建在中轴线之上，一般有神殿、膳堂、尼人宿舍、园林等，形成具有中国传统特色的佛教院落样式。由于各种原因，古寺庙塔大多荡然无存，遗留到今的就越发显得珍贵，成为我国佛教文化鼎盛景象的见证。

自公元 247 年东吴大帝孙权为康居国僧人在长干里建建初寺和阿育王塔开始，南京的庙宇遍及全城，东起栖霞，西至大江，北起幕府山，南迄牛首山。而主要寺庙又集中在东、南两片，以南京城南古长干里为最多。自大帝孙权开始，东晋元帝、明帝，南朝宋明帝、齐武帝、梁武帝、陈武帝、陈后主等帝王从政治上予以庇护和经济上予以扶植，使佛教在南京进入了一个广泛传播和迅速兴起的时期，寺庙林立，盛况空前，其中著名的有建初寺、长干寺、开善寺、灵谷寺、

图 2-5 始建于南朝梁武帝时期的南郊宏觉寺佛教圣地

定林寺、竹林寺、道林寺、廷贤寺、宋颐寺、头陀寺、飞流寺、半山寺、大爱敬寺等等，南京城南很快成了南方佛教传播中心，寺庙香火不绝，朝拜者人潮如流，可谓佛都。

南京地区的佛寺院在六朝时期达到鼎盛。据卢海鸣《六朝都城》寺佛记载：刘宋时，有寺院 1 913 所，僧尼 36 000 人；南齐时，有寺院 2 015 所，僧尼 32 500 人；南梁时达到鼎盛，有寺院 2 846 所，僧尼 82 700 余人。侯景之乱后，建康城内外遭到毁灭性的破坏，寺院有所减少，但境内仍有寺院 108 所，僧尼 3 200 人。陈朝则有寺院 1 232 所，僧尼 32 000 人。有据可考的六朝佛寺达 226 所，其中吴（孙权）1 所，晋 37 所，宋（刘裕）60 所，齐（萧道成）26 所，梁（萧衍）91 所，陈（陈霸先）及不可考者 11 所，可谓是空前绝后远远超过了 480 所。据李延寿《南史》卷七十"郭祖深传"记载：都下佛寺五百余所，穷极宏伟。僧尼十余万，资产丰沃。所在郡县，不可胜言。道人又有徒，尼则皆畜养女，皆不贯入籍，天下户口几亡其半。建康作为统治中心，城郊内外更是僧尼云集，梵刹林立。史称："然以金陵都会，朝宗所依，刹寺如林，义筵如市，五部六郡，果含苗杂……"。（唐·道宣《续高僧传》卷七）这些寺庙大都为帝王官府建造，也有僧尼化缘营建，亦有个人舍宅为寺。僧尼们在这些寺院中设坛传经，弘扬佛法，译佛经书，佛教与儒道思想交流争鸣，促进了佛教义学的蓬勃发展，出现了丰富的各派学说。可以说，南朝时期是中国佛教史上译经最为鼎盛的时期，也是佛教义学大发展的时期，当时南京出现了前所未有的佛教文化繁荣景象。

如南京栖霞寺千佛岩石窟造像是我国南方开凿最早、规模最宏伟的佛窟群，始于南齐永明二年（公元484年），几乎与北方的云冈石窟同时代。最早开凿的无量殿中无量寿佛坐像身高三丈一尺五寸，总高四丈，观音、势至两座菩萨佛像分侍左右，各高三丈三尺，成为窟中佛像之首。全山先后开凿了294个佛龛，造佛、菩萨像共550尊，号称千佛岩。又如明代朱元璋在因建孝陵而迁走的蒋山寺复建后，赐额"灵谷禅寺"，并亲题"第一禅林"匾额；在天界寺设善世院，整顿、管理全国佛教。栖霞寺于建炎四年（公元1130年）毁于金兵战火，洪武二十五年（1392年）重建，明太祖敕书"栖霞寺"沿用至今。还有灵谷寺（洪武十五年（公元1382年）朱元璋为建陵寝，迁蒋山寺至钟山东麓建灵谷寺）、鸡鸣寺、静海寺（永乐九年（公元1411年）为纪念郑和下西洋建）、弘觉寺、能仁寺等8大寺院。除此之外，天启七年（公元1621年）统计，还有普德、清凉、金陵、永庆、吉祥、弘济、高座、鹫峰、瓦官、碧峰等32中寺；华严、安隐、天隆、唱经楼等120处小寺，不具名小寺也有百余处。

佛寺保留和造就了南京特有的厚重的佛教文化及众多古雅多姿的壮观美景，是一部博大精深的佛史，千百年来，成为历代文人雅士登临览胜、流连吟咏的重要场所，也成为南京历史文化名城独特的名片。

表 2-1　早期南京市区域历代主要寺庙一览表

序号	名称	始建年代	文物保护单位	初建时地址
1	建初寺（大市寺）	东吴赤乌十年（公元 247 年），同时建阿育王塔，为江南佛寺之始	2013 年 5 月列为全国重点文物保护单位	南京市秦淮区门西花露岗、胡家花园之北
2	长干寺	西晋时期，由小精舍（小寺庙）、阿育王石塔后扩建成长干寺，后又改名天禧寺，再改名金陵大报恩寺塔	2013 年 5 月列为全国重点文物保护单位	南京市秦淮区雨花东路，扫帚巷之南
3	栖霞寺舍利塔	隋仁寿元年（公元 601 年），相传隋文帝曾遇神尼，得舍利数百颗而建	1988 年列为国家级文物保护单位	栖霞区栖霞山风景区，栖霞寺东侧、藏经楼南
4	瓦官寺	东晋兴宁二年（公元 364 年），晋哀帝司马丕下诏建造，五代杨吴时，改名为吴兴寺，南唐改名为升元寺，1599 年改名凤游寺	六朝后，瓦官寺与瓦官阁犹为江南名胜地	秦淮区花露岗北岗 12 号
5	瓦官阁	梁天监五年（公元 524 年）改名升元阁，该阁毁于宋开宝年间（公元 968—976 年）	中国佛教五山十刹之一	秦淮区集庆路花露岗 12 号，凤凰台西
6	栖霞寺	南齐永明七年（公元 489 年），初名栖霞精舍	1982 年列为市级文物保护单位	栖霞区栖霞山中峰西麓
7	长芦寺	南梁武帝普通八年（公元 527 年），初名敕建崇福禅寺	1982 年列为市级文物保护单位	浦口大厂区长芦中学内
8	鸡鸣寺	南梁大通元年（公元 527 年）	1982 年列为市级文物保护单位	玄武区鸡鸣寺路 3 号，北极阁东
9	普德寺	南梁天监年间（公元 502—519 年）（系敕赐古刹）	1982 年列为市级文物保护单位	雨花台区雨花台西北麓普德村
10	清凉寺	唐中和四年（公元 884 年），原名兴教寺	中国佛教禅宗五家之一	鼓楼区清凉路 83 号清凉山公园内
11	光宅寺	南梁天监十三年（公元 514 年），初名萧帝寺	1982 年列为市级文物保护单位	秦淮区老虎头 44 号
12	灵谷寺	南梁天监十三年（公元 514 年），为埋葬宝志和尚而建	1982 年列为市级文物保护单位	玄武区中山陵紫金山南麓

续表 2-1

序号	名称	始建年代	文物保护单位	初建时地址
13	幽栖寺	南刘宋大明三年（公元459年）	1992年列为市级文物保护单位	江宁区东山乡祖堂山南麓
14	定林寺塔	南刘宋元嘉十六年（公元439年）僧竺法秀造，现寺毁塔存	1982年列为省级文物保护单位	江宁区方山中麓
15	香林寺	南梁天监年间（公元502—515年）迁入城内取名兴善寺	1992年列为市级文物保护单位	江宁区湖熟镇，洪武元年（1368年）迁入玄武区青溪桥36号
16	毗卢寺	清咸丰年间毁于战火，同治三年（公元1864年）扩建，旧名毗卢庵	1992年列为市级文物保护单位	玄武区汉府街6号，民国时期中国佛教会设此
17	永庆寺	南梁天监年间（公元503—519年），又名白塔寺	1992年列为市级文物保护单位	鼓楼区上海路29号
18	静海寺遗址	明永乐九年（公元1411年），为嘉奖郑和第二次出访西洋平安归来而建	1992年列为市级文物保护单位	原下关区热河南路朝月楼116号
19	弘觉寺塔	南梁天监二年（公元503年），俗称牛首山塔	1982年列为市级文物保护单位	江宁区牛首山东峰南坡
20	净觉寺	明洪武二十一年（公元1388年），南京最早的伊斯兰清真寺	1982年列为市级文物保护单位	建邺区升州路28号
21	无量殿	明洪武十四年（公元1381年），因供奉无量寿佛而得名	1956年列为市级文物保护单位	玄武区中山门外灵谷公园内
22	武庙遗址	明初洪武二十七年（公元1394年），俗称武夫子庙	1982年列为市级文物保护单位	玄武区北京东路41—43号（现南京市政府大院）
23	都城隍庙遗址	始建于隋仁寿元年（公元601年）	1992年列为市级文物保护单位	秦淮区府西街43号
24	惠济寺遗址	始建于南唐宋武帝刘裕年间（公元435年），到萧梁时期（旧称汤泉禅院）	1982年列为市级文物保护单位	江浦区汤泉镇惠济寺公园内
25	永寿寺塔	明万历三十四年（公元1606年），初名永昌	1992年列为市级文物保护单位	溧水区县城西北
26	华严寺	始建于南朝梁，明正统三年（公元1438年）改名大华严寺	全国佛教四大名山之一	雨花区安德门外小行华严村

续表 2-1

序号	名称	始建年代	文物保护单位	初建时地址
27	玄奘寺（三藏塔）	1943年初在九华山建玄奘寺塔，供奉玄奘大师顶骨舍利	2003年重修玄奘寺	玄武区九华山，北临玄武湖
28	宏觉寺	南梁天监二年（公元503年），初名佛窟寺，明洪武初年改名宏觉寺	1993年5月重建，现为金陵南郊一大寺庙	江宁区东善桥镇祖堂山南麓，原名幽栖山
29	静明寺	明代正统（公元1436—1449年）年间建（现仅存遗址）		雨花区铁心桥西北距中华门近10公里
30	天隆寺	始建于明宣德年间，寺僧弘升奏请赐额"天隆寺"，原名极乐庵	1992年列为南京市文物保护单位	雨花台区石子岗玉环山，地属菊花台公园
31	海慧寺遗址	现存的宋代以后的佛教寺庙遗址之一		江宁区双龙大道1670号
32	惠济寺	南朝刘宋时武帝刘裕万乘来游，旧名汤泉禅院		浦口区汤泉镇北约400米处，汤泉镇龙泉路8号
33	石佛寺	南宋六年（公元1127—1130年）建，明万历间乡耆周栋捐修并建东岳殿	20世纪90年代在修建御都园时，在园内重新建造石佛寺	浦口区顶山乡石佛村
34	鹫峰寺	明天顺五年（公元1461年）建，又名鹫峰禅寺	1982年列为市级文物保护单位	秦淮区白鹭洲公园内
35	保圣寺塔	三国东吴赤乌二年（公元239年），史载唐贞元十七年（公元801年）后改名保圣寺	1982年列为省级文物保护单位	高淳区双塔镇宝塔村
36	真如禅寺	明万历十八年（公元1590年），原名真武庙，1997年重修扩建寺庙时更名为真如禅寺	该寺前露天大佛堪称"金陵第一大佛"	高淳区东南的游子山

注：参考了《南京宗教概览》《金陵大报恩寺塔志》《南京文物志》（1997）等书籍。

第三节 大报恩寺高僧知多少？

佛、法、僧是佛教活动的主体，是佛教"三宝"。据孙文川所撰《南朝佛寺志》卷上载：自东吴孙权帮高僧康僧会在长干里建了建初寺之后，这里就成了佛教圣地，千余年间，虽然金陵大报恩寺之前的寺塔屡建屡毁，但佛脉始终不断。而伴随着寺塔的兴衰，一代又一代的高僧，在这里生存和繁衍，使金陵高僧荟萃，大报恩寺成为专门培养佛学人才的场所、基地。

《明代南京寺院研究》"名僧小传"和2001年出版《秦淮夜谈》第十六辑记载，大报恩寺历代高僧如下：

慧达：俗名刘萨诃，晋代著名的高僧，西河郡（今山西吕梁汾阳）人，因遇疾暴亡，而心下犹暖，经七日更苏，出家为僧并游方礼塔。公元399—409年，他孤身徒步到印度拜佛取经。太康年间（公元281—289年）来到建康（今南京）长干里，掘得舍利建阿育王塔，被称为建寺鼻祖。在长干寺讲经释法，通读佛典。后又到吴郡（今苏州）建通玄寺等庙。后人有编纂《高僧·慧达传》卷十三、《高僧传赞·刘萨诃》等文献。

伽跋摩：为南朝宋时僧人，亦名"众铠"。据《高僧传》卷三载，来自天竺（今斯里兰卡），南朝宋文帝元嘉十年（公元433年）经流沙到建康（今南京），住平陆寺。当时受戒的僧人达数百人。同年九月，译《杂阿毗昙心论》十四卷，元嘉十二年（公元435年）译《摩得勒伽经》十卷等，元嘉十九年（公元442年）随西域商人回国。

可政：宋代僧人。长干寺（后称天禧寺、大报恩寺）住持，是不可湮没的一代高僧，其主要在太宗、真宗、仁宗时代活动，天圣五年（公元1027年）获赐"演化大师"称号。北宋端拱元年（公元988年），他朝礼终南山，在紫阁寺发现了唐三藏玄奘大师的顶骨舍利，亲自背负至金陵，在长干寺建塔安奉。

宗永：宋代僧人。东京（今河南开封市）法云寺法秀禅师法嗣，在东京大弘佛教，名震四海，受到朝廷赐紫色袍，师号的尊荣。宋代元符二年（公元1099年），天禧寺重建，知府吕升卿请朝廷迎宗永为开山。他建殿堂、塑金身、扩僧寮、置寺产、安僧办道，重振十方丛林。

志德（1235—1322）：元代僧人，号云岩。东昌（今山东聊城）人，俗姓刘，十二岁出家，常习《华严经》《唯识论》。宋代至元二十五年（1288年），世祖皇帝诏江淮诸路立御讲三十六所，志德被选中来金陵大报恩寺，并命主天禧寺（南京大报恩寺）丈席，日讲《法华》《金刚》《唯识》等经书。他在天禧寺尽出衣钵净资，出新殿庑楼阁，居天禧寺三十余年，一衲一履，终身不易。至治二年（公元1322年）二月七日，犹诵经不辍，顷之辞众坐化而去，世寿八十八岁。至元三十一年（公元1299年），获赐佛光大师封号。

永隆（1360—1392）：明代僧人，号落魄僧。苏州人，俗姓施。幼年即入崇福寺，刺血书《华严经》《法华经》。洪武二十五年（公元1392年），朝廷整顿佛教徒，实行试经给牒，三千多众生赶京试经请牒。明太祖朱元璋大怒，下旨送交锦衣卫充军籍。永隆慈悯，无可救护，毅然冒死诣奉天门伏阙奏闻，愿自誓焚身替代，以求赦免众沙弥，得到朝廷允许。二月十五日，敕命来到大报恩寺。同时，三千多人获得朝廷免罪，给牒为僧，众僧十分感恩永隆。

永隆死后，正遇大旱。朝廷命僧录司的僧官迎请永隆所遗一支香，到天禧寺率众祈雨，以三日为期。当夜即降大雨。朱元璋大喜，对群臣说："此乃永隆雨耳。"亲制《落魄僧诗》表彰。是年八月，弟子奉骨于尹山建塔安葬。

溥洽（1346—1426）：明代僧人。字南洲，晚号迂叟，又称一雨翁。浙江人，俗姓陆，是宋代著名词人陆游的后代，幼颖异，因"志慕出世法"，父母命拜普济寺雪庭为师，受具上天竺寺，谒东明禅师，一见器重之，命典宾客。后来，寻转苏州北禅寺学徒。六年后，又至杭州下天竺寺。朱元璋称其"东鲁之书颇通，西来之意博备"，在全国召僧请经，溥洽奉命来金陵天禧寺主持。

溥洽来到天禧寺后，升左善世。他主持天禧寺后，香火越发旺盛，因而他的声望也越来越高。宣德元年（公元1426年）七月示寂，世寿八十一岁。他"喜商论文事"，著有《金刚经注解附录》，其徒刻其诗《雨轩集》八卷。

居敬：明代僧人。字心渊，别号兰雪。学通内外，善属文，精严律部。居敬来金陵天禧寺后拜溥洽为师，职知客。永乐初，奉诏校《大藏经》，预修《会典》。已而住持上海广福讲寺，几年后又迁松江普照寺，"大开法席一十三载""七众瞻仰，道风大扇"。

一如（1352—1425）：明代僧人。字一庵，号退翁。上虞（今为浙江）人，俗姓孙。十三岁入长庆寺为僧，后从吴山宝奎寺具庵和尚受学。他励志求学，严寒酷暑，不稍懈怠。洪武十八年（公元1385年）主松江崇庆寺，后来迁主苏州北禅寺、杭州天竺寺。洪武二十七年（公元1394年）来金陵大报恩寺，名拜溥洽为师，入僧录司，先后任右讲经、左善世、右善世，得溥洽器重，执掌全国僧事，兼主大报恩寺。

永乐初年，一如与僧道同出使日本，两年后载誉归国，主持大报恩寺。他认为《法华经》为如来奥义所寓，非学者所易入，乃集众撰《法华经释注》；永乐十二年（公元1414年），奉诏纂修《大藏经》《三藏法经》等，并任僧录司右觉义，后升为阐教。洪武元年（公元1424年）三月，圆寂于北京海印寺，世寿七十四岁。

图 2-6 "金陵第一大佛"高淳区游子山真如禅寺佛像

永宁（1483—1565）：明代僧人，大报恩寺住持，讳永宁，别号西林。六合（今属南京）人，俗姓敦。幼年出家来大报恩寺。永宁生耿直悌重，言动不妄，众所推服，到二十岁时，即持《金刚经》，至老不辍。他在大报恩寺时，与惠远负责礼佛接待。武宗来寺登殿礼佛，作佛事需草疏文。礼部提议翰林院书写，永宁说："佛疏别有体制，须僧当行可耳。"武皇帝览后大喜说："朕家有此僧耶！"永宁随侍游览，应对称旨，自进驻至起跸，陪侍七天，竟无一失。

嘉靖十年（公元1531年）举为住持，总理寺事二十年，迁任僧录司右觉义，又五年，转左觉义。嘉靖四十四年（公元1565年）正月初，永宁持僧录司印谒礼部，请以老辞职，慰留不允。归寺，即封其印，明日示疾不药，当诵《金刚经》不绝。正月十五日夜，举众围绕念佛号，悠然化去，世寿八十三岁。

法会（1500—1579）：明代僧人，字云谷。嘉善（今属浙江）人，俗姓怀。幼年投本邑大云寺出家，初学瑜伽焰口，叹息说道："欲了生死，乃喽喽衣食也！"十九岁登坛受具足戒。闻天台《小止观》法门，专精修习。后拜嘉兴天宁寺法舟禅师为徒，依教日夜参究，寝食俱废，一日食饭，食尽也不自知，碗忽堕地，猛然有省，恍如梦觉。又阅《宗镜录》，大悟惟心之旨，从此一切经教及诸祖公案，了然如故物。

法会到晚年，垂老矣，悲心益切，虽小沙弥，一以慈眼视之，遇之以礼。法会在大报恩寺清修四十余年，终身礼诵，未尝一夕辍，蒙其教化者无计。万历三年（公元 1575 年）正月初五日，夜间乡人见庵中发火光，及天明趋视，法会于庵中已寂然化去，世寿七十五岁。

德清（1546—1623）：明末僧人，字澄印，别号憨山。俗姓蔡。安徽全椒人（明代全椒为南京所辖，故又说憨山为南京人）。德清少年信佛，十九岁礼云谷禅师出家，当年入冬受具足戒，公元 1559 年住大报恩寺修法。明万历元年（公元 1573 年）去五台山，见憨山奇秀，遂取作别号；后又到京东等地参访；万历十七年（公元 1589 年），阔别大报恩寺近二十年的德清又重回大报恩寺，万历十一年（公元 1583 年）于东海牢山（今青岛崂山）结庐隐居。

德清精通内外学，不立门户，主张各宗并进、禅净双修，儒、释、道互相补充，认为"不识《春秋》，不能涉世；不精老、庄，不能忘世；不参禅，不能出家"。主要有《观楞伽经记》《华严经纲要》《大乘起信论疏略》等经论注疏共一百二十一卷，外典注释和诗文等著作合十九卷。圆寂后，门人编辑《憨山老人梦游集》四十卷（今流通本为五十五卷）。德清与真可（紫柏）、智旭（藕益）、袾宏（莲池）四人并称为明末四大佛师，他们都曾来往于大报恩寺弘法。

雪梅：明代僧人。吴（今苏州）人。嘉靖年间（公元 1522—1566 年）来南京，寓大报恩寺十余年，时来往于丛桂庵。他行迹奇异。每见法师据高座讲经，便笑说："乱说，乱说。"问则一语辩驳，词雄意新，闻者惊骇汗下，讲《四书》《周易》时，皆有新义。

晚年移住苏州竹堂寺，一日忽说："某月某日老僧示寂也。"众僧醵银为之治龛，他却嬉言道："你们不过布施三五分银子，便算功德，要来追我性命，尚早，尚早。"众僧哑然而散。数日后端自坐龛中，安然圆寂。

雪浪（1535—1607）：明代僧人。名洪恩，字三怀，号雪浪。上元（今南京）人，是江南一带赫赫有名的风流名僧。他二十岁到大报恩寺披剃为僧，随父住金陵大报恩寺，听高僧无极讲《法华》，受业于无极法师。雪浪生得姿容美俊，聪慧绝伦，多通经论。受具足戒后，虔修禅法，为明朝弘传华严学之一代宗师。平生不设大座，不事训诂，但总缆纲领，执持大体，方便善解，开示奥义。憨山僧评价他说："天性坦夷，不修城府，不避讥嫌，以适意为乐。来去倏然，如逸鹤凌空，脱略拘忌。"

明万历二十六年（公元1598年）住持大报恩寺。这年大报恩寺遇雷雨袭击，寺塔顶有些倾斜，他躬率徒众，在街坊行乞，募捐款项重修大报恩寺塔。在意大利教士利马赛的著作里，也写了与雪浪的交往辩论。万历三十六年（公元1608年）圆寂，世寿六十三岁。著有《雪浪集》存世。

海玉（1513—1623）：明代僧人，字无瑕，宛平（今属北京）人。万历年间（公元1573—1611年）来南京住大报恩寺，受到雪浪大师的礼遇。后朝礼九华山，栖息于东崖摘星亭。天启三年（公元1623年）正月，自知时至，拈偈而入寂。前一日命其徒："三年启缸，可复相见"。到了天启六年（公元1626年）正月，依约启缸，见其面目如生，信众闻知，接踵而至，乃为装金身供奉。

海玉生于正德八年（公元1513年），圆寂丁天启三年（公元1623年），世寿一百一十岁，后人称其为百岁老人。其肉体不腐，金装供奉，又称肉体菩萨。在"文革"浩劫中，九华山的百岁僧人将海玉肉身菩萨藏于枯井，盖石板复土收藏。1980年落实宗教政策，僧人打开枯井，见金身不坏，现仍供奉在百岁宫中。

钦义（？—1637）：明代僧人。字湛怀，江苏金坛人，俗姓王。十岁出家来到金陵大报恩寺，二十岁时远游名山，参访耆宿。久之，复归大报恩寺，人建一阁与居，遂不复出。万历年间洪恩修大报恩寺，其出尽全力。天启末年（公元1627年）在大报恩寺示寂。

钦义"禅寂之余，游戏笔墨"，后人将其与德清、洪恩并称为"长干三诗僧"，后人选其诗三十二首，附在德清、洪恩之后，编辑成《长干三僧诗》。他善于绘画，作小景梅花，"得逃禅老人笔意"。他还善于鉴别古器物，"贤士大夫多喜从游"，"因以率劝令人佛智"。

明河：明代僧人。师事一雨禅师，深得其法。一雨禅师乃是雪浪、洪恩传人。明河晚年住持金陵大报恩寺。每次讲经说法时，听者恒逾万人。崇祯中圆寂于金陵大报恩寺。

读彻（1588—1656）：明代僧人。初字见晓，后改苍雪，号南来。呈贡（今属云南）人，俗姓赵。童年时随父祝发昆明妙湛寺。十一岁至鸡足山寂光寺依止水法师，十九岁离寺远游，来到南京大报恩寺居住，礼拜雪浪、洪恩大师，得华严宗旨。他精通佛理，又善吟咏，讲法江浙间，交游遍海内。

读彻所著《金陵怀古》诗中云："石头城下水淙淙，西望江关合抱龙。六代萧条黄叶寺，五更风雨北门钟。凤凰已去台边树，燕子仍飞矶上峰。杯土当年谁敢盗，一朝代尽少陵松。"宣泄积郁之气，慷慨悲怆，被清人王渔洋推为明末僧诗人第一。著有《南来堂诗集》。

普见：清代僧人。字一微。黑井（今云南牟定）人，俗姓李。十四岁时，依彻庸和尚（1591—1649）剃发出家。习诵毗尼，精勤十载。后来，其师到江南请《大藏经》，普见随侍来南京大报恩寺。这时大报恩寺方丈缺席，法徒颇多，艰难选出。普见亦参选，三拈三中，众皆叹异，遂继主大报恩寺。当时才二十四岁。

普见后在妙峰山中辟别峰庵，笃志精修，日诵《金刚经》十五卷，如是者五十载如一日。一天微疾，对侍僧说："可传知内外执事，三日后吾将逝矣。"至期，鸣鼓集众，礼佛踞坐，说："当日马祖道：离四句；绝百非，是有？是无？诸人速道一语。"众人无语相对。然后，寂然而终，世寿八十一岁。

石涛（1642—1707）：清代画家高僧。名元济，别署原济、道济，号苦瓜和尚、阿长、大涤子、清湘老人等称。俗姓朱，名若极，小字阿长。全州（今广西全县）人。他于康熙十九年（公元1680年）夏来到南京大报恩寺，寄居寺内一枝阁，过着"何人知自意，欲笑且吞声"的冷寂生活。康熙二十六年（公元1687年），石涛离开了寄居八年的大报恩寺一枝阁，北上燕京（今北京）。不久后他又回到江南，晚年居扬州，直至圆寂。

石涛是僧人，又是画家、诗人。他擅长山水、人物、花卉等，主张绘画应师法自然；隶书、行书亦较奔放深厚。作品诗文书画融为一体，丰富了文人诗画的内涵。他著有《搜尽奇峰图》《惠泉夜泛图》《睡牛图》《荷花图》《黄山图》等，后人辑其诗文为《石涛画语录》《大涤子题诗跋》等，石涛以气节、学问与朱耷、石溪、弘仁齐名，并称"清初四画僧"。

谛闲（1858—1932）：近代僧人。名古虚，号卓三，浙江黄岩人，俗姓朱。光绪五年（公元1879年）于临海白云山出家。越二年，受具足戒于天台山国清寺，又到敏曦和尚坐下听讲《妙法莲华经》；二十八岁到杭州六通寺开大座讲《妙法莲华经》，以后又到慈溪狮子庵、永嘉头陀寺、绍兴戒珠寺、宁波观宗寺、天台山万年寺讲经法，宣统元年（公元1909年）来到南京大报恩寺三藏殿创办江苏僧师范学堂，开近代僧人教育之先河。

谛闲生平说法四十余年，著有《教观纲宗讲义》《圆觉经讲义》《金刚经新疏》《楞严经序指味疏》《大乘止观述记》《始终心要解略钞》等，门人辑有《谛闲大师全集》行世。

月霞（1858—1917）：近代僧人。俗姓胡，名显珠。湖北黄冈人。幼年学医，后到南京观音寺出家，于大通莲花寺受具足戒。曾历游名山，遍参知识。光绪二十五年（公元1899年）至常州天宁寺谒住持冶开，受到器重，承其法嗣。后来先后到武汉、北京、镇江、浙江等地讲经，并到过泰国、缅甸、锡兰（今斯里兰卡）和印度；1906年赴日本，在东京为留日学人讲《楞伽经》《维摩经》等，深受欢迎。

宣统元年（公元1909年）来到南京大报恩寺，与谛闲在大报恩寺三藏殿创办江苏僧师范学堂；1914年到上海哈同花园华严大学专弘《华严经》，1917年移住常熟虞山兴福寺任住手，续办华严大学。著述均已散佚，仅存有《维摩经讲义》行世。

以上是历代在大报恩寺（包括天禧寺时期）为师的高僧赅备，可能登记不全，湮没了许多。自南京大报恩寺2015年12月16日对外开放后，来到大报恩寺僧人也没有赅备。

大报恩寺院大、僧多，寺院和僧人管理很有特色。据2013年6月故宫出版社出版的《明代南京寺院研究》记载：大报恩寺的经济来源主要有三方面：一是靠皇帝钦赐，这方面的经费主要用来新建寺、殿堂修理等；二是檀越施舍（包括一切信众和游客）对寺院的施舍；三是本寺院获得的集体经济收入。当时大报恩寺每年收入夏银19.46两，冬银10 564两，冬米18.125石。一年的经费开支：殿堂维修需要49.8两银，常住事务公费39.32两银，通经执事口粮米175石，众僧口粮米1 750石，禅堂出数银子269.04两，每年还可剩余银子30.24两，米18.125石。

中篇 皇家风范的大报恩寺塔

第三章　朱棣报『恩』敕建皇家寺塔
第四章　朱棣为报『谁』恩之谜
第五章　大报恩寺塔毁于『谁』之手
第六章　大报恩寺塔下『地宫』之谜

第二章 朱棣报"恩"敕建皇家寺塔

宏伟壮观、金碧辉煌的皇家金陵大报恩寺及五彩琉璃塔位于南京城南聚宝门（今中华门）外古长干里。

明成祖朱棣为报父母之恩，于永乐十年（公元1412年）宣告天下，要重建南京城外被毁坏的天禧寺。对此工程，朱棣精心策划，明确要求重建的大报恩寺与塔，要"弘拓故址，度越前代"，并下旨"准宫阙规制"，按照仅次于皇宫的规格来建造一家皇家寺院。第二年，朱棣正式颁布诏书："朕念皇考、皇妣罔极之恩无以报称，况此灵迹，岂可终废……以此胜因，上荐父皇母后在天之灵，下为天下生民祈福……乃名曰大报恩寺，表兹胜刹，垂耀无穷，告于有众，咸使知之。"（张惠衣《金陵大报恩寺志》）到了永乐二十二年（公元1424年），也是朱棣人生在世的最后一年，他亲自撰写的《御制大报恩寺左碑》再次重申："大恩罔极，末由报称，且圣志惓惓，惟欲斯世斯民暨一切有情，咸得其所。……更名曰大报恩寺。"由此，地处长干里的"天禧寺"正式更名为"金陵大报恩寺塔"。

清嘉庆七年（公元1803年）大报恩寺内《江南报恩寺琉璃塔全图》写道：永乐十年（公元1412年），明成祖朱棣敕工部到南京聚宝门外因火灾毁坏的寺塔原址"依大内图式，造九级彩色琉璃塔一座，曰第一塔，以扬先皇太后之德，因称大报恩寺塔"。1992年出版的《光绪元年岁次乙亥手抄本＜秣陵志图＞大报恩寺塔》中这样记载："大明永乐十年北迁，因报高皇帝后深恩，敕工部侍郎黄立恭依大内图式造九级五色琉璃宝塔一座曰：第一塔。"从上述资料中可以得知，金陵大报恩寺与琉璃塔于永乐十年（公元1412年）六月十五日午时开工，至宣德六年（公元1431年）八月初一日完工，整整经历共十九个年头（有的书中记载为16年）。

朱棣再三说明修建大报恩寺与琉璃塔是为了报答父皇朱元璋和母后马皇后的养育之恩，"有百世之光华，有万载之报恩"，并敕名为"大报恩寺""报恩塔"。在这里我们不去细究这个"恩"的含意是什么？但朱棣当年耗巨资建大报恩寺与琉璃塔，实现了他的奇思妙想，开创了世界琉璃宝塔的先河，被明末杰出的散文家张岱称为"中国之大古董，永乐之大窑器，则报恩塔是也，天下'第一塔'，则报恩寺塔是也"。（明·张岱《陶梦记》）

当时这座皇家寺庙和琉璃塔举世闻名，各地的善男信女与文人墨客纷纷来到南京，来到长干里对大报恩寺与琉璃塔虔诚膜拜，瞻仰流连。

第一节　皇家规制营建的寺塔多浩大？

金陵大报恩寺及琉璃塔，完全是按照皇家宫廷大内图式布局和规模来营建的，初建时规模相当宏伟。据有关资料记载，明成祖朱棣下旨在长干里原天禧寺原址上复建大报恩寺塔，并确定了"弘拓故址"和"准宫阙规制"的标准。在标准设定后，他在人力、物力和财力上给予大力支持。

大报恩寺塔这一工程规模有多浩大呢？据有关史料记载：梵宫绵延，占地面积达400余亩，大大超越了宋代以前天禧寺的规模。其坐东向西，南至雨花台，北抵古秦淮河，东至明代虢国公俞通海墓园（今晨光集团厂区内），西至聚宝街（今雨花路），四周围长九里十三步，民间至今尚有"骑马关山门，九里十三步"之说。全寺整体建筑分为南北两大部分：寺庙主体部（殿堂、山门、琉璃塔等）居北半部，附属部分（僧房、禅堂、藏经殿等）居南半部，南北两部分之间由围墙隔开。对大报恩寺塔这一工程，明成祖朱棣非常关心，亲临授意，并派指永康侯徐忠、工部侍郎张信、亲信太监郑和及汪福等人担任监工官，动用伕役工匠10万多人，不惜耗费巨大工本，仅建塔一项费用"共用过钱粮银二百四十八万五千四百八十四两整"，（《秣陵志图》）还把郑和下西洋剩下的100多万两银也搭了进去。建成后的大报恩寺为江南三大寺之一，殿宇崇宏、回廊蜿蜒，结构奇特，十分壮观，是我国建筑史上规格极高的皇家庙宇。因朱棣修建寺塔含有"百世之光华、万载之报恩"之意，（清代陈雨叟《春和轩随笔》）又因当时南京称"金陵"，故寺与塔全称为金陵大报恩寺塔。

图 3-1　明成祖朱棣画像

据文献资料记载：金陵大报恩寺及琉璃瓦塔，以佛殿（即大雄宝殿，又称碽妃殿）、天王殿、琉璃宝塔为主体，尤其以正殿（碽妃殿）最为壮丽，建筑极其精美，下墙、石坛及栏杆都用汉白玉石砌成，雕镂得非常别致。佛殿主体还包括金刚殿、观音殿、伽兰殿、经藏殿、论藏殿、三藏殿、法堂、祖师堂、禅堂、经房、东西方丈、御亭、左右碑亭、画廊等殿堂。其中画廊有118间，经房38间，僧院148房，食粮之僧350名，外加小和尚150名。朱棣御赐"大报恩寺"匾额，并赐有土地，可见其待遇之特殊。另外寺中还有韦驮殿、十方堂、松竹堂、天禧堂、万佛堂、御碑亭、濠上亭、放生亭、木末亭、华严楼、旃檀林、礼塔轩、娑罗馆、丛桂庵、香水桥、玩山居等，并种有郑和自西洋带回的五谷树、婆娑树等奇花异草。当时佛教的十大宗派在寺内都设有讲座，供僧徒任意选修。雕版印刷的号称《南藏》的六百三十七函五千余卷佛经收藏于寺内。后来，郑和又专门为大报恩寺手书了一卷《妙法莲华经》，经文全用金粉写成，长达四十多米。但是经书刚刚写完，郑和就去世了。郑和死前命人将经书献给该寺。后来，大报恩寺遭了大火，经书流失，辗转多年，流落到浙江平湖的报本寺中。

大报恩寺的建筑布局极为讲究、有序：沿着西大门中轴线依次设置山门（金刚殿）—香水河桥—御碑亭—天王殿—大殿—琉璃塔—观音殿—法堂等核心建筑，以及长干寺真身塔地宫和北侧的画廊。

- 香水河桥：香水河桥为石拱桥，桥面总宽745厘米，通厚65厘米，七层，砌筑于石板桥底上。
- 中轴线主干道：在香水河桥和天王殿之间，以长方形青石板铺砌，宽255厘米，残长23.75米，厚16~20厘米。
- 御碑亭：御碑亭共两座，分处中轴线南北两侧，南部为永乐二十二年（公元1424年）三月所立御碑；北部为宣德三年（公元1428年）三月所立御碑。
- 香水河河道：香水河桥之下即是香水河河道。河道横贯南北，直通秦淮河。河道的两岸与底部皆用长方形青条石铺砌。
- 天王殿：用白石作台基，上雕精细的花纹，为带有前廊与月台的五开间、三进深的大型建筑，整体呈"双凸字形"。由于坐落于台基之上，殿宇显得宏大壮观，如同皇宫的宫殿一般。
- 大雄宝殿：大报恩寺大殿俗称"硕妃殿"，其中供奉有硕妃的碑位，正殿森严，每年由礼部按时祭祀，除此之外终年封闭，不许任何人进入。大殿位于北区正中心的位置，底部设置大型台基，石基上雕刻精细的花纹，残存的高度约为5.2米。外围围绕一周宽度约为1.2米的基槽。殿内共发现两排6个大型石柱础。据记载，该殿"高七丈一尺五寸、深十一丈四尺三寸、长十六丈七尺五寸"，按照现代尺寸换算就是高23.83米、深38.09米、长55.82米。其长宽数据与发掘的实际状况基本吻合。
- 琉璃塔：塔基位于大殿之后，亦位于大报恩寺遗址北区的中轴线上，距离大殿东侧基槽12米。平面呈正八边形，最大对径约为25米。从外至内分为五层结构，中心部为地宫，圆形地宫直径2.2米；塔高260呎（合今为79.5公尺），地宫未遭盗掘，保存较好。
- 观音殿：观音殿位于塔基东侧，为夯土台基式建筑，为三开间三进深的高台式建筑。
- 法堂：位于北区中轴线最东端，为夯土台基式建筑，为三进深的建筑。

在中轴线两侧还根据需要设置了钟楼、祖师殿、伽蓝殿等建筑。大报恩寺的南区与北区的建筑格局完全不同，它不是按照中轴线一字排开，而是分成四个相对独立的院落，分别承担不同的功能。其西部是贮藏经书、经板的场所，名为藏经殿，收藏了全套《永乐南藏》的大藏经板。中部分布了两个院落，偏北的院落是寺院管理机构的所在地，主要包括了方丈室、库房等。偏南的院落名为三藏殿，是僧人习法、参禅的地方，供奉玄奘法师顶骨舍利的三藏塔即位于这一区域。最东部名为"旃檀林"，是僧人就餐、休息的场所。

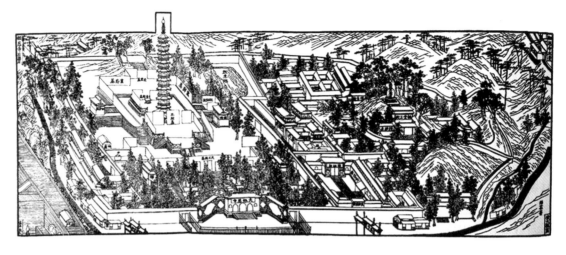

图 3-2　原载《金陵梵刹志》清代木刻金陵大报恩寺与琉璃塔全景图

规模宏大壮观的大报恩寺是无数无名工匠艰苦努力的结晶。

首先，最重要的是在全国招募各种技能的工匠。据有关资料记载，明代对掌握各种手艺的工匠实行非常严格的管理制度，将他们全部编入"匠籍"，并划分工匠种类140多种，除了普通的木匠、瓦匠、竹匠、石匠、皮匠、油漆匠等外，还有比较少的特殊工匠，如铜匠、缸窑匠、穿珠匠、银珠匠、妆銮匠、雕銮匠、黑窑匠、黄丹匠、琉璃匠等等。大报恩寺工程建设非常复杂，涉及100多个工种。工部下令在全国范围内招来2 000多人，三年轮流服役一班，以满足大报恩寺工程建设的需要。其次，在全国征役了两万民夫，从事大报恩寺工程建设中最为辛苦的体力劳动。明代户民管理制度是"入里甲"，以110户为1里，1里之中以每10户为1甲，这10户人家轮流承担官家分派的各种差使。两万民工就是按照这样的制度征役来的。据清姚鼐《江宁府志》记载："洪武十九年（公元1386年），旨令天下工匠轮班入京，一年一班，每班有琉璃匠1714名，所用白土例于太平府（今安徽当涂县）采取。"其三，大量使用军人日夜抢工。开工之初，就动用7 000名官兵从事关键工程，发挥举足轻重的作用。"钦奉圣命，如今京城起盖大报恩寺，那军夫人匠母好生用心，出气力，勤紧做工程"。（《金陵大报恩寺塔志》"营建"）其四，大量利用服刑的犯人。有材料表明，大报恩寺工地上使用万余名囚犯从事最苦的劳役，可以酌情减轻处罚或冲销刑期。其五，实行严格的监督制度。有史料说，当初开工时，就派出了大量的监督人员，除了工部侍郎黄立恭率领主持外，另一个重要人物就是三宝太监郑和。由于郑和先期多次远洋海外，对这项巨大的建筑工程难以兼顾，致使当事人多把相关军夫人匠擅自役使，以致工程进展缓慢。直到郑和担任南京守备，时常亲临现场督促指挥，工程进度才加快。全部工程直至宣德三年（公元1428年）八月初一始告完成。这显示了郑和的组织才能。

大报恩寺塔施工工艺极其讲究，完全按照皇宫的标准规格来营建。大报恩寺临近秦淮河，地质稍软。在全寺建造之初，地基上先打入粗大的木桩，然后纵火焚烧，使之变成木炭，再用铁轮滚石碾压夯实，木炭上加铺一层朱砂，以防潮、杀虫。全部建筑除琉璃塔外，以四天王殿及大殿最为壮丽。大报恩寺内设钟楼而不设鼓楼的现象较为少见。

图3-3 清绘制金陵四十八景中的大报恩寺塔（从右至左为大雄宝殿、琉璃塔、观音殿）

第二节　琉璃塔为什么说"大窑器"？

五彩琉璃塔，故称"金陵大报恩寺琉璃宝塔"，又称"江南大报恩寺琉璃塔"，位于大雄宝殿之后，如今地名叫"宝塔根"，当时是南京最高的建筑。它高入云霄与日竞丽，站在塔高处，群山、大江、都城、宫阙尽入眼中。

雄伟璀璨的五彩琉璃宝塔金碧辉煌，集明代以前中国建筑艺术精华于一身，号称"中国之大古董，永乐之大窑器"，被世人誉为"中世纪世界七大奇观"之一，是东方建筑艺术最豪华、最完美无缺的杰作，成为彰显大明神威的标志性建筑。

大报恩寺琉璃瓦塔的结构设计更令人吃惊。此塔采用全砖木结构，塔身为砖砌承重，有塔心室，楼梯绕心室而上，由上至下，每层逐渐缩小，楼梯也愈陡，而每层用砖数又一律相等，可见在结构设计时，对每层用砖的大小规格及砖块角度的计算精确周密。塔身八面开门，四实四虚，隔层错开。底层四周镌四天王金刚护法神像，甲胄披挂，持戈执剑，形象各异；门的两边开窗，窗边缦以陀优钵昙花。二层至九层各有平梯，朱红色的琉璃栏杆。明代陈沂在《南畿志》中这样描述："外旋八面，内绳四方，外之门牖，实虚其四""下周广四十寻，重屋九级，高百丈""四顾群山，大江关阻，傍达无远，不在近观。""夜则百四十有四簧灯如火龙，自天而降，腾焰数十里。"明代张岱在《陶庵梦忆》中有这样的描述："塔上下金刚佛像千百亿金身。一金身琉璃砖十数块凑砌成之，其衣褶不爽分，其面目不爽毫，其须眉不爽忽，斗笋合缝，信属鬼工。"

据 1980 年出版的《郑和下西洋资料汇编》和 1992 年出版的《光绪元年岁次乙亥手抄本》记载：金陵大报恩寺琉璃塔"顶上铁圈九个，大圈方圆六丈三尺，小圈方圆一丈四，计重三千六百斤。顶镇压夜明珠一粒，避水珠一粒，避火珠一粒，避风珠一粒，避尘珠一粒，黄金一锭重四千两，茶叶一担，弥陀佛经一部，释迦佛经一部，接引佛经一部，俱镇压在内"。这些详细的记录，盛赞了琉璃塔"作镇于神京兮，又翘准于皇都"。明代陈沂《南畿志》中这样描述：琉璃塔塔顶为重达二千两的黄金宝顶，其下为铁质九极相轮，计重三千六百斤，再下为俯仰对置的一对承露盘，一说为铁质，外裹黄金厚寸许，一说为风磨铜质，直径十二尺，重四千五百斤，内放佛经及大批珠宝金银。此塔的设计者开了世界琉璃宝塔的先河，的确是世界一大奇迹，当时号称中国"第一塔"。

据清释悟明《折疑梵刹志》记载：大报恩寺塔共九层，外表为八面开门，每

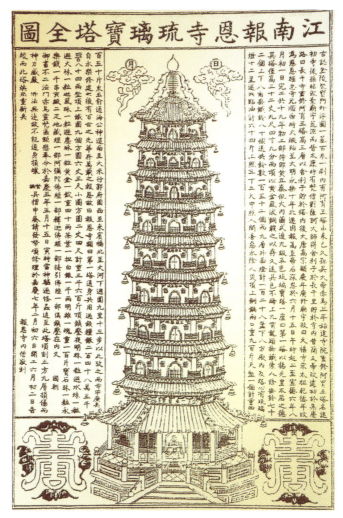

图 3-4　清嘉庆七年（公元 1802 年）寺内僧人刻江南报恩寺塔全图

层有四套拱门，设计极为精确周密。塔的表面甃以白色琉璃砖，用赤、橙、绿、白、青五色琉璃贴面，全塔上下有金刚佛像万千。据《秣陵志图》"大报恩寺塔"中记载："顶上镇压夜明珠一粒，避水珠一粒，避火珠一粒，避风珠一粒，避尘珠一粒。黄金一锭，四十两。茶叶一担，白银一千两，明雄一块，重一百斤。宝石珠一粒，永乐钱一千串，黄缎二匹，地藏经一部，阿弥陀佛经一部，释迦佛经一部，接引佛经一部，俱镇压在内。"

据葛寅亮《金陵梵刹志》记载：报恩寺塔的平面为八角形，高九层，底层为副阶围匝，周长 40 寻，按古制 1 寻为 8 尺，计算为 32 丈 9 尺 4 寸 9 分；从地面至塔巅宝珠顶"为廿四丈六尺一寸九"，明代营造尺，一尺为 317 公分，合 78.02 公尺。据民国张惠衣在《金陵大报恩寺塔志》中记载："八面九级，外壁以白瓷砖合甃而成，上下万亿金身，砖具一佛相。自一级至九级，所用砖数相等，砖之体积则按级缩小，佛像亦如之，面目毕肖。有正面浮雕双目圆睁、蹲伏远望的狮子；有四足挺立、凝视前方的白象；有双肋生翅、跃然腾飞的飞羊；有人首蛇身、双手合十的飞天；有张牙舞爪、腾云驾雾的巨龙；有威风凛凛的雷公等生动形象。第一层四周镌四天王，金刚护法神，中镌如来像，俱用白石。每层覆瓦，五色琉璃，高二百七十六英尺七英吋强，合中国木尺为三十二丈九四寸九分。……九级内外，篝灯一百四十有六。"

大报恩寺琉璃塔建成后，为当时金陵建筑最高之物。据《秣陵志图》"大报恩寺塔"中记载："其塔高三十二丈九尺四寸九分（按明代营造尺合高32丈9尺4寸9分，今高78.2米，而顶以黄金风波铜镀之，以存久远，其色不晦，上九霄龙头，挂铁索八条，垂铃七十二个，上下八角，垂铁铃八十个，通共铃数一百五十二个，每晚九层外灯计一百二十八盏，下八方殿内及塔心有琉璃灯十二盏，通共点油计六十斤，上照三十三天，中照人间善恶，永除天灾。"清余宾硕所著的《金陵览古》中描述了大报恩寺塔的雄伟："寺中殿宇一准大内。有浮屠高一百四十丈，九层；五色琉璃合成，冠以黄金宝顶其上；栏槛四周，周身镌佛像，皆青石为之，加以金银火剂五彩之上，炜炜有精光；日夜篝灯，百二十有八，数十里铎闻。"历史上称得上"金陵第一名刹"。清人甘熙在他的《白下琐言》中说："报恩寺琉璃宝塔，高出天表，数十里外可望见。"

金陵大报恩寺琉璃瓦塔以五色精美的琉璃构件最为著名。如果将大报恩寺比喻为一顶璀璨的皇冠，那么琉璃塔无疑是这顶皇冠上最熠熠生辉的明珠。在它存在的420多年中，中国没有任何一座建筑可以与之比肩。它记载着明代盛世和繁荣。"塔上下金刚佛像千百亿金身。一金身琉璃砖十数块凑成之"。（余宾硕著《金陵览古》）每砖中央浮雕一佛像；自下至上各层用砖数量均相等，仅体积逐层缩小。每层的复瓦和拱门都用五色琉璃构件，刻以狮、象、飞马、飞羊、飞天、雷神、花卉和各种佛像，形象生动，塑造精美，极为生动美观，异常壮观。塔身八面九级，高耸入云，第一层四周镌四天王、金刚护法神，中镌如来像，俱用白石。拱门之间的四个壁面上各嵌一尊白石雕成的护法天王像，内壁则布满小型佛龛。每层覆瓦和拱门，都用五色琉璃构件，饰塔角垂铃72个、上下八角垂铃80个，共152个，风起铎振，声闻四方。九级内外，篝灯146盏，夜晚点燃时，几十里外可见，当时有人称赞琉璃塔"白天似金轮耸云，夜间似华灯耀月"。灯盏为蜊壳制成，内置油盘，灯芯直径盈寸，附有机括，燃灯时旋入檐内、添油时旋出罩外，不劳攀援费力。日夜点燃，费油64斤4两，挂零月计1931斤4两，均归内府拨送。诏选行军百名，常川点灯，务使昼夜长明。白天是，"五色琉璃照耀云日"；入夜，"佛火宵燃光彻远近"，"篝灯一百四十有六"，使之"昼夜长明"，上照三十三天，中照人间善恶，祈求消灾报恩，为其生母灵魂西行燃灯引路。

图 3-5　大报恩寺琉璃塔构件——白象祥图　　图 3-6　大报恩寺琉璃塔拱门构件——飞马祥图

宣德六年（公元 1431 年）琉璃塔建成之日起，大报恩寺安排了 100 名僧人轮流值班，负责给油灯添油、剪芯、擦拭明瓦，确保夜夜塔灯通明。在琉璃塔旁边，还建造了一座油库，用于储存燃灯所需的灯油。根据一份明代官员向皇帝提交的账单记载，琉璃塔上每盏油灯每夜所需的灯油为六两四钱，整个琉璃塔每月所耗用的灯油总量为 1 530 斤。

明代王士性《广志绎》记载：大报恩寺塔"琉璃九级，鸱吻鸱尾，皆埏埴成，不施寸木""神龙人兽，雕琢精工，世间无比"，可见建筑工艺之精湛。当时自窑岗村至西善村一带，为配合大报恩寺琉璃塔建设共设立 72 座琉璃窑场。

明《天工开物》及一些文人笔记中均有记载：寺塔华丽塔高约三十三丈，九层八面，外壁用白瓷砖砌成，每砖中央浮雕一佛像；自下至上各层用砖数量均相等，仅体积逐层缩小。每层的复瓦和拱门都用五色琉璃构件，以神龙人兽飞天、飞羊、狮子、白象等动物组合形象为造型，极为生动美观，极为雄伟壮观。

大报恩寺琉璃塔拱门构件更为精美，以动物形象组合造型为图祥，以五彩琉璃嵌口，栩栩如生。据《佛说造像量度经》中记载：所谓"六挐具"，即是藏密中六种动物形象组合的法相装饰，常用于佛教中的佛像背光和拱门之上。1958 年在中华门出土了由九块构件砖组合成的琉璃塔拱门，六种神兽祥图千姿百态、栩栩如生。

- 在拱门的顶端,为"伽嚕拏",是神态威武慈悲的金翅大鹏鸟,鸟身人面,嘴如鹰喙,生有巨翅,位列天龙八部,威力能降诸龙,寓意为慈悲之相。
- 拱门的两边是救度之相的"那啰拏",意为龙女,戴宝冠,披璎珞,双手合十,下着百褶裙,尾部生着长长的龙尾,是有救度之相。
- 拱门两侧中端是"布啰拏",意为鲸鱼,或称摩鱼,长鼻、利齿、鱼身的形象。摩羯者,梵语意为海中大鱼,可吞噬一切,上表保护之意。
- 拱门两侧中下端是"波啰拏",意为童男、童子,表示纯洁和清净法身,象征福报,表资福之相。
- 拱门两侧下端是"福啰拏",意为兽王(雄狮)。狮子是"万兽之王",威猛而立,为护法神物,喻自在之相。

图3-7　大报恩寺琉璃塔构件复原后拱门及顶端伽嚕拏

·拱门两侧底端，是"救啰拏"，意为象王，为白象形象。象身洁白如雪，为善师之相。

大报恩寺琉璃塔拱门上这些精彩神兽图祥造型独特，是受到释迦也失带来的藏佛密宗的影响。

精美极致、品种繁多的金陵大报恩寺琉璃塔构件是如何烧成的呢？至今，史料上还没有这方面的详细记载。而窑址上没有其他古建筑，只有一座明代建的小规模的眼香庙。南京民间传说，工部安排眼香庙和尚秘密看管大报恩寺琉璃塔件烧制。而眼香庙的兴建，是因窑工长年烧窑容易被窑场沙土伤眼，这才建庙请来眼香娘娘保佑窑工的双目。据有关资料记载，大报恩寺琉璃塔烧制的那些构件从制坯到成品，要经过二十多道工序，工艺非常讲究。

制作琉璃的陶土"坯子"非常讲究，其在北方称为"坩子土""牙根石"，南方则称为"白土"。它的产地分布很广，明代以安徽当涂白土山产的白土质地最好，呈灰白色，烧成后呈白色。大报恩寺塔的琉璃构件即由此处的白土烧造。烧制五彩瓷砖的火候也很有讲究，如第一次烧时，有经验的匠人会把土坯烧得生些，在 800 ℃左右的低温中，熔点较低的铅带动釉料中的其他金属着色成分四处流动，利于色釉进入坯体，最终形成晶莹润泽、如玉如冰的琉璃外观。然后，再加温到 1 200 ℃烧制。当时中国琉璃烧造工艺最好的地方是北京门头沟一带，故宫修复时所用的材料即出自于此。但明时在南方制造坯子和烧制的工艺大不相同，只得从北方调来大批制烧工。据说烧制这些琉璃构件时掺入了郑和下西洋带回的火山灰，故色泽极为润艳。

清圣祖玄烨皇帝在位六十年，六次下江南巡视。据张英《南巡扈从纪略》记载："康熙十四年（公元 1675 年）正月二十七日，南巡幸寺，登浮图，赐御书额"。康熙皇帝首次南下，在金陵驻跸期间，登临雨花台，眺望金陵大报恩寺琉璃塔，然后又饶有兴致地亲自登上这座金碧辉煌的琉璃塔，远眺古金陵风貌，天颜喜形于色，赞叹不绝，当即赋诗一首，盛赞报恩寺塔，并赠金佛一尊和金刚经一部，供奉塔顶。《登报恩寺浮图》一诗如下：

涌地千寻起，摩霄九级悬。
琉璃垂法相，翡翠结香烟。
缔造人功巧，流传世代迁。
旷然弥远望，万象拱诸天。

他在《南巡笔记》中还写下了这样的赞叹："报恩寺，规制宏壮，宝塔九级，金碧琉璃，尽镂梵相，结构之巧，殆竭人工，非前代内帑所修，不能至此。"并亲自为琉璃塔的每一层以佛语的形式书写了匾额。一层至九层分别命名如下：

第一层：一乘慧业；

第二层：二仪有象；

第三层：三空胜地；

第四层：四海无波；

第五层：五律精严；

第六层：六通真谛；

第七层：七宝莲花；

第八层：八表同风；

第九层：九有弘观。

康熙皇帝的题字后来全部制成金匾额，逐级悬挂于塔上，成为琉璃塔上一道亮丽的风景。康熙又御赐金佛像一座、《金刚经》一部供奉于塔顶。康熙三十八年（公元1699年），大报恩寺琉璃塔因自然灾难出现损坏，康熙得知这一消息后，立即下令由官府出资进行了修复。修复工程结束后，康熙利用第三次南巡的机会再次登上大报恩寺琉璃塔。南京古都欣欣向荣的城市景象使其豪情迸发，书写下了题为《修报恩寺塔初毕登之》的五言律诗：

塔势摇晨旭，凭陵上九霄。
琉璃庄净域，金碧启香寮。
地俯三山近，江环匹练遥。
隔窗云雾起，户户瑞烟飘。

康熙以一代皇帝英主的不凡气魄和优秀的文学修养，面对自己统治下的南京大地的盛世之景，情不自禁地流出了自豪和赞赏之情。

而乾隆对金陵大报恩寺琉璃塔的喜爱更甚之。从乾隆十六年（公元1751年）到乾隆四十九年（公元1784年），南巡六次，每次到南京时都会驾幸大报恩寺琉璃塔，而每一次登塔后都留下了大量的诗词，堪称历史上吟咏大报恩寺和琉璃塔最多的皇帝。据《南巡扈从纪略》记载：乾隆十四年（公元1749年），"出南门至报恩寺，上登浮图……看御笔所书额"，又题联曰：

天半插浮图，宫阙金银三界上；
云中现忉利，楼台丹碧六朝前。

乾隆再次为大报恩寺一到九层题写了匾额御书：

第一层　入真觉路；
第二层　化成资备；
第三层　舍卫庄严；
第四层　天际丹梯；
第五层　揽妙鬘云；
第六层　游心万仞；
第七层　空外风涛；
第八层　手扪星斗；
第九层　无上法轮。

乾隆为大报恩寺题写匾额后，大报恩寺的僧人们同样将其制成金匾，与康熙题写的匾额一同高悬塔上，使大报恩寺琉璃塔更加金碧辉煌。

金陵大报恩寺与五彩琉璃塔的繁荣承载着中华文明厚重的历史，记录了明代皇家寺庙的一番盛景，代表着华夏民族创造出的世界奇观，是南京人、中国人心中永远抹不去的记忆。

图 3-8　清高宗乾隆南下为大报恩寺一至九层御书匾额

第三节　文人笔下的"中国符号"

明成祖朱棣亲自兴建的大报恩寺与琉璃塔，是海内外知名度最高的中国古代建筑之一，由皇帝御赐"大报恩寺"额，享有类似皇宫、太庙的崇高地位，展现了大明"四海归顺，万国来朝"的时代风采，同时，也孕育了南京丰富的文化佛教底蕴。

金陵自古以来就是游览胜地，不少胜迹留在了历代文人墨客的诗章中。大报恩寺及琉璃塔自建成之后，成为明代金陵二十四景、清代四十八景之一，家喻户晓，妇孺皆知。寺宇香火旺盛，游人纷至，不绝如缕。除清代康熙、乾隆二帝南巡时一睹为快外，全国的达官贵人、平民百姓前来南京也必去欣赏、游玩，其频频出现在文人墨客的诗文之中。

明朱见深时颁布的《护持敕书》规定，其皇家寺院禁苑一般人不能随便进。金陵大报恩寺与琉璃塔是皇家寺院，一般百姓人群是不能随便进入的，而达官贵人却可借着各种机会走进这座规模宏大又充满神秘感的寺院，陈沂、汤显祖、吴敬梓、李东阳、孔尚任、王世贞、朱之蕃、方干、顾起元、姚鼐、钱谦益等等这些文人骚客登上琉璃塔后遥望金陵古都全景，南极牛首山，北眺紫金山，西阅扬子江，东览青龙山，有"钟阜祥云"之景，更有"形胜壮天下"之美，真是"六朝形胜地，烟云四缭绕"，金陵城阙，市井里巷，参差可见，一览无余，藉景抒情，感慨万千，题额赋诗，铭志咏殇，为后人留下了许多感人至深、脍炙人口的珍贵翰墨华章，也为我们今天了解大报恩寺与琉璃塔提供了许多第一手宝贵资料。

明代著名的戏剧家、文学家、思想家，也是与莎士比亚齐名的戏剧大师汤显祖（公元1550—1616年），在万历年间，曾在南京游学、做官达十年之久。在这期间，他数次来到大报恩寺佛院游览，兴之所至，留下了许多感人的佳作。如他形容雪夜之中的琉璃塔：

犹余水晶塔，刻画于阗妙。
五色金陵外，千年灯火照。

他又有《登报恩塔,归骑望塔灯,是汪仲蔚》:

表里山川尽,胜寄烟云惬。
江光日气饮,世界空明摄。
回听风穴壮,侧看飞鸟怯。
下方灯欲上,归人影相蹑。

有时候汤显祖借着自己在南京的所见、所闻、所思,抒发自己的感怀和见解,一针见血地指出自己对当朝的不满,如有一首诗这样写道:

文祖发威神,弥天归震慑。
非报佛王恩,自显天人业。

汤显祖认为明成祖朱棣不应该花巨资来修建大报恩寺与琉璃塔,与其说兴建大报恩寺和琉璃塔是报父母之恩德,不如说是为了显示自己的功业地位。

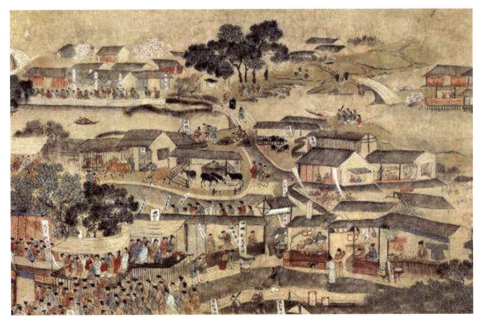

图 3-9 明时期南京城南繁荣景象

明代诗人、茶陵诗派领袖李东阳（公元 1447—1516 年）在他的《怀麓堂集》中有《登报恩寺塔》一诗，这样写道：

古磴穿云到石窗，楼台四面隐旌幢。
北临广路斜通郭，西隔平原俯见江。
万里乾坤路迹罕，百年风雨鬓毛双。
向来作赋躯全瘦，独有凌云意未降。

明代著名诗人杜士全，字完三，万历乙未（公元 1595 年）进士，南京工部尚书。他写过不少歌咏南京风景的诗篇，有诗集《春星堂集》。嘉靖七年（公元 1802 年）修复金陵大报恩寺塔后，他登高望远，看到塔上九霄龙头，挂铁索八条，垂铃七十二个，上下八角，垂铃八十二个，通计铃一百五十二个，九层外灯一百二十八盏等，这些瑰丽炫目的胜景，使他心情特别高兴，当即作《报恩寺塔》一首：

雁塔长明照远垓，累层九转令尖鬼。
乍看火树凌霄汉，忽讶繁星散碧台。
震旦传灯宁待旦，如来舍利忽飞来。
迷茫自此成真觉，总赖皇慈大愿开。

明末清初诗人、戏曲作家孔尚任（公元 1648—1718 年）来到南京时也到大报恩寺，爬上琉璃塔的最顶层，鸟瞰金陵城，远望长江，惊叹不已，被形胜美景陶醉，兴之所至作《登长干塔绝顶》诗一首：

建业龙蟠归紫宸，九层高处望才真。
周遭挂树江如练，向背开楼瓦似鳞。

金陵大报恩寺与琉璃塔，在明、清时期成为六朝古都金陵人常去的一处胜景。明万历年间，编制《金陵四十八景》的著名书画家文征明，精选了六朝古都金陵四十八处名胜古迹题为《报恩塔灯》的诗文，成为后世品评大报恩寺与琉璃塔蓝本：

阿育威光遍八垓，浮图惟此独崔嵬。
千灯接焰明京国，九级凌空傍斗台。
耀日法轮宏圣代，含霞舍利锡如来。
中霄映彻中天月，好共瞻依瑞相开。

图 3-10 2007 年古吴轩出版社出版的《秦淮五十景图咏》插图 诸辛耕绘"大报恩寺塔"

明代文学家、史学家、"后七子"领袖之一王世贞（公元1526—1590年），在登大报恩寺塔后，写下了《报恩寺塔歌》：

壮哉窣堵波，直上三百尺。
金轮撑高空，欲斗晓日赤。
浮云遏不度，穿泉下无极。
钟山颉顽一片紫，余岭参差万重碧。
高帝定鼎东南垂，文孙潜启燕王师。
燕师百万斩关入，庙社不改天枢移。
六军大酺万姓悲，欲向罔极酬恩私。
阿育王家佛舍利，散入支那有深意。
中夜牟尼吐光怪，清昼琉璃映纤碎。
帝令摄之置塔中，宝瓶严供蜀锦蒙。
诸天悉凭龙象拥，千佛趺坐莲花同。
匠师琢石细于缕，自云得法忉利宫。
亦知秋毫尽民力，谬谓斤斧皆神工。
波旬气雄佛缘尽，绀宇雕阑销一瞬。
乌刍额烂走不得，韦驮心折甘同烬。
海东贾客莫浪传，此塔至今犹岿然。
老僧尚夸护法力，永宁同泰能几年。

这首诗首先描写了大报恩寺塔的壮丽高耸，中间追叙"靖难"之役给广大百姓所带来的痛苦和建塔经过，最后谴责建塔浪费了民力和财力，叙说佛法并不能保佑百姓长治久安，由此，也表达出诗人对百姓疾苦的深切关心和对佛教较为清醒的认识。

明代文学家、史学家张岱（1597—1680年）来到大报恩寺塔之后，见到举世无双的九层琉璃宝塔，曾发出过一段著名的评论："非成祖开国之精神、开国之物力、开国之功令，其胆智才略足以吞吐此塔者，不能成焉。"《陶庵梦忆》他不仅十分赞夸朱棣雄才大略、千古圣君，还不由地赞赏明代盛世中的"中国潮"奇迹。

清人吴敬梓（公元1701—1754年）在所著的著名小说《儒林外史》中，曾多次描写已建了200多年的大报恩寺与琉璃塔震古烁今、空前绝后的建筑成就和它的风雨沧桑。他对大报恩寺内的三藏殿有这样详细生动的描述：当下走进三藏禅林，头一进是极高的大殿，殿上金字匾额："天下第一祖庭"。一直走过两间房子，又曲曲折折的阶级、栏杆，走上一个楼去，只道是没有地方了。僧官又把楼背后开了两扇门，叫三人进去看，哪知还有一片，平地在极高的所在，四处都望着。内中又有参天的大木，几万竿竹子，那风吹的到处飕飕地响，中间便是唐玄奘法师的衣钵塔。在第五十五回中他又这样写道："一径踱进报恩寺里。大殿南廊三藏禅林、大锅，都看了一回，又到门口买了一包糖，到宝塔背后一个茶馆里吃茶。"这些描写，是多么详细和吸引人。

明末清初诗人谈允谦（公元1596—1666年）诗以写景居多，尤其是对佛寺描写更多。他登上琉璃塔后，眺望南京的山水形胜、气象雄伟的佳境时写了《登报恩寺塔》：

莫疑缔造鬼神工，万物坚持一气中。
吴地有台游白凤，汉宫何处望铜龙。
云间帆动三山月，树外楼开六代风。
异域贡金供铸鼎，低徊当日帝图雄。

清代诗人黄之隽（公元1668—1748年）登大报恩寺塔时眺望山川景物之壮美，将西安市唐代建造的大、小雁塔与当时的大报恩寺塔相比，感叹万千，浮想联翩，写下了《登报恩寺塔绝顶》：

到眼无埃壒，苍茫入素秋。
万家斜照外，千古大江流。
金碧翔霄表，虬龙压石头。
长安称雁塔，此亦旧皇州。

明末清初的大画家、"清初四僧"之一的石涛（公元1630—1707年），在康熙十九年（公元1680年）夏迁居到金陵大报恩寺"一枝阁"，居住8年之久，其间游览金陵名胜，曾作《金陵怀古诗画册》《长干秋色》等画作百余幅。他构思奇特，笔墨神化，自成一格，对"扬州八怪"的形成有很大影响。康熙二十三年（公元1684年），玄烨南巡至大报恩寺时，石涛和众僧一起接驾。

清代著名散文家姚鼐（公元1732—1815年），对南京特有感情。南京市秦淮区东张家衙陶家巷5号是姚鼐故居，现为姚鼐纪念馆。他在南京讲学多年，为大报恩寺塔留下许多诗篇，其中《登报恩寺塔》诗是这样描述的：

山回烟绕出浮图，迥踏青霄万里孤。
断雁秋云飘莽苍，高甍飞阁散榛芜。
江风飒飒吹天日，海气昏昏浸楚吴。
多少人间兴废理，蒋山松柏正模糊。

图 3-11　清代王翚《康熙南巡图》　秦淮河两岸繁荣景象（局部）

清代晚期的著名文人方濬师（公元 1830—1889 年）曾两次来到南京，《蕉轩续录》中有一段生动传神的文字："道光甲辰（公元 1844 年）予在江南，登其巅，遥望江潭，舟樯一片，俯瞰城阙，烟火万家。时当八月，秋气逼人……去寺甚近，一夕赴友人召，四鼓归，见塔灯高者如繁星，下者如明月，烟云缭绕，金碧辉煌，又觉置身琉璃世界中。"

他还有描绘琉璃塔雄伟美丽的诗句：

面面琉璃五色文，长干古塔势摩云；
八门夜夜香花涌，九级时时风雨闻。
绝顶倒看飞鸟下，回头直见众山分；
松杉夹道楼台静，佳气氤氲绕夕曛。

据有关文献记载，有人将大报恩寺琉璃塔的壮丽高耸、精美绝伦归纳为三绝：

金陵大报恩寺塔第一绝：巨构殊形，高耸云日。五彩琉璃塔是有确切记载的中国古代最高的建筑之一。塔为八边形，共九层，通高 78.02 米，相当于 26 层楼房的高度。琉璃塔底部坐落在一个被称为"莲台"的八角形巨石砌成的基座上，基座的直径为 24 米，有 3.6 米高。最顶部是用纯金制成的宝珠，直径约为 4 米，据说重达 2 000 余两。每层的檐角下都悬挂铜制的风铃，从上至下共 152 只，即使在轻轻的微风之中，清脆的铃声也可声闻数里。塔上还有灯，晚清奎光书院山长陈作霖所著的《炳烛里谈》中就描述了报恩寺塔辉煌灿烂的景观："前明，报恩寺塔高数十丈，俯城墙而倒影；环塔有灯，朔望燃之，卓然文笔，光照碧流，与灯船争耀，为城中第一胜景，泛舟者必聚观之。"在当时没有电灯的年代，能"光照碧流，与灯船争耀"的确是一座精美绝伦、举世无双的寺塔。

金陵大报恩寺塔第二绝：通体琉璃，独步古今。琉璃塔的主体为砖砌，除了塔顶有一根"管心木"之外，整个建筑当中"不施寸木"。其内、外表层全部用各种造型、各种颜色的琉璃构件榫合而成，这也是大报恩寺"准宫阙规制"的重要体现。这种独特的装饰艺术让琉璃塔赢得了"中国之大古董，永乐之大窑器"的美誉。

金陵大报恩寺塔第三绝：长夜深沉，佛灯永明。每当暮色来临之时，琉璃瓷塔上就会点燃144盏如火炬般明亮的油灯，彻夜不熄。无论是月落星稀的傍晚，还是风雨如注的黑夜，无论是在钟山脚下的丛林之中，还是大江之上的渔舟之内，人们都能够看见这座高塔上永不熄灭的灯光。情以景生，景因情胜，仿佛佛祖真灵散射的神光，划破了漫长黑暗的天空，给每个人带来吉祥和幸福，给繁华的南京城增添撼动人心的魅力。

图 3-12　清康熙御幸中金陵大报恩寺塔《康熙南巡图》

第四节　外国人眼中的"南京瓷塔"

举世无双的金陵大报恩寺及五彩琉璃塔，雄峙在南京城南中华门外达 400 多年之久。在明清两代，金陵大报恩寺与琉璃塔不但是中国人来南京时的必到之地，也是一些欧洲商人、游客和传教士来到南京后的必到之处。从 17 世纪 50 年代开始，一些欧洲人远渡重洋来到中国，来到南京，当他们游览金陵大报恩寺琉璃塔后，几乎都被它深深震撼，惊叹于五彩琉璃塔的宏伟壮丽、精美绝伦。琉璃塔在西方产生了巨大的轰动，很快引起了上至各国王室贵族、下至普通市民阶层的广泛关注，他们称它为精美绝伦的"南京瓷塔"，把琉璃宝塔与"中世纪世界七大奇观"相媲美。

中世纪世界七大奇观是：

- 金陵大报恩寺与琉璃塔；
- 罗马古斗兽场；
- 土耳其索菲亚大清真寺；
- 埃及亚历山大陵墓；
- 中国万里长城；
- 英国沙利斯布巨石阵；
- 意大利比萨斜塔。

他们通过信件、绘画和著作等形式，将这座举世无双的中国建筑介绍到西方。据张岱《陶庵梦忆》记载："海外夷蛮重译至者百有余国，见报恩塔必顶礼赞叹而去，谓四大部洲所无也。"

"南京瓷塔"之所以能名扬海外，成为西方人眼中的中国象征，欧洲耶稣会起了重要作用。耶稣会是 1534 年成立的天主教修士会之一。17 世纪初期开始，耶稣会向中国派遣了不少成员，开展传教活动。

意大利人利玛窦（公元 1552—1610 年），在明神宗万历十年（公元 1582 年）八月，奉耶稣会之命来到中国澳门，从此在中国传教。在明万历二十三年（公元 1595 年）五月三十一日，他首次来到南京开展传教活动，并在南京正阳门内的洪武岗西崇礼街建起了中国内地第四座天主教堂（今建邺区石鼓路教堂）。他在传教活动中对南京产生了非常好的印象，用感情奔放的词句称赞南京的城市建筑。在 1615 年他用意大利语写成的《利玛窦中国札记》中称赞南京：这座都城叫做南京，……论秀丽和雄伟，这座城市超过世上所有其他的城市；而且在这方面，确实或许很少有其他城市可以与它匹敌或胜过它。它真正到处都是殿、庙、塔、桥，欧洲简直没有能超过它们的类似建筑。在某些方面，它超过我们的欧洲城市。这里气候温和，土地肥沃。百姓精神愉快，彬彬有礼，谈吐不凡。他在1655年出版的《中国新图志》一书中对中国的庙宇、牌楼和塔亭等建筑作了介绍。此书尤其对金陵大报恩寺塔进行了详细的叙述：大报恩寺塔与中国万里长城一样，都是伟大而神奇的中国创造的奇迹，是东方古国的绝佳象征。当时该书在欧洲产生了很大影响，甚至被认为是当时欧洲了解中国状况的必读之书。利玛窦在南京居住期间，曾广交各界名士，但也发生了一件令人不愉快的事。他与大报恩寺主持雪浪大师发生过一场激烈的耶稣教与佛教传播的辩论。虽然双方各陈己见，但他还是在给欧洲耶稣会的文件中介绍了南京，介绍了大报恩寺及琉璃塔，在欧洲影响很大。

葡萄牙籍耶稣会会士曾德昭（公元1585—1658年），在万历四十一年（公元1613年）来到南京，亲眼目睹了琉璃塔的宏伟、壮观、美丽。他在1620年所著的《大中国志》中极力赞美南京"……无数的宫殿、庙宇、楼塔和桥梁，使城市显得非常壮丽。（琉璃塔）这座建筑物可列入古罗马最著名的建筑"。1687年，法籍耶稣会会士路易·达尼埃尔·勒孔特，中文名字叫李明（公元1655—1728年）来到南京后，观看到琉璃塔的壮观，他在1696年出版的《中国现势新志》中赞美道："在南京城外，有一座中国人称之为报恩寺的庙宇……这座塔是八边形，宽约40法尺，所以每面为15法尺，塔身外距离约5米处修了同样形状的围墙；塔身共九层，各层在窗子起始线处修有挑檐，并以相似的屋顶以区别于走廊的屋顶……毫无疑问，这是整个东方地区最好的建筑，最为高贵的大楼。"以后又介绍许多耶稣会人士来到中国，来到南京，他们都为大报恩寺及琉璃塔的壮观、美丽所征服，叹称为奇迹，并给了一个响亮的名字"南京瓷塔"。当时，欧洲人尚未掌握瓷器烧制技术，每年要从中国进口大量的瓷器，视为珍品。

"南京瓷塔"之所以在世界上享有如此的盛名，也要归功于荷兰大画家约翰·纽霍夫（公元1618—1672年）所描绘的画。约翰·纽霍夫生于德国的于尔森，后在荷兰东印度公司供职。1654年，荷兰东印度公司董事会决定派一个使团到中国访问，纽霍夫就是该团的一名随员。董事会要求他把沿途可能见到的景象以及奇异的建筑物以它们本来的形象描绘下来，制成单张铜版画供私人收藏。1665年，他的旅行笔记和沿途所画的素描稿被整理以荷文、法文出版，题为《荷使初使中国记》。在此书中，纽霍夫对南京大报恩寺塔极尽溢美之词，盛赞南京大报恩寺琉璃塔是可与"世界七大奇迹"相提并论的伟大建筑，让这座古老的、具有东方独特造型和无与伦比的美丽的"瓷塔",通过文字和版画被大肆渲染,第一次让欧洲人形象地"见"到了南京大报恩寺及琉璃塔,使得大报恩寺塔成为最为欧洲人熟知的中国建筑,激发了欧洲第一个中式建筑的灵感,这就是由路易十四授命,于 1670 年在凡尔赛建成的特列安农瓷宫。纽霍夫的游记和插图,也被其他有关中国或亚洲的各类书籍不断引用。

1931 年,西方学者恩斯特·伯施曼这样写道:从中国的来源和欧洲人的论述中,不仅再现了比起中国任何其他一个塔都清楚的塔楼外部的细节,而且还给了我们这一巨大建筑的来历和建造的历史以及中国塔式建筑产生和发展的重要说明,由此我们学会了理解塔楼的细部形式和意义。

1768 年,法籍耶稣会会士晁俊秀路过南京来到大报恩寺塔,经过仔细的实测得知宝塔呈八角形,高约 33 丈,约合 80 米(多处资料记载是高约 78.02 米,这应是比较可靠的数字),它约是南京城墙平均高度的 6.5 倍。塔身九层八面,周长 100 米,九层琉璃塔的每一面墙壁之上,都有 2 扇窗户,共计 144 扇。这些窗户全部用磨制得极薄的蚌壳进行封闭,144 盏油灯就分别安置在窗户之内,夜夜灯火通明,用蚌壳制成的窗罩名叫"明瓦",是平板玻璃引进之前中国最好的建筑采光材料。外壁用巨型白瓷胎五色琉璃构件堆砌而成,每块构件表面均塑有佛像或动物图形,重量达数百公斤。每层所用瓷砖数相等,只是体积自下而上逐层缩小。

1839 年,丹麦著名作家安徒生写了一篇名为《天国花园》的童话故事。在这个童话中,他描写了一个风家庭——风妈妈和她的四个孩子(东风、西风、南风、北风)梦游世界,其中有关于中国南京的印象。东风告诉风妈妈说:"我(东风)刚从中国来——我在瓷塔周围跳了一阵舞,把所有的钟都弄得叮当叮当地响起来!"这里的瓷塔,就是南京大报恩寺琉璃塔。

据[英]奥特隆尼《舰队抵达南京》文中记载:1842 年 8 月 29 日,在停在南京下关码头的军舰"汉华丽"号上签订条约后,大量远足旅行队伍便涌入了这座著名的宝塔。它一直是中国这个瓷器之国的骄傲,历史悠久,声名卓著。

1854 年 5 月底,美国驻华公使麦莲乘坐美国海军舰队的旗舰"色士奎哈那号"到达南京,对太平天国进行外交访问。在此期间,以海军助理军医法斯为首的几名美国官员,于 5 月 30 日特地从南京城北长江中的美舰出发,绕道汉中门与水西门,沿着城墙迤逦南行,寻访游览了大报恩寺琉璃塔。他们也许是最后一批见到该塔的外国人。尽管当时的琉璃塔因战火所致已是面目全非,失去了往日的辉煌,但外国人对琉璃宝塔的描述仍充满着敬意:"面对这个巨大而无比壮丽的建筑物的毁灭和破坏,人们不免感到悲哀……"1875 年,著名的《大英百科全书》第九版正式收入了"南京瓷塔"词条,对大报恩寺琉璃塔进行了非常详细和专业的介绍,并对中国人创造出如此精美绝伦的伟大建筑给予赞赏,它演化成为中华文化的一个符号。

金陵大报恩寺塔被介绍到西方后,对欧洲近代造园艺术的发展起了推波助澜的作用。18 世纪中叶,正值欧洲启蒙运动发轫,西方造园艺术的古典主义者逐渐

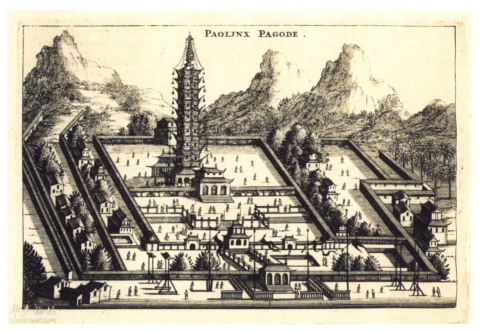

图 3-13　荷兰约翰·纽霍夫绘制的金陵大报恩寺琉璃塔

吸纳"南京瓷塔"建造风格,其中成就与影响最大的要数英国建筑师威廉·钱伯斯所建的"邱园宝塔"。他在年轻时就来到中国,并多次来到南京,接触到了中国庙寺塔建造艺术风格,收集了中国不少庙寺建筑、园林艺术方面的资料。尤其是他收集了大报恩寺塔建筑的资料。1757 年,他出版了《中国建筑、家具、服装和器物的设计》一书,专门介绍中国建筑和园林艺术。1761 年起,他相继担任英国皇家宫廷建筑师和总建筑师,把邱园设计成具有东方异域情趣的花园。1762 年,他在邱园(英国皇家植物园西南角)中以南京大报恩寺琉璃塔为蓝本,建造了一座八角形、10 层、高 163 英尺(约 50 米)的"邱园宝塔"。邱园宝塔颜色丰富,灰墙红轩,塔角上塑 80 条彩色木龙柱。钱伯斯的著作和在皇家宫廷所建的"邱园宝塔"的成功,在当时轰动了英国,轰动了欧洲,一时间,西方人以仿造中国庙寺塔式建筑风格为新时尚,不断出现了"中国风"高潮。2003 年邱园塔被列为"世界文化遗产"。

精美绝伦的"南京瓷塔"之所以在西方人中如此出名,有其与众不同的三大特点:

大明名寺之光:大报恩寺琉璃塔是当时全国最高的建筑和南京最具特色的标志性建筑,是中国建筑史上最熠熠生辉的明珠,它以"五色琉璃"最为著名。英国军官宾汉在他所著的《英军在华作战记》中这样描述:南京城南"瓷塔的风格和建筑特点融合了多种理念……从统一的角度出发——瓷塔的各个方面、地点、

图 3-14　1843 年英国人笔下的长干桥金陵大报恩琉璃塔图

外形、材料和装饰，都具有原汁原味的中国特色。它体现了中国典型的、区别于其他国家的建筑风格……眼前精美绝伦的景象远远超过了我最生动、最精妙的想象……瓷塔矗立在一座庄严的方形庭院中央，正面看去众多大庙宇和长廊构成了庭院的院墙。庙宇和长廊建在地下室上方，代表着瓷塔的基座。琉璃塔是一座挺拔的宝塔，它从基座上拔地而起，高近 200 英尺，共九层，每一层比例分布都十分精巧得当"。

东西方联架之桥：被西方人视为代表中国文化的标志性建筑之一的"南京瓷塔"，是当时外国人游历金陵的必到之处，曾经因为它，中国人、南京人获得西方人的尊敬，它代表了人类建筑艺术在当时所能达到的最高成就。《中国现势新志》中这样赞赏琉璃宝塔："宝塔八角形，每边宽 32 尺，周围共计 256 尺，对径达 85 尺，塔 9 层，下层墙厚 12 尺，每层有 4 窗，中有巨大的神像一座。塔顶的塔刹高逾 36 尺，饰以互相连缀的铁环，刹顶为一大球，以纯金制作；有梯可达塔顶，共 189 级，塔高逾 200 尺""这是一座足以和最著名的古罗马建筑媲美的豪华建筑，毫无疑问，这是整个东方地区最好的建筑、最为高贵的大楼。"西方传教士和使团陆续到达中国后，他们将琉璃塔称为"南京瓷塔"（The porcelain tower of NanKing），并把它与万里长城一道作为中国在西方人心中的表征，代表了中国在西方人心目中的美好印象。

文化形胜之巅：金陵大报恩寺琉璃塔，稳重而不失纤秀，玲珑而不失庄严，矗立古长干里高台，倒映外秦淮河水，与明城墙、中华门相守，和雨花台相望，集宗教、建筑、艺术、文学等为一体。古长干里"同是长干人，生小不相识""青梅竹马""两小无猜"的艺术魅力流传了 1500 多年，至今依然流淌在南京人的血脉之中，成为了南京人虽经沧桑却率真性情不变的真实写照。"长干故里"被民国文人徐寿卿列入"金陵四十八景"之一，为世人所熟知……这里有一部文化史、佛教史，展示了东方建筑艺术的精华，彰显了古都南京文化的精粹，呈现了南京历史文化名城特色，散发着东方文明古都独有的历史文化魅力。

第五节 两篇"御碑文"说了些啥？

在大报恩寺塔遗址公园正式复建以前，中华门外北山门6号小巷中，正学路44-10号与44-11号之间，有一片满是瓦砾砖块的地方，高大的大报恩寺御碑右碑静静地立在那里。石碑底下是一个没有头的大石龟，石龟的脚部断裂，碑身破损也十分严重，从正面看已裂成十余块。南京市文物保护部门曾经采取措施，以水泥黏连裂缝，并在碑额、碑身部各加一铁箍，以免石碑损毁无存。

御制大报恩寺左碑（南）立于明朝永乐二十二年（公元1424年）二月，这是永乐皇帝的最后一年，明成祖在写完碑文后的五个月就驾崩在北征蒙古的路上。碑底龟趺高2.06米，长4.25米、宽2.06米，龟身浮雕纹饰尚清晰，碑文444字，全文如下：

朕惟佛氏之道，清静坚固以为体，慈悲利济以为用，包含无外，微妙难名，匪色相之可求，无端倪之可测。圆明普遍，显化无方，有不可思议者焉。朕皇考太祖圣神文武钦明启运俊德成功统天大孝高皇帝，皇妣孝慈昭宪至仁文德承天顺圣高皇后，开创国家，协心致理，德合天地，功在生民，至盛极大，无以复加也。朕以菲德，统承大宝，负荷不易。夙夜惟勤，惕惕兢兢，只循成宪，重惟大恩罔极，末由报称，且圣志倦倦，惟欲斯世斯民，暨一切有情，咸得其所。继述之重，其在朕躬。仰惟如来万法之祖，弘济普度，慈誓甚深。一念克诚，宜无不应，增隆福德，斯有赖焉。南京聚宝门之外，有寺旧名长干，吴赤乌之岁所建，历世既远，兴替相因。宋真宗时改寺额为天禧。国朝洪武中，撤而新之，岁月屡更，将复颓圮。永乐乙酉，尝命修葺，未几厄于回禄。今特命重建，弘拓故址，加于旧规。像貌尊严，三宝完具，殿堂廊庑，辉焕一新，重造浮图，高壮坚丽，度越前代，更名曰大报恩寺。所以祗灵迎贶，上资福于皇考皇妣且祈普佑海宇生灵，及九幽滞魄，咸获利济。用仰承我皇考妣之圣志，而表朕之孝诚。今将竣事，特志其本末于碑，用昭示如来之道化。化我皇考皇妣之功德，配天地之广大，同日月之光明，而相为悠久于万万年。（《金陵梵刹志》卷三十一）。

民国时期的张惠衣在撰文介绍《御制大恩寺左碑》石碑大意是这样说：南朝陈宣帝（公元569—582年）时，北方海曲悯寺的慧文禅师（也是天台宗的初祖）从海上奔建康，途中遇到大风浪，船破沉入海底，多亏海中一个神龟相救，慧文才得以脱险。慧文在感谢神龟时，神龟对他说，长老您不认识我了，我就是你放

图 3-15 复建前的金陵大报恩寺御制石碑原址现场

图 3-16 御制大报恩寺右碑底座（现存夫子庙瞻园内）

生池里面的老龟呀，慧文这才恍然大悟。见到宣帝时，慧文将路上的经历讲给宣帝听，宣帝很是感动，所以下旨建报恩寺和石碑，以宣扬佛教慈悲为怀和因果报应的理念。

御制大报恩寺右碑（北）立于宣德三年（公元1428年）三月十五日，由朱棣长孙宣宗朱瞻基所立，高4.45米，宽1.91米，厚0.62米，约计429字，文字如下：

夫大觉之道，肇自西域，入中国行于天下，其要归于导民为善，一切撤其迷妄之蔽，而内诸清净安隐之域，以辅翼国家之治，而功化之妙，下至幽冥沦滞，靡不资其开济，是以功超天地，泽及无穷。历代人主，咸崇奖信。我国家自太祖高皇帝受命为君，功德广大，同乎覆载。太宗皇帝奉天中兴，大德丰功，海宇悦服。仁宗皇帝嗣临大宝，功隆继述，远迩归仁。三圣之心，与天为一，与佛不二。是以道高帝王，恩周普率，四方万国，熙皞同春。朕承天序，寅奉鸿图。惟祖宗之心，操存不越；惟祖宗之道，率履弗违。至于事神爱民，一惟先志。南京聚宝门之外，故有天禧寺，我太祖皇帝加修葺之，致清理之功。岁久而毁。太宗皇帝更新作之，名大报恩寺。上以伸圣孝，下以溥仁恩。经营之精深，规模之广大，极盛而无以加焉，垂成之日，龙舆上宾。仁宗皇帝临御，用竟厥功。制作之备，岿焉焕焉，踔立宇宙，光映日月。于以奉万德之尊，会三乘之众，永宣灵化，弘建福德，显幽万类，覆被无穷，盖自古所未有也。其兴造之由，已见永乐甲辰御制之碑，龙章丽天，本末完具。兹谨述三圣所以嘉厚象教之盛心，刻文贞石，昭示悠久。于戏，钟山巍巍，大江洋洋；圣德长存，慧化不息；亿万万年，与天同寿。

据《金陵梵刹志》卷三十一介绍，金陵大报恩寺琉璃塔完工后，御制大报恩寺碑立了两座，御碑的中间相距100米。两座石碑下有龟趺为基座。传说龟趺是龙的第六个儿子叫霸下，又名为赑屃，平生好负重，力大无穷。历代在建石碑时都用它来作为碑基座。两碑面宽而进深窄，碑顶上部建有两层大屋顶式建筑，周围以木栏围之，以起到保护作用。

第六节 两套琉璃备件藏在何处？

从 20 世纪 50 年代起，人们一直苦苦寻找被埋藏在地下的两套大报恩寺塔琉璃备件，盼望有朝一日能领略大报恩寺琉璃塔当年的壮丽绝伦和明代高度发达的制琉璃件工艺。但琉璃备件藏在何处，由于年代久远，至今未能解开这个谜团。

关于琉璃备件是否存在，史料记载有许多不同的说法：

据明末文学家张岱《陶庵梦忆》卷一"报恩寺塔"记载："中国之大古董，永乐之大窑器，则报恩塔是也……闻烧成时，具三塔相成其一，埋其二，编号识之。今塔上损砖一块，以字号报工部，发一砖补之，如生成焉。"

清代张尚瑗在《石里杂识》中记载："康熙丁丑（公元 1697 年），江宁报恩寺塔毁。相传建塔之初，有副材藏于地，寺僧如记发之，不爽。"

明代李东阳等人编写的《大明会典》中记载，"洪武二十六年，明太祖朱元璋在聚宝山开窑 72 座，烧造琉璃瓦。"康熙元年，大报恩寺再次遭受雷击，这次重修明确记载曾动用过琉璃备件。

据康熙《江宁府志》记载："三月三十日，雷火复损塔时谋修葺，为工甚巨。永乐初，制琉璃塔材二副，原藏其一，以待修补，莫识其处。忽有二人至长干应修此塔遂指昔所藏琉璃副塔材地，应手而得，补皆如夙构，不失尺寸，后讯其名，曰为田雨人。"

根据以上这些文字记载，当年建造大报恩寺塔时，共烧制了三套完整的塔身构件，其中一套用于建塔，另两套则编上字号埋入地下，塔上损坏一块，只要将字号报告工部，就可将备件取出，对号补砌，天衣无缝。但在实际中却没有发现另二套构件埋藏在何处。

一种说法是，康熙时期琉璃塔上构件遭雷击损坏，由于日久天长，无人知道备用构件埋藏地。这时有两位田姓匠人前来相助，很快就找到了琉璃备件所藏地，为重修琉璃塔提供了重要的帮助。替换后的琉璃构件与原来构件风格一致，保持了琉璃塔的原貌。清代初期，南京尚有不少明朝的遗民后代，这两位姓田匠人很可能就是当年烧造琉璃的匠人后代，他们掌握了琉璃塔备件埋藏地点的秘密。当塔遭到损坏时，便及时出现予以协助。

还有另一种说法是，备件就埋藏于大报恩寺塔塔基下。民国时期中央大学的张惠衣教授在《金陵大报恩寺塔志》中记载，太平军毁掉琉璃塔时，备件库也同

图 3-17　保存至今的大报恩寺塔构件——雄狮琉璃件

时被炸毁。这一带如今多是平房,尚未进行全面深入挖掘,但是在重建南京大报恩寺遗址公园时,经勘探也未发现更多的"构件"文物。

大报恩寺五彩琉璃塔备件到底存在不存在,究竟埋藏于何处呢?

· 考查情况之一:据1997年南京出版社出版的《雨花风物》"琉璃窑遗址"中介绍:1958年秋大炼钢铁之际,埋藏地下五百余年的大报恩寺琉璃塔备件,在中华门外窑岗村一带被发现,当时为砌筑炼钢小高炉,急需耐火材料,故进行了大规模的挖掘。"在深挖过程中便发现一城砖砌就的拱门,里面整齐排列着涂有金黄色釉彩的琉璃构件。构件呈方形,每面有方孔及榫头,有的琉璃构件重二三百斤,一辆小木推车只能装两块。"又据1987年《南京史志》第五期,南京工业大学建筑与规划学院教授、南京历史文化名城研究会副会长江永平先生介绍:自20世纪80年代开始,他就对大报恩寺琉璃塔的布局、尺寸、构成、琉璃瓦工艺等各方面进行了深入研究,"1958年大炼钢铁接近尾声时,在眼香庙的东南大约四五公尺处、距地面二米多深处,挖到堆放琉璃构件的库房,库房用城砖砌成,挖开的洞口在侧面,打开后,里面为堆放整齐上了釉色的构件,有的块件二三百斤重,两块便可装一部小板车。当时挖了近四公尺宽,二公尺的豁口,仍不见穷尽,后因小高炉停止生产,不需要耐火材料,挖出来的构件全部打碎,洞口上面的土塌下来,自然封闭了。另外眼香庙附近,还有一座地下的半成品库房,里面装满了未上釉的半成品,当时没有挖出,曾用土将洞口覆盖,上插木牌,作为标志……从调查来看,这批埋藏件可能是琉璃塔的二套备件"。

当年曾在《南京日报》当记者的朱平先回忆说,他曾在一篇文章中这样写道:

图 3-18　保存至今的大报恩寺塔琉璃构件——天女　　图 3-19　保存至今的大报恩寺塔琉璃构件——飞马

"1958 年，报道大炼钢铁运动，我曾到中华门外芙蓉山、窑岗村、眠香庙、能仁里一带采访，发现在中华门外聚宝山琉璃窑中清理出一批大报恩寺拱门的五彩琉璃瓦构件，因当时生产需要而将其砸碎，和泥后做出来的砖头耐高温，非常符合建造大炼钢铁的"小高炉"的需要，于是大量构件都被送进了粉碎机。当考古人员听到这一消息后赶到现场时，满山遍野，到处都是琉璃构件和残片。一年之后，他们清理出 3 座残窑洞，开挖了 3 条探沟。其中在 3 号探沟，考古人员先后两次发现了一批五彩琉璃构件，和普通的琉璃瓦不同的是，它们不但多为宝塔部件，而且龙纹、佛教图样兼而有之。有的上面还编号并注明层数。后来，发掘出的部分构件，被复原成一件琉璃拱门，现存于南京市历史博物馆。当时他也参与了琉璃拱门的复原，"那是大明永乐年间的作品。拱门的位置应该在一座琉璃塔三层或四层，加上其他史料的对照，我们认定这些就是大报恩寺塔的五彩琉璃构件。"

·考查情况之二：在 20 世纪 50 年代，一村民在城南姚岗村眠香庙东南方向，挖出了一座用城砖砌成的库房。库房里堆满了大小不同的琉璃瓦构件。南京博物馆的同志得知这一消息后，立即派人到现场了解情况，勘察发掘，在占地 100 多平方米的琉璃瓦片堆中认真挑选，收集到完整的琉璃构件数量达百件以上。有的琉璃构件上有层数和"左""右"字号，有的琉璃构件上有龙凤瓦当、筒瓦、龙首、飞天、大象、雷公、道释人物像、兽头等；其中，五彩琉璃雕像构件高 31.4～52 厘米，宽 45～48.1 厘米。当时收获的部分"构件"、瓷件现分藏于中国历史博物馆、南京博物院和南京市博物馆，也包括如今复制展示出的大报恩寺塔拱门样品。可惜的是，当时正处于"大跃进"时期，不少琉璃构件被捣碎充作耐火泥，烧制成耐火砖，用来建造小高炉。据当时参与收购耐火泥的人讲，收购的耐火泥有几万吨。

图 3-20　大英博物馆藏大报恩寺琉璃构件——荷花

据眼香庙当年的僧人讲,由于挖掘到眼香庙底下时发生塌方,所以眼香庙底下一块尚未挖掘。后曾有文物部门在此简单进行钻探,估计底下可能仍有配件。

·考查情况之三:1951年,南京博物院张正祥先生在天界寺一带调查发现遗存明代工部窑址及制作琉璃构件的泥。他和其他人又在眼香庙等地发现了一批琉璃构件,当即到市政府、市文管会报告,从而收拾保护了一批琉璃构件的原件。张正祥先生回忆起他亲历的这一事件的经过:当时正值大炼钢铁快结束时,窑址上还剩有几十吨没有卖掉的琉璃瓦。张正祥一行赶到眼香庙工地时,发现一个占地约100平方米的琉璃瓦片堆,五彩璀璨,令人惊讶。经过博物院的抢救翻拣,买回十几板车构件。经整理复原,拼凑成一座底层拱门,这就是今天大家熟悉的拱门照片的原型。在抢救中,张先生捡到一块写有"正北角科"四个字的斗拱部件,这是明代工程专用的建筑术语,说明大报恩寺琉璃塔是咬牙合榫、钩心斗角的卯榫结构。经过分析,当年发现的构件有:斗拱、倚栏、额栏、平板栏、拱门、椽、檀、腰檐和塔顶的瓦件等,这些均是会经常受风雨雷电侵蚀毁坏的构件。据南京市博物馆副馆长、副研究员介绍:"在离大报恩寺向西约五里路的集合村路北侧工地上发现了琉璃构件,这与存放在市博物馆的琉璃构件相同。于是,我们立即到了现场,发现这些琉璃构件在一个距地表1.5米的灰坑内,在这里发现的琉璃构件与明代大报恩寺塔琉璃拱门上的构件相同。其构件表面雕刻的图像有两只狮子、两个飞天,还有两个像富贵花一样但未完全拼成的花纹图案等。在构件上发现了编号。从烧制情况来看,好多已裂开了缝,可能是没有烧成的半成品。这里应该是当年烧制大报恩寺塔琉璃瓦构件的官窑遗址,现在这里还保留有与之相关的地名,如中华门街道的窑岗村、窑湾村等,说明这里不仅仅是制烧大报恩寺琉璃塔构件地方,

图 3-21　南京城南窑岗村发掘出的多种大报恩寺塔琉璃瓦构件

也是明代皇城烧制五彩琉璃的地方。"

· 考查情况之四：1987 年 12 月，南京市文物管理部门对长干寺（聚宝山琉璃窑址）进行了地质钻探，发现在 120 平方米范围内的地下埋藏有琉璃瓦器。由于地面上有文物保护单位的清代眼香庙大殿，钻探工作未能深入下去，地下深埋的琉璃瓦器是金陵大报恩寺那两套备用构件，还是当时烧制琉璃构件的窑址，无法证实。

屹立在南京城南，历时四个世纪，声震华夏、名扬四海的金陵大报恩寺"天下第一塔"之所以那样姿容精美，要归功于所用的材料——琉璃。琉璃最早烧制于北宋，到了明朝达到鼎盛时期。据史料记载，当时建塔的琉璃构件要经过两次烧造，一次是高温烧制坯，一次是低温烧制釉，这样釉面才厚而光滑，平整光亮，耐久性能佳，用在建筑上，能历风吹雨打、日晒雨淋经久不变。明初，工部造塔制度管理严格，分工极细，两套副塔备件就近埋入窑场周围是可行的，但工部是如何将数量巨大、品种繁多的琉璃构件对号入座并保存妥当的呢？塔材损坏后，又由谁辨识埋藏地点、补齐受损构件的呢？至今，史料上还没有这方面的明确的文字记载。但在南京民间有这样的传说，工部在大长干里建有一座眼香庙，由和尚秘密看管大报恩寺琉璃塔件。该庙除了供奉护眼神外，在主持和尚手中有一张琉璃构件藏宝图。工部会定期把报缺的琉璃构件清单交眼香庙主持。随后主持会命人根据藏宝图由眼香庙内的秘道潜入地下库房将构件配齐。

第四章 朱棣为报"谁"恩之谜

明朝第三任皇帝明成祖朱棣,究竟为"谁"而建金陵大报恩寺及五彩琉璃塔的呢?他的亲生"母亲"又是"谁"呢?

史料记载,那是在明永乐十年(公元1412年)十月,朱棣在准备迁都北京时,为报生父明太祖朱元璋、生母马皇后之"恩"而下诏:"重造浮屠,以报皇考、皇妣罔极之恩"。光绪元年(公元1875年)手抄本《秣陵志图》记载:"大明永乐十年,北迁,因报皇帝、高后深恩,勅工部侍郎黄立恭依大内图式造九级五色琉璃宝塔一座,曰第一塔,以扬先皇、太后之德。"

但据《金陵待徵录》记载:"寺名报恩,报何恩欤?昔人诗云:'九级浮图篡逆灯。'噫!难逃一字也。"清中期经学家、著名诗人程晋芳(公元1718—1784年)有一首《报恩寺》诗是这样描写的:

飞甍层级湧浮图,势逼诸天气象殊。
杀运乍终宜忏悔,慈恩难报托虚无。
凭栏直抚三千界,照夜疑悬百八珠。
亘古琳宫应不朽,长陵萧瑟满榛芜。

诗中直接明了地说朱棣建大报恩寺塔的真正目的是为了"忏悔"。朱棣到底是为了报"恩"还是为了"忏悔"呢？多少年来，一直是人们茶余饭后议论的趣题。

第一节　明成祖朱棣报"恩"之惑

据《明太祖实录》记载：明太祖朱元璋于公元 1356 年攻占元朝重兵把守的集庆（今南京）后，改名为应天府；洪武元年元月一日（1368 年 1 月 28 日），朱元璋在钟山之阳登帝位，国号为明，年号洪武，以应天府为明都。从此，南京与明王朝发生了一桩桩人们知道或不知道的故事。

据《太祖实录》《太宗实录》《靖难事迹》及《玉牒》等正史记载，明太祖朱元璋共生 26 子，前五子为懿文太子朱标、二子秦王朱樉、三子晋王朱棡、四子成祖朱棣、五子周王朱橚，皆为皇后马秀英所生；而《太常寺志》却有记载朱元璋共有 22 子，少了四子成祖朱棣、五子周王朱橚。然而，明成祖朱棣亲口说过，他的母亲是皇后马秀英，"每自称曰：'朕高皇后第四子也'"。《太祖实录》可是众多史家认为，这是御用文人为给明成祖正身而对《太祖实录》记载"做了手脚"。因为，按封建皇家礼制有"传嫡不传庶"的规矩，嫡子在庶子则不能继承皇位，否则为篡位而名不正、言不顺。而《太常寺志》不知是无心漏记还是故意回避。但从众多的历史记载推知，朱棣是朱元璋的第四个儿子，这是毫无疑义的。

为了解开这个谜团，可从朱棣出生、成长的经历来推测：

《明史·成祖本记》中记载：朱棣，汉族，生于元至正二十年四月十七日（公元 1360 年 5 月 2 日），崩于永乐二十二年秋七月（公元 1424 年 8 月 12 日），"年六十有五"，是明朝第三代皇帝，在位时间 22 年（公元 1402—1424 年）。朱棣出生于当时被称作应天府的南京。"应天"，是顺应天命的意思。朱元璋渡江攻下集庆（南京）四年后，有了第四个儿子朱棣，照理应该好好庆祝一下。但因明成祖朱棣呱呱坠地的同时，前线传来了陈友谅进攻太平（今安徽涂县）的告急文书。陈友谅如果攻陷了太平，接着就要进攻应天。在这军情紧急的情况下，朱元璋甚至对自己的这个儿子都来不及看上一眼，便又到前线指挥打仗去了。至于朱棣出生后怎么样，为这个孩子取个什么吉祥名字，他更没有功夫去琢磨了。

朱棣七岁时才有了名字。那是至正二十七年（公元 1367 年）十二月二十四日，朱元璋准备转过年就要正式登基做皇帝了，又看到自己已经有了 7 个儿子，自然是满心高兴。这时形势已经初安定，他遂考虑要为儿子们正式取名。这天的早晨，他拜天地、祭告太庙，把自己渡江后生的 7 个儿子归因于祖上积的阴德。他以"木火土金水"为顺序，每个儿子名字都是"木"字旁，所以有了为朱棣之名。

图 4-1 明太祖朱元璋画像

朱元璋不希望他的儿子们成为文弱的书生,就让他们经常做些强健筋骨的体力活动。"宜习劳,令内侍制麻履行縢。凡诸子出城稍远,马行十七,步行十三"。(《太祖实录》)所谓"麻履",就是麻鞋,行縢是指缠腿。这里是说让朱棣兄弟7人都穿着麻鞋,裹上缠腿,像士兵那样到城外远足,十分之七的路骑马,十分之三的路要步行。对长期生活在深宫大院中的皇子们来说,虽说苦点、累点,但他们还是饶有兴趣,对于明太祖的家规他们也不敢违背。随着年龄增长,他们又到演武场上练习武备,以健体强志,实现朱元璋的夙愿。

明成祖朱棣及兄弟们从小除了接受师傅们的教育外,还要随时接受朱元璋的训诫。洪武元年(公元1368年)十二月的一天,朱元璋退朝回宫,趁朱棣兄弟们都在跟前,便指着宫中的一片空闲地对他们说:"这里并不是不可以建亭台楼榭作为游玩场所,只是不忍心多费民财罢了。过去商纣王大造琼宫瑶室,结果天下人都怨恨他。汉文帝曾想建露台,因怜惜一百两银子的费用,就没有建,所以当时国泰民安。你们以后要经常心存警戒啊!"朱元璋还曾有一段明确的自白:朕于诸子常切谕之:一、举动戒其轻;二、言笑斥其妄;三、饮食教之节;四、服用教之俭。恐其不知民之饥寒也,尝使之少忍饥寒;恐其不知民之勤劳也,尝使之少服劳事。可以看出,朱棣弟兄们不只是要学书本,而且平时一言一行都要合乎封建规范,更要合乎朱家的家训。这些规范,对一个天真烂漫的少年朱棣来说,并不是一件惬意的事。

"天下之大，必建藩屏，上卫国家，下安生民。今诸子既长，宜各有爵封，分镇诸国。朕非私其亲，乃遵古先哲王之制，为久安长治之计。"朱元璋借鉴历朝，特别是元朝经常发生宫廷政变之事的经验教训——没有早立太子，一称帝之后就解决这个问题。他还看到当元末农民起义四处爆发的时候，元王朝在各地缺少强有力的藩卫。因此，洪武三年（公元1370年）他就作了封藩的安排，要把各个小儿子封到各地当藩王。前岁已立长子为皇太子，封第二子为秦王、第三子为晋王、第四子为燕王、第五子为吴王、第六子为楚王、第七子为齐王、第八子为潭王、第九子为赵王、第十子为鲁王、侄孙为靖江王，皆授以册宝，设置相，傅官属。

少年朱棣已在诸多兄弟中出类拔萃，英武聪敏，颇多智数，深得朱元璋的钟爱，他被封为燕王。又过了10年，他已成了一个英姿飒爽的青年，便率领护卫就藩住北平（今北京）。这段时期的生活对他以后的道路产生了深刻的影响。在一般人看来，帝王子孙们的宫廷生活一定是非常幸福的，其实不然，除了物质生活富足以外，其他乐趣并不多，甚至可以说是枯燥乏味。

洪武九年（公元1376年），朱棣已是17岁的英俊青年了，他的父皇准备让他们到外地去当藩王。就在这一年，朱棣兄弟们一起来到安徽凤阳老家。这里埋葬着他们的祖父母，也是他们父皇小时候为大户人们放牛放羊的地方。老家凤阳是"十年倒有九年荒"的穷乡，老百姓的生活都很困苦。在这里，朱棣仿佛看到他的父皇小时候是怎么样受苦、受难的，创业是多么的艰难。

洪武十三年（公元1380年）暮春三月，朱棣从老家凤阳回到了南京，受命就藩北平。他的府邸就是元朝的旧宫，其规制如同天子。按照规定，藩王的府邸"亚天子一等"，其他诸王都是如此。为了这件事，朱元璋还曾特地告谕诸王，要他们不要与燕王攀比，因燕王府邸是元朝旧宫，不需要新建，他们新建的府邸则都要按规定办事。不难看出，朱元璋对燕王寄望殊深。朱棣在乡村住了三四年，民间生活和百姓的疾苦对他的思想意识产生了深刻的影响。朱棣是个有心人，"民间细事，无不究知"。他当皇帝以后，还经常对儿子们说起这段生活对他的磨练，认为自己能南征北战，风里来雨里去，不畏塞外风寒，就得益于这段生活的经历。朱棣在凤阳的这段生活可看作是宫廷教育的实习阶段，他回去就要准备到外地去当藩王了。

洪武十三年（公元1380年），这时朱棣已是21岁的英俊青年，他没有留恋风光旖旎的南国春色，没有留恋血雨腥风中的京师，而是满怀着信心和对未来生活充满着憧憬，毅然甘心去走"雪花大如席，北风寒刺骨"之路，三月十一日，他率领着数千护卫人马，浩浩荡荡地奔赴北平，开始了他渴望独立生活和实现自己抱负的人生之路。

永乐六年（公元1408年），明成祖朱棣派内使黄俨等人出使北韩，赏赐北韩国王，作为北韩国王向大明朝廷献马的回报。同时，要求北韩广选美女，晋献北京，以充后宫。于是，北韩国王下令禁止婚姻嫁娶，大选美女，以备进献。北韩王廷分遣各道巡察司加大选拔力度，如有姿色，一律选送上来。通过这一强制手段，选出了一批美貌秀女，并从中挑选出五名，其中第一个就是权妃。权妃当时已18岁了，其她四个美女是：仁宇府左司尹任添年之女任氏，17岁；恭安府判官李文命之女李氏，17岁；护军吕贵真之女吕氏，16岁；中军副司正崔得霏之女崔氏，14岁。她们连同12名侍女、12名厨师一起被送往数千里之外的异国都城北平（今北京）。离开家乡时，被选淑女的父母、亲戚哭声载道。这五位北韩淑女入宫后，权妃被册立为贤妃、任氏为顺妃、李氏为昭仪、吕氏为婕妤、崔氏为美人。

朱棣在位期间进一步强化君主专制，他对建文时的逆命诸臣残酷屠杀，大肆株连。永乐初，曾先后复周、齐、代、岷诸王旧封，但当其皇位较巩固时，又继续实行削藩，周、齐、代、岷诸王再次遭到削夺：迁宁王于南昌，徙谷王于长沙，旋废为庶人；削辽王护卫。他还继续实行父亲朱元璋的徙富民政策，以加强对豪强地主的控制。永乐初开始设置内阁，选资历较浅的官僚入阁参与机务，解决了废罢中书省后行政机构的空缺。朱棣重视监察机构的作用，设立分遣御史巡行天下的制度，鼓励官吏互相告讦。他利用宦官出使、专征、监军、分镇，刺臣民隐事，设置镇守内臣和东厂衙门，恢复洪武时废罢的锦衣卫，厂卫合势，发展和强化了明王朝的专制统治。

朱棣十分重视经营北方，永乐初即改北平为北京，设行在六部，增设北京周围卫所，逐渐建立起北方新的政治军事中心。永乐七年（公元1409年）在女真地区设立奴儿干都司。与此同时，争取与蒙古族建立友好关系。鞑靼、瓦剌各部先后接受明朝政府封号。永乐八年至二十二年（公元1410—1424年），朱棣亲自率兵五次北征，巩固了北部边防。永乐五年（公元1407年）派兵统一安南（今越南），在河内设立了交趾布政司（行省），进行直接统治。永乐七年（公元1409年）开始营建在北京天寿山的长陵，以示立足北方的决心。永乐十四年（公元1416年）开工修建北京宫殿，永乐十九年（公元1421年）大明皇朝正式迁都北京。朱棣为保证北京粮食与各项物资的需要，于永乐九年（公元1411年）疏浚会通河，永乐十三年（公元1415年）凿清江浦，使运河重新畅通，对南北经济文化交流与发展起了重要的作用。在此基础上，其他边疆地区的统治也得到发展。永乐十一年（公元1413年）平定思南、思州土司叛乱后，设立贵州布政使司，为加强对乌斯藏（今西藏）地区的控制，朱棣派遣官吏迎番僧入京，给予封赐，尊为帝师。他还于永乐四年（公元1406年）设立哈密卫，并多次派遣陈诚、李达等人赴西域（今新疆），加强政治、驻军和贸易往来，全国统一形势得到进一步发展和巩固。

朱棣注意社会经济的恢复与发展，认为"家给人足""斯民小康"是天下治平的根本。他大力发展和完善军事屯田制度和控制盐商经营活动，保证军粮和边饷的供给。派夏原吉治水江南，疏浚吴淞。在中原各地鼓励垦种荒闲田土，实行迁民宽乡、督民耕作等方法促进生产，并注意蠲免赈济等措施，防止农民破产，保证了赋役征派。通过这些措施，永乐时"赋入盈羡"，达到明一代的最高峰。

为开展对外交流，扩大明朝的影响，从永乐三年（公元1405年）起，朱棣派郑和率领船队出使西洋，所历三十余国，成为明初盛事。永乐初时派使臣来朝者亦达三十余国，中亚的帖木儿帝国也与明朝多次互派使者往来。浡泥王和苏禄东王亲自率使臣来中国，不幸病故，分别葬于南京和德州。

永乐时期，全国范围阶级矛盾相对缓和，但由于国家支出过大，赋役征派繁重，使有些地区发生了农民流亡与起义，永乐十八年（公元1420年），山东发生的唐赛儿起义就是其中规模较大的一支。永乐二十二年（公元1424年）朱棣死于北征回师途中的榆木川（今内蒙古乌珠穆沁），葬于长陵，庙号太宗，嘉靖时改成祖。谥号启天弘道高明肇运圣武神功纯仁至孝文皇帝。

明成祖朱棣统治时期，被称为"永乐盛世"。朱棣即位后五次北征蒙古，追击蒙古残部，缓解其对明朝的威胁；疏通大运河；迁都并营建北京，作为历史上第一个定都北京的汉人皇帝，奠定了北京此后500余年的首都地位；组织学者编撰长达3.7亿字的百科全书《永乐大典》；设立奴儿干都司，以招抚为主要手段管辖东北少数民族。令郑和下西洋，最远到达非洲东海岸，沟通了中国同东南亚、印度河沿岸国家。朱棣即位之初，对洪武、建文两朝政策进行了某些调整，提出"为治之道在宽猛适中"的原则。他利用科举制度及编修书籍等笼络地主知识分子，宣扬儒家思想以改变明初嗜佛之风，选择官吏力求因材而用，为当时政治、经济、军事、文化等方面的发展奠定了思想和组织基础。

明成祖朱棣的第一位妻子徐妃，是开国功臣徐达的女儿。徐妃生于元朝至正二十二年（公元1362年），死于永乐五年（公元1407年）七月四日，享年46岁。朱棣这桩婚事完全由父亲一手亲自操办。当朱棣长大后就藩北平（今北京）之前，朱元璋为他完了婚。传说这位奇女子，能文能武，史称其"幼贞静，好读书，称女诸生"。诸生在明代为秀才，就是说她是一位女秀才，有如此才华，自然传到朱元璋的耳朵里。于是有一天，朱元璋找到徐达，对他说道："你我当年为普通百姓时就结下深厚的友谊，不是今天的君臣关系这么简单。何况自古以来，君臣相契便可结为姻亲。你的长女就嫁给我们家老四吧。"

图 4-2 明成祖朱棣之妻徐妃皇后之像

图 4-3 朱棣宠爱之妻权妃之像

　　这皇上亲自替儿子求亲，他的话可就是圣旨啊，作为臣子的徐达自然不敢有违。当然，他也没有理由违背，能和皇上攀上亲家，那可是件光宗耀祖的大喜事，婚事就这样定了下来。洪武九年（公元1376年）冬天（正月二十七日），15岁的徐氏头戴凤冠，身着翟衣，在隆重的典礼之后正式成为17岁的燕王朱棣的嫡妃，被册封为燕王妃，第二年正式成亲。这时朱棣18岁，徐妃16岁。婚后一个月左右，朱棣带着徐妃回到老家安徽凤阳，长住了四年之久。就是这位看来贤淑贞静的徐妃，后来成了朱棣夺天下、治天下的得力内助。

　　明成祖朱棣最宠爱的另一位"妻子"是权妃，朝鲜人，永乐七年（公元1409年）封贤妃。朱棣可谓功绩累累的一代雄主，他的爱妻权妃也是一位好"内助"。有文记载，朱棣的权妃是北韩工曹典书权永钧的女儿，名门望族的闺秀，书香世家的千金，出落得自然是兰心蕙质，知书达理。加上她容貌秀丽，风姿绰约，少女时代就是远近闻名的大美人。朱棣第一次见到她的时候，便被她出奇的清丽文雅所吸引。朱棣问她有何特长，权妃拿出随身携带的玉箫吹奏起来，箫声悠扬窈渺，听得朱棣如痴如醉，于是朱棣把权妃选拔在众妃之上。因当时掌管后宫的徐妃已经去世，朱棣便让权妃接管后宫之事。

权妃聪慧美丽、优雅迷人。每当朱棣忙完朝政，拖着疲倦的身子走进权妃宫中时，权妃美妙的箫声就宛如一缕和煦的春风，将朱棣的疲劳吹得无影无踪。自从权妃走进明朝的皇宫之后，果敢、刚毅、男子气十足的朱棣就一直深爱着这位柔顺、温宛、妙不可言的朝鲜女子。权妃不仅宠冠后宫，而且很少离开朱棣身边。

永乐五年（公元1407年），元裔本雅失里势力崛起，与鞑靼太师阿鲁台一起图谋统一蒙古各部。永乐七年（公元1409年）二月，朱棣派使臣赴鞑靼，要求与之修好，不想使臣竟遭杀害，朱棣大怒，便于当年七月派淇国公丘福率十万大军征讨鞑靼。由于对鞑靼力量估计不足，加之指挥失当，十万人马在胪朐河（克鲁伦河）全军覆没。

永乐八年（公元1410年）十月，朱棣为保住大明皇帝的尊严亲征。他率五十万大军深入漠北，在斡难河（鄂嫩河）畔大破本雅失里大军，最后本雅失里仅以七骑西逃。权妃随侍朱棣北征蒙古。明军获得第一场胜利之后，权妃的美妙箫声传遍十里草原，这使征尘仆仆的朱棣心旷神怡，精神倍增，乘胜追击，又一鼓作气击破阿鲁台大军于大兴安岭下。阿鲁台带着家人远遁到大兴安岭的深山老林。这次北征以明军的大获全胜告终，于是朱棣率军班师回朝。权妃随朱棣返回京师，走到山东临城时，突然不幸身染重病，最后不治身亡，这一年权妃才二十二岁，可谓红颜薄命！

权妃死后，朱棣竟然伤痛成疾。朱棣就地将她葬在山东峄县的土地上，并下诏当地官府出役看守坟茔。权妃死后，朱棣对她的家人非常厚待。在一次见到权妃的家人时，竟然悲痛得泪流满面，一时说不出话来。但后来宫中谣传权妃猝死，死因可疑，是被毒死的，是否如此，现无处考证。但从朱棣对权妃的十分宠爱和无限思念之情来看，这似乎是不可能发生的事。

第二节　明成祖朱棣"生母"之疑

明成祖朱棣的"生母"到底是谁呢？大报恩寺又为何而建？有以下"六种"史料版本：

史料版本之一：马皇后

明成祖朱棣自称"朕高皇后第四子也"，即是"马氏"所生。《明史·成祖本纪》中明确记载："成祖启天弘道高明肇运圣武神功纯仁至孝文皇帝讳棣，太祖第四子也。母孝慈高皇后。洪武三年，封燕王。"这位"孝慈高皇后"就是朱元璋的原配、著名的大脚皇后马秀英。也就是说，他的父亲是明太祖朱元璋，生母是孝慈高皇后马秀英（马大脚）。

朱孔阳《历代陵寝备考》中记载，"后生懿文太子标、榛王楧、晋王棡、成祖棣、周王橚"，这里说得十分清楚不过了，朱棣为朱元璋与马皇后所生的第四个儿子。

《重修报恩寺敕》中说："朕念皇考、皇妣罔极之恩无以报称，况此灵迹岂可终废"；《御制大报恩寺左碑》中记载："皇妣孝慈昭宪至仁文德承天顺圣高皇后"。这些记录可以充分肯定朱棣修建大报恩寺塔是为了报高皇后马氏之恩。

明太祖孝慈高皇后（1332—1382年），是明太祖朱元璋的结发之妻，安徽宿州人，祖上曾是当地富豪。父亲马公家住新丰里，由于乐善好施，所以家业日渐贫困。母亲郑媪，在1332年生下马秀英不久就去世了。马公没有儿子，视马氏为掌上明珠。马氏自幼聪明，能诗会画，尤善史书，性格也颇倔强。马秀英的养父郭子兴见朱元璋是个人才，对自己的事业将会有很大的帮助，于是便把养女马氏许配给了朱元璋。马氏与朱元璋成亲后，和朱元璋感情深厚，追随朱元璋南征北战，精心辅佐朱元璋。洪武元年（公元1368年）正月，朱元璋登基于应天府（今南京），国号大明，建元洪武，册封爱妻马氏为皇后。

皇后马氏，《大明英烈》称为马玉环，部分野史与地方戏曲称为马秀英，但《明史·成祖本纪》上未见记载。民间又称大脚皇后。洪武十五年（公元1382年）八月，马氏因积劳成疾在南京病故，终年51岁。朱棣建"寺塔"自称为报他的生母皇后马秀英之恩。据葛寅亮《金陵梵刹志》记载：朱棣重修报恩寺"以此胜因，上荐父皇、母后在天之灵，下为天下生民祈福"。

《金陵大报恩寺塔志》书中搜集了各种版本的说法，其中有这样的文字说："永乐十年，北迁，因欲报高皇帝深恩，于六月十五日午时起工，至宣德六年八月初

图 4-4 明太祖朱元璋之妻皇后马秀英之像

一日完工,共十九年。敕工部侍郎黄立恭依大内图式,造九级五色琉璃宝塔一座,曰第一塔,以扬先皇、太后之德。"由此可见,依正史记载明成祖朱棣是马氏所生。他为报答亲生父母养育之恩而建大报恩寺塔,是天经地义、德配天地的事。

史料版本之二:硕妃

太常寺是古代专门掌管皇家宗庙、陵寝、祭祀和礼乐的官方机构,据《南京太常寺志》记载:"左一位淑妃李氏,生懿文太子、秦愍王、晋恭王。右一位硕妃,生成祖文皇帝"。古代宗庙神位安置有"左昭右穆"的规制,所谓"穆位第一",即右边第一。这就说明朱棣为纪念自己的"生母"硕妃,放在右边第一位。明末清初著名史学家谈迁(1594—1658年),在其《国榷》卷十二中记载:"成祖启天弘道高明肇运圣武神功纯仁至孝文皇帝讳棣,太祖第四子也。母孝慈高皇后。道高明文皇帝,御讳棣,太祖高皇帝第四子也,母硕妃。清《玉牒》云高皇后第四子,盖史臣因帝自称嫡,沿之耳。今《南京太常寺志》载孝陵祔享,硕妃穆位第一,可据也。"

明末文学家张岱(1597—1679年)在崇祯十五年(公元 1624 年)七月十五日中元节这天到孝陵奉先殿去参加祭祀大典,他在《陶庵梦忆》中这样记载:"享殿深穆,暖阁去殿三尺,黄龙幔幔之。列二交椅,袱以黄锦孔雀翎,织正面龙,甚华重。""近阁下一座,稍前为硕妃,是成祖生母。成祖生,孝慈皇后妊为己子。事甚秘。"

"碽妃"是一个高丽（今朝鲜）美女，是明太祖朱元璋的宠妃。著名史学家傅斯年（1896—1950年）在《明成祖生母记疑》一文中记载："抑或成祖之母为高丽人，故成祖亦特爱高丽妃与！"又据《梵天庐丛录》："太祖有妃碽氏，高丽人，貌昳丽，而性慧敏。太祖命从宋学士濂学诗，金钟得度，为五七言，王孟之法。太祖殊爱之。一夕，幸妃所，正卸妆，粉面红烛辉映，愈增娇媚。太祖悦甚，索笔赋《丽人行》，命丽装潢，张壁。每年增脂粉费银三千两，彩缎千匹。"朱元璋在行军打仗时都带着马氏和碽妃。因为碽妃怀孕未足月（早产）就生下了朱棣，被朱元璋将信将疑视为不祥，心狠手辣的朱元璋为了皇室在历史上"正名"，将碽妃处以"铁裙"之刑，即将她放置在火上活活烧烤被折磨而死。朱棣当上皇帝后，对父亲朱元璋十分痛恨，而对母亲更是百倍恩念，但他只能将这种痛恨深深埋在心里，将这种思念牢牢地铭刻在头脑里，以纪念朱元璋和马皇后的名义来兴建大报恩寺及琉璃塔。其实，是为了纪念他被活活折磨而死的宗生母亲碽妃。所以，在重建大报恩寺时，下诏建的大殿俗称碽妃殿，其中供奉有碽妃的碑位（庙神位安置右一位），每年由礼部按时祭祀，除此之外终年封闭，不许人进入。大报恩寺被毁坏后，仍保留有碽妃殿。

史料版本之三：寿州李妃

按朱棣活到64岁（1424年）推算，朱棣生于1360年，此时的朱元璋率领部队在江南和江淮一带打仗，不可能接触到蒙古和朝鲜女子。他渡江到南京时身边已先后有六位女子，除马皇后外，第二位是寿州的李氏，后封为淑妃；余下的四位都封为妃。据正史记载，马皇后生有五子，四子是朱棣。但秘史说马皇后无生育能力，此五子都是妃子所生。有史家认为，"靖难之役"后，孝陵供奉的牌位搞乱了，重排位时可能有错位，而《南京太常寺志》是依据牌位顺序记载的。朱棣出生时朝鲜李妃尚未到应天，这样，其不可能是李妃所生。那么，朱棣的生母应是寿州的李氏淑妃，后人将寿州李氏误为朝鲜的李妃即"碽妃"。

史料版本之四：为侄子朱允炆"忏恶"所建

朱允炆，在位只有短短四年。朱棣坐稳皇位后，觉得愧对被自己杀死的侄子朱允炆。因为自己起兵造反后，朱允炆曾下过一道诏命，要求临阵诸将"毋使朕负杀叔父名"，正因有了此令，朱棣才能屡战屡败后依然东山再起，最后逼得侄儿葬身火海。为减轻自己所犯的罪过，在他登上皇位后的第二年，便以"报恩"为名，诏令工部把原有的寺庙拆除，重建金陵大报恩寺塔。

史料版之五：为自己"誓言"所建

传说朱棣"靖难起兵"前曾向马皇后发誓，如果当上皇帝后，便建一寺塔报答。在兵渡长江时，江中忽然涌出一座宝塔，朱棣一惊，忽然想起了起事前的誓言。在当了皇帝后第二天，在他的梦中出现了一件怪事，天禧寺突然发生了一场大火。有人报信给朱棣，朱棣听说后让人不要救火，结果大火把寺烧得一干二净。火灭后，朱棣命人把寺址上所有的灰烬杂物全部铲净，扔到长江里，在原址重新建寺建塔，即金陵大报恩寺和琉璃塔。

史料版本之六：蒙古翁氏

有人指出朱棣实乃元顺帝之遗腹子。刘献廷《广阳杂记》载："明成祖，非马后子也。其母翁氏，蒙古人，以其为元顺帝之妃，故隐其事。宫中别有庙，藏神主，世世祀之。"洪武元年（公元1368年）徐达率领大明军北伐，一路凯歌，直抵元帝国心脏元大都，此时的元顺帝自料招架不住，就开了边门星夜北逃，大明军随即占领了元大都。朱元璋来到了昔日歌舞升平令人醉生梦死的元皇宫，但见皇宫里一片狼藉，到处都是求饶的后宫之人。在众多宫人之中，有一个女子姿容娇美，妩媚妖艳，一下子就把阅女无数的朱元璋的魂给勾去了，当场他就下令将她收为妃子。据说这位超级美女原系元顺帝的太师洪吉喇托的女儿，早些时候她被父亲作为高档礼物"孝敬"给了元顺帝，成为元顺帝最为宠爱的妃子之一。北逃时，尽管元顺帝放心不下，但超级美女洪吉喇氏已经怀有七个月的身孕，行动不便，故而最终还是被留在了皇宫里，没想到让朱元璋捡了个"大便宜"，满心欢喜的朱皇帝随即就将她带回了南京。大约过了三个月，超级蒙古美女产下了一个活泼可爱的男儿，这就是后来的明成祖朱棣。《中国历史杂文》中的"怀旧论坛"一文也说，早在朱元璋攻占北京之前，洪吉剌氏已怀孕七月，元顺帝出逃时不便带走。三个月后，男孩出生，颇有异像，朱元璋甚喜，收为己子，即朱棣。朱棣在王宫中为这位蒙古生母翁氏建庙，供奉牌位，时时纪念。

但不管哪种说法，朱棣在历史上记载有"朱三多"：即说不清楚的谜团多，干出的大事多，遭受的争议多。他的出生，就属于"三多"里面的谜团多。

第三节 历史学家怎么看？

史学家从朱棣出生的背景看。据正史记载，朱棣生于元朝末年的至正二十年（公元 1360 年）的四月十七日，出生地在当时的应天府，也就是今天的南京，是明太祖朱元璋第四子。当时朱元璋还没有取得天下，只是占据着应天府以及周边和浙江一部分地区，至多只能算是元末群雄割据中一支较大的农民军势力，谈不上是最有实力、最大的一支军队。特别是那个时候与朱元璋为敌的上游有陈友谅，下游有张士诚，都虎视眈眈的想灭掉朱元璋的队伍。朱元璋天天忙于跟他们打仗，而且那时候朱元璋还是元末农民军小明王的部下，官职是江南等处行中书省左丞相。后来，足智多谋的朱元璋在这场争斗中逐渐强大起来，最终消灭了这两支与他争夺天下的最强的势力。据记载，当初朱元璋投奔红巾军郭子兴的时候，皇后马氏是郭子兴的养女。郭子兴很看重朱元璋，就把养女马氏许配给了他。朱元璋渡长江时，携带将士以及妻妾一同来到南京，在他身边有 6 个女人，包括后来的马皇后、碽妃李氏和安徽寿州人李淑妃。这 6 个女子所生的儿子，都在洪武三年（公元 1370 年）被封为皇子。但《南京太常寺志》等书确有记载，马皇后没有生育能力，这 5 个儿子都是妃子所生。《南京太常寺志》记载："孝陵祀太祖高皇帝、高皇后马氏。左一位淑妃李氏，生懿文太子、秦愍王、晋恭王，左二位皇妃生齐王、鲁王……右一位碽妃，生成祖文皇帝。"又载："碽妃生成祖"。也就是说，朱棣的亲生母亲就是明太祖朱元璋的宠妃高丽美女碽妃。

史学家从封建宗法皇家制度来看。朱元璋众多儿子中表现最为突出、得到器重的是朱棣，但因为朱棣不是嫡长子，又是碽妃所生，朱元璋始终没有把他定为皇位的接班人。即使在太子朱标病死之后，朱元璋还是把皇位传给了幼弱的皇子朱允炆。洪武三十一年（公元 1398 年），朱元璋死后的第二年，不甘心屈服于人之下的朱棣很快发动了"靖难之役"，用了三年时间，就用武力击败了坐拥天下的侄子朱允炆，夺回了朱元璋没有交给他的皇位。但是朱棣没想到的是这引来了天下人的指责和反对。朱棣一方面对公开反对自己统治的人毫不留情地进行血腥镇压，另一方面指令宫廷内大臣修改明史，使自己那些不光彩的事情统统消失在历史的长河中。中国古代皇家的礼制中有帝位"传嫡不传庶"的规矩，皇帝的正妻所生的儿子称"嫡子"，非正妻（妾妃）所生的儿子称"庶子"。惠帝皇朱允炆继位就是按这个规定执行的。对帝王家族来说，嫡子和庶子在名分上有重大差别。皇帝死了，皇位要由嫡长子来继承。即使嫡长子死得早，如果嫡长子有儿子，也要由嫡长子的嫡长子来继承，其他庶子不得觊觎。若庶子继承了皇位，那就是篡位夺权。明成祖自称是马皇后所生，自然也就是所谓嫡子了，他当皇帝，自然名正言顺了。若朱棣是妃子所生，那就是篡位夺权。所以，皇家秘史一定要修改。诸多史家认为《南京太常寺志》为皇家所编，可信度高。殊不知，既然能对《明太祖实录》"做手脚"，那对《南京太常寺志》做点手脚也并非没有可能。

史学家从碽妃在朱棣心目中的地位来看。《南京太常寺志》中有这样一段记载："孝陵祀太祖高皇帝、高皇后马氏。左一位淑妃李氏，生懿文太子、秦愍王、晋恭王……右一位碽妃，生成祖文皇帝。"更有传说，因碽妃早产，朱元璋疑碽妃与人私通，赐"铁裙"将其置火上活活烧死。对此，朱棣内心难免愧疚，在他继位后，在迁都北京之前，耗费巨资548万两，兴师动众为"生母"碽妃营建大报恩寺及琉璃塔，并以"报恩"为寺庙命名。其中，大报恩寺的大殿俗称碽妃殿，该大殿位于北区正中心的位置。在《太宗实录》和《金陵大报恩寺塔志》中有这样的文字记载：在建大报恩寺大殿时专设有碽妃殿，其中供奉有碽妃的碑位，每年由礼部按时祭祀，除此之外终年封闭，不许人进入。

明人沈玄华在《敬礼南都奉先殿纪事十四韵》中有："高后配在天，御幄神所栖。众妃位东序，一妃独在西。成祖重所生，嫔德莫敢齐。"当代著名历史学家吴晗先生考证后明确认为，朱棣为朝鲜李氏（碽妃）所生。但众多史学家考证后认为，朱棣之所以隐瞒自己的身世，是因为作为庶出的儿子，他根本没有资格来继承朱元璋的皇位，但他却通过"靖难之役"夺取了最高权力，这时不得不伪造身世，标榜"嫡出"身份。不过，为了攫取权力而不认自己生母的朱棣，内心难免愧疚，于是，在即位后便兴师动众修建大报恩寺塔，表面上感恩"高皇后"，"无非是向世人宣告他是皇后嫡子，以塞众人之口"，而实际上内心是为了"报恩"自己的亲生母亲李氏碽妃。

清人陈雨叟在他的《春和轩随笔》一书中说："碽妃，高丽（朝鲜）人，生燕王"。他认为明成祖朱棣修大报恩寺塔，其意"有百世之光华，有万载之报恩，故报碽之恩"。又说"予幼时游城南大报恩寺，见正门内，大殿封闭不开。问诸父老，云：'此成祖生母碽妃殿也。妃本高丽人，生燕王，高后（马皇后）养为己子。遂赐（碽妃）死，有铁裙之刑，故永乐间建寺塔以报母恩'"。朱竹垞跋《南京太常寺志》云："长陵系碽妃所生"。谈迁《枣林杂俎》述："孝慈高皇后无子，即懿文太子（朱标）及秦、晋二王，亦李淑妃产也。乃仅齐东之语，不尽无稽也。"朱彝尊在《曝书亭集》卷四十四中又说："《枣林杂俎》中述孝慈高皇后无子，不独长陵为高丽碽妃所出，而懿文太子及秦、晋二王皆李淑妃产也。闻者争以为骇。史局初设，彝尊尝以是质诸总裁前辈，总裁谓宜仍《实录》之旧。今观天启三年《南京太常寺志》，大书'孝陵殿宇中，设高皇帝后主，左配生子妃五人，右只碽妃一人'。事足征信。然则《实录》出于史臣之曲笔，不足从也。"

  历史的痕迹是不可能完全遮盖的，在漫长的历史过程是可能还原一个真面貌的。几百年来，史学界虽然对朱棣的生母究竟是谁一直争论不休，但历史的真相是不可能被湮没的，更多史学家的观点逐渐倾向于明成祖朱棣的生母不是马皇后，而是朱元璋宠妃朝鲜美女碽妃。

第五章 大报恩寺塔毁于"谁"之手

　　精美绝伦、扬名中外的金陵大报恩寺与琉璃宝塔，在长干佛陀里傲然屹立了429年〔自宣德五年（公元1428年）完工，到咸丰六年（公元1856年）彻底被毁〕之后，它的生命走到了终点。自诞生之日起，它就经历了自然雷击、人为失火，又经历了外国侵略者的劫掠，最终在一阵阵清军、太平军的厮杀声和撕心裂肺的爆炸声中轰然倒下，化为尘粉，留下了深深的遗憾。那这座伟大的建筑物最终毁于谁之手呢？

第一节 来自"天灾"的劫难？

嘉靖四十五年（公元1566年）二月十八日下午，突然下起了一场倾盆大雨，雷电交加，水如瓢泼，宝塔顶上原来设有的避雷针无故失效，宝塔顶端成为强烈雷电袭击的对象。雷火击中了塔顶，顺势直下塔殿，大殿起火。由于没有防火设施，平时也没有防火训练的僧人无法灭火，眼睁睁地看着大殿被烧毁。大火一直烧到了第二天的下午，天王殿、大殿、观音殿、画廊等一百四十余间房屋焚为灰烬，而琉璃塔却安然无恙。皇家佛寺院被焚的消息传到了北京城，嘉靖皇帝认为，这是天降不祥之兆。之后，万历二十八年（公元1600年），塔心木腐朽，致使塔顶倾斜，僧人洪恩募捐银数千两使之得以重修。《憨叟诗钞》记"顺治戊戌，塔为雷坏一角，有田氏兄弟，陡登最上层，系横木于塔门，竖梯于木端，缘之而上……观者千万人，皆震戒汹涌，田氏循苍斗折，冉冉而下，人皆疑为神仙焉。"清顺治十八年（公元1661年）以后，内府及地方均有拨款修缮记载，最后一次是嘉庆七年（公元1802年），塔再次遭到雷击，损坏严重，由内府拨款得以整修。虽然屡损坏屡修建，但其已经开始失去往日辉煌。

图5-1 复建前大报恩寺御制石碑龟趺残毁现场图

第二节 八国联军的"洗掠"?

鸦片战争前,中国是一个独立自主的封建国家。由于中国的自然经济占统治地位,在中英正当贸易中,中国处于出超地位。英国为了改变贸易入超的状况,向中国偷运鸦片。鸦片的输入给中华民族带来了深重的灾难,人民群众强烈要求禁烟。林则徐领导的禁烟运动,给英国侵略者以沉重的打击。1840年6月,英国侵略者借口保护所谓的鸦片贸易,依仗他们船坚炮利,发动了侵略中国的鸦片战争。英军先后攻陷舟山、虎门、厦门、宁波、吴淞、镇江等地,并霸占香港岛。道光二十二年(公元1842年)八月四日,英国海军最先进的舰队来到南京下关码头,九日登陆,二十日清政府以钦差大臣耆英、原两江总督伊里布为代表与英国代表璞鼎查在静海寺会谈议和,二十九日,耆英与璞鼎查在下关江面上的英舰"汉华丽"号上,签订了不平等的《江宁条约》。九月六日,清道光帝批准了《江宁条约》(又称《南京条约》),从此,中国进入到有史以来最黑暗、最耻辱的年代,南京的大报恩寺与琉璃塔也开始走向覆灭之路。

英军入侵南京后,他们疯狂地剥取塔身的琉璃宝物、窗体底端瓷砖,大量盗取塔内供奉的金佛。一个英国海军士兵叫贝尔拉德,在1844年英国出版的《纳米昔斯号航行作战记》中这样描述:"在南京城外,两处最值得注意的有趣目标,当然是有名的琉璃塔和中国古代王朝帝王的坟墓。"1842年9月30日,英国军舰满载着他们从大报恩寺塔上掠夺的各类古文物扬长而去。而金陵大报恩寺塔又遭受到了重创。虽然在僧人的抗议下,英方作出了一点赔偿,但连他们自己都承认"这笔钱远远低于实际损害的价值"。大报恩寺塔遭此重创,往昔的那种金碧辉煌的风貌再也没有了。英军对于大报恩寺塔大量"宝贝"的劫掠,成了大报恩寺塔毁坏的开始。

英国驻中国外交官富礼赐先生在1862年伦敦出版的《扬子江上的五个月》"天京见闻"中有这样的描述:"到南京的每一艘船都去那里作一次掠夺性的旅行,凯旋式地从灰白堆里带走大报恩寺塔琉璃瓦砖……据说整个废墟的底部有一层极有价值的玫瑰色的砖。"(卢海鸣、邓攀著《金陵物语》)

第三节　毁灭于太平军"炮击"？

咸丰六年（公元1856年），金陵大报恩寺与琉璃塔在傲然屹立了四百多年之后，那挺拔、秀美的琉璃身躯走到了尽头。

据《金陵大报恩寺塔志》记载："咸丰三年正月二十四日，发匪踞塔，俯瞰城中，施炮，炮弹有落中正街者。""咸丰六年，发匪觊塔顶为黄金所铸，用火药轰之，复挖空塔下基地，数日塔倒，寺遭焚毁，当时有童谣曰：宝塔折，自相杀。"晚清文人王韬在他撰写的《弢园笔乘》中记录："咸丰六年，贼毁报恩寺塔。先三年，贼实火药于塔中焚之，空而不圮，至是乃毁之，一时有'宝塔折、自相杀'之谣。后果应东、北贼互戕之事。"张汝南在《金陵省难纪略》中记载，攻城的太平军"运仓圣庙中之炮，置报恩寺第三层，向城轰击。城上开炮对轰，砰礚之声，一日不绝"。清汪士铎撰写的《光绪江宁府志》卷八记载："咸丰三年（公元1853年）正月二十四日，发匪踞塔，俯瞰城中、施炮、炮弹有落中正街者。"

这些文字记载表明，雄伟壮丽、高耸云霄、被誉为"中世纪世界七大奇观"之一的大报恩寺琉璃塔，那时显然已经成了太平军用来监视南京东郊孝陵卫清江南大营的重要依凭，以及用来阻止清军进城的天然物障，咸丰三年（公元1853年），太平军在进攻南京时为抢占制高点，用火药轰炸它使其倒塌；到了咸丰六年（公元1856年），塔彻底倒塌。其实说其"毁于太平天国战火"不如说毁于"内讧"。

19世纪40～50年代，发生了一场波涛壮阔的太平天国运动，它是中国历史上规模最大的一次农民起义。洪秀全、杨秀清、冯云山、萧朝贵、韦昌辉、石达开等领导农民团结一致，英勇斗争，在短短两年多时间内，出广西、攻湖南、取武昌，定都南京并改名天京，夺取了中国半壁江山，后又出兵北伐，前锋直抵天津，震动北京，登上了改天覆地胜利的高峰。

咸丰三年（公元1853年）三月七日，洪秀全、杨秀清太平天国农民起义军从武汉沿江而下，抵达江宁县的板桥镇，九日，攻至南京城南的雨花台，占领了长干里大报恩寺，在寺内扎营、驻兵，包围了固守的南京城。为了攻城，太平军利用报恩寺塔居高之势"俯窥城内"，并架设大炮炮击城内。夜间还将寺内供奉的500罗汉搬出去放在城下为疑兵诱敌。十二日，攻下天京后，又将楼梯炸毁，以防有人登塔。1856年7月，太平天国发生了"内乱"，爆发了"天京事变"。

图 5-2 太平天国起义军占领南京油画

据袁蓉《洪秀全之谜》"天京事变"中记载，登上权力顶峰的太平天国领导集团迅速腐化。东王杨秀清大权在握，日益骄横跋扈，公然逼天王洪秀全封他为"万岁王"。此时的洪秀全不仅生活腐朽，而且专制猜疑。他暗中密诏北王韦昌辉等人想除掉杨秀清。9月2日晚，韦昌辉从江西前线率三千人马赶到，在燕王秦日纲的配合下突然包围了东王府，袭杀了东王杨秀清及其部属2万余人，死尸一度染红了秦淮河水，朝野震惊，军民怨愤。翼王石达开赶到天京想劝阻韦昌辉却险遭毒害，只身连夜逃跑，并随后在安徽安庆起兵讨伐北王韦昌辉，"要求杀北王及其党羽"。在这种情况下，"韦昌辉犹欲负隅顽抗，他深恐翼王（石达开）凭借报恩寺古塔作为攻城炮垒"。（布列治门《太平天国东北两王内讧纪实》）于是，在1856年10月的一天，一队太平军将士手捧韦昌辉的将令，出天京城到聚宝门（后改名中华门），直奔长干桥南，进入在战火中早已残破不堪的大报恩寺内，将运来的炸药与易燃物品装入仍巍然矗立着的琉璃塔内。他们一面在塔下挖地道引爆炸药（2007年11月在复建时，考古人员发现在中轴线和大报恩寺最高点的交汇处有一块八边形的石灰基槽。史料记载，琉璃塔为"九层八面"，其规制刚好与塔基形状吻合。这一发现表明，塔基被毁坏得很严重，八条边甚至没有一条边是保存完好的，在一处由许多圆形坑连起的长坑坑壁上，还有很多呈喷射状的红色灼烧痕迹），一面用火炮直接轰击塔身。只听一声巨响，整个琉璃塔轰然倒下，陷入浓烟烈火之中。这座被称为中古奇迹的建筑物便化成了一片瓦砾废墟……

被毁的大报恩寺塔，当时燃烧了几天几夜，地面建筑几乎荡然无存。桐城人张同准《柏溪集·金陵杂咏》中说："报恩寺在江宁城南，明永乐时建，其塔与北极阁正对，及洪杨之乱，全毁矣。"诗人金安在《水窗春呓》中有这样的描写："金陵城南报恩寺浮屠，高数十丈，巨丽甲海内，每燃塔灯，远望如火焰山，真奇境也。粤匪以地雷轰之，遂仆。"

大报恩寺与塔被毁后，现场一片废墟瓦砾，琉璃塔的残件散落得到处都是。报恩寺塔承露盘也被弃之荒野，长期无人过问。承露盘为佛教寺中重要宝物，最早起源于印度，后来传入中国，在我国一些等级较高的早期佛塔中可见。它的形态各有不同。大报恩寺塔的承露盘直径有3米多，如此巨大的顶盘一般人根本搬不动。英国摄影师约翰·汤姆逊在太平天国覆亡后路过南京城南大报恩寺时，拍摄了一张承露盘的照片。在1935年出版的《金陵名胜影集》中曾收录了大报恩寺塔遗址附近的老照片。照片中的一只"大碗"即塔顶承露盘，承露盘周围一圈雕铸着精美的莲瓣纹。1935年历史学家朱偰又拍摄了另一张承露盘照片。两年之后的1937年，北平学者吴世昌先生南下来到金陵也见到了另一只承露盘。硕大的承露盘斜躺在瓦砾中，照片中站着一名僧人，似在无言地诉说着这一历史的沧桑。

据2007年第4期《郑和研究》"大报恩寺塔顶铁盘保护者郭月楼"中介绍：

图5-3　20世纪30年代仍保存大报恩寺琉璃塔废墟上的塔顶承露盘旧照

郑宽涛的邻居万先生是位书法爱好者，有一次，他在南京朝天宫游玩时无意之中发现一块卧地的碑刻。他擦去碑上尘土，发现碑文书法流畅，便找来宣纸拓下，然后制成字帖保存至今。万先生将该拓帖送给他看，他发现这是一块从未发现的记录金陵大报恩寺塔刹顶盘被毁的碑刻。

《报恩寺宝塔铁盘跋》全文约488字，由郭月楼撰写碑文，当年著名书法家田国俊书写。跋文不仅详细介绍了金陵大报恩寺的历史沿革、塔毁年代、铁盘保存经历，而且反映了当时立碑人清代文人郭月楼、田国俊珍爱琉璃塔的思想状

图 5-4 大报恩寺琉璃塔被毁后为"承露盘"立碑文局部拓片

况。郭月楼,字道直,安徽合肥人,淮军将领之一,被李鸿章委任为金陵机器制造局第三任总办,绰号郭五呆子。他在任时于南京秦淮河东关头东边建有郭月楼、郭河厅,生卒不详;田国俊,字炽庭,号研芸,孟县香河村人,咸丰五年(公元1855年)中举,咸丰九年(公元1859年)考取进士,充翰林院庶吉士,任工部主事,再升任屯田司员外郎,光绪十年(公元1884年)出任苏州按察使。期满后改任贵州按察使,继任江南盐运使。

《报恩寺宝塔铁盘跋》全文如下:

凡物之经久不敝者或以人储或以器传,往往数千百年委弃于草叶沉没于沙砾。樵夫牧子熟视无睹。一经有识之拂拭品题,其精气遂寿世而不朽。物之有幸有不幸,殆有数存乎其间也。而好古深思之士,足资之以扩见闻详考究。

金陵聚宝门外,雨花台古长干也,长干之侧旧有浮图名阿育王塔,未详建自何代,孙吴时始建刹,名建初寺。晋简文帝改名长干寺。唐高宗改天禧寺,宋乾德中名慈悲悯忠寺,元时毁于火。明成祖永乐十年迁燕都,以金陵为南京,重造九级浮图,名第一塔,以扬太祖高后之德,砌以五色琉璃饰以金顶,阅十九年而成功,时宣德六年也。曰名报恩寺,金碧麟炳为金陵一巨观。

国朝嘉庆七年重加修葺,咸丰三年粤匪据金陵寺复毁,遗塔顶铁盘一重一万二千斤。合肥郭子月楼置之机器制造局外塘侧,以存其制。夫以成祖英鸷之姿,刻薄之性,悖违父命,残害骨肉,篡夺神器,屠戮忠良,使太祖之灵含悲饮泣于九泉,伤厥孝心莫此为甚。而徒假浮屠氏之说竭万姓之脂膏，供一时之粉饰，欲臣欺天下，后世曾不知欲盖弥彰，论史者初不少恕焉。斯其遗制亦奚足宝物，而物之经久不敝以器传者，不论以人也。铁盘之存物之幸也，于人乎何与。月楼之存此盘，所以识宝塔之沿革也，于成祖乎何兴爱日。月楼之好古为志，其崖略如此。光绪丁亥九月书奉　月楼仁兄大人雅属：即祈　教正。山右乌河田国俊跋。

"承盘"，或叫"承露盘""顶盘""莲盘"。大报恩寺塔的承盘相传为黄金所铸，也有的传是"黄金风磨铜"，由上下两个半圆形的莲花纹盘组成。后来人们认识到实际上是铁盘外镀黄金。在《金陵大报恩寺塔志》中也记载："面顶以黄金风磨铜镀之以存久远，气色不晦"。不少专家推测大报恩寺塔被毁的原因，是太平军因分赃不均导致内讧所致。清人吴祥翰所著《金陵胜迹志》中说："咸丰六年（公元1856年）发匪窥其塔顶为黄金所铸，用火药轰之，复挖空塔座下基地，数日塔倒，寺堂焚毁。"当时太平军将领误认为塔顶承露盘为黄金所铸，且欲得到盘中藏有的大量宝物。

的确，大报恩寺及五彩琉璃塔内宝物很多。据《秣陵志图》"大报恩寺塔"记载：塔顶盘中有"夜明珠一粒，避水珠一粒，避火珠一粒，避风珠一粒，避尘珠一粒，黄金一锭重四千两，茶叶一担，白银一千两，明雄一块重一百斤，宝石珠一粒，永乐钱一千串，黄缎二匹，地藏经一部，阿弥陀佛经一部，释迦佛经接引佛经一部，俱镇压在内"。太平军将领中也有熟诵四书五经文人出身的，对塔顶藏有宝物早就留意。太平军占领南京后将领们争抢胜利果实，烧毁南京众多古建筑，如明故宫、甘家大院藏书楼、净觉寺等，当时南京标志性建筑大报恩寺塔更是成为首选目标。

金陵大报恩寺与琉璃塔被毁，终究没有阻挡住韦昌辉的失败，相反促使太平军走向覆灭。1856年11月2日，韦昌辉及其党羽被洪秀全下令杀死。而胜利进入天京的石达开，虽一度掌握了太平天国的朝政，但没过多久就因不满洪秀全的猜忌与牵制，负气带领十多万大军分裂出走南京城。太平天国因这场内讧与分裂元气大伤。1864年，天京城被攻破，洪秀全在城陷前夕黯然死去。他营造多年的壮丽的天王府连同太平天国政权一道，在烈火中化为乌有。

美国海军助理军医查理斯·法斯，1854年6月1日，随美国驻华公使麦莲乘坐美国军舰"色士奎哈那号"到达南京，大报恩寺琉璃塔被毁后他给麦莲的报告中这样描述："……南京城南九层琉璃塔是世界上所能看到的最精彩、最美丽的风景之一，可是它已躺在塔底下成了一堆垃圾。破坏并不止于此。庄严的雕刻佛像，从头到脚都被破坏了。前代人通过金冠、灵杖以及其他的装饰都被打得稀巴烂；面对这个巨大而壮丽的建筑物所遭到的毁灭和破坏，人们不免感到悲哀，虽然这塔依旧还静立在原地，无声地谴责内战的罪恶。"（卢海鸣、邓攀《金陵物语》）

第四节　清军破坏与日寇盗挖？

金陵大报恩寺与琉璃塔宝物被英军劫掠以后，寺院日见衰败，又经太平军炮火的轰炸，化成了一片瓦砾废墟，后又成了清军与太平军争夺的军事战略要地。

太平军在各城门外都设有军营防守，其中以城南聚宝门外的雨花台军营最大，清代涤浮道人在《金陵杂记》中这样记录："山上各庙宇僧房悉圈在内，又在山顶起有望楼一座，挺立山巅，高与报恩寺塔并峙。"

江苏巡抚（驻地苏州）李鸿章（1823—1901）在镇压太平军的过程中立下了"战功"，于同治四年（公元1865年）夏，提升为两江总督。在他到南京就任之前，将其先前在苏州创办的西洋炮局也搬迁至南京。经过踏勘，在聚宝门（今中华门）外扫帚巷东大报恩寺的废墟上兴建兵工厂，开办了金陵机器制造局，由刘佐禹任总办，马格里任督办。制造总局下设机器厂、翻砂厂、熟铁厂和木作厂，制造开花炮弹、抬枪和铜帽等产品。投产时，有员工兵夫约400人，1866年8月竣工，耗银18万两。据光绪《江宁府志》卷七记载：同治四年十二月，江宁机器制造总局"就报恩寺坡下菜地住一所计十二间，为制造分局"，1870年建成火药分局，1872年建成翻砂厂，1878年建成机械工厂，1879年金陵机器制造局终成，拥有机器制造厂3座，翻砂厂、熟铁厂以及火药局等，原本藏在大报恩寺的宝物及瓦砾碎片慢慢流失，古寺遗址由此也变成了"洋务运动"制造火炮的重地。寺院遗址逐渐被蚕食瓜分吞没，倒塌的琉璃宝塔构件也被逐渐破碎、消失。昔日金碧辉煌的大报恩寺塔变成了一片兵工厂建筑。英国摄影家约翰·汤姆森于1872年来到南京，为这个城市留下迄今所见最早的一批经典影像。他在《金陵机器制造局》中这样写道："这座兵工厂是在李鸿章的主持下创办的，它是中国第一座这样类型的兵工厂，位于城市南门外大报恩寺琉璃塔的遗址附近。大报恩寺与这座塔一道被太平军叛乱所摧毁，现在的兵工厂在修建的时候部分使用了寺和塔的砖块。昔日回响在佛堂、充盈于空气之中那沉闷的诵经声，现在被更加喧闹的制造声音替代——引擎的轰鸣声、汽锤的撞击声以及测试枪炮的爆炸声。"

斗转星移，时光流逝，金陵机器制造局建局三十多年后已能生产多种兵器，是中国近代军火生产最早、历史最长、规模最大的一家兵器厂，之后，金陵机器制造几度易名。抗日战争爆发后，又迁往了重庆……

图 5-5　清金陵机器制造局制造的枪炮

　　1937 年 12 月 13 日，日军占领南京，金陵兵工厂成了日本鬼子的兵营。被命名为"1627 部队造兵厂""野战造兵厂"等，此时的工厂成了法西斯集中营。日本侵略者对中华之物早就虎视眈眈。驻防在中华门外的侵略军高森部队在大报恩寺三藏殿遗址上要建造一座"稻禾神社"，随即发生了在大报恩寺三藏殿后"发掘"出唐代玄奘法师"顶骨"的特大新闻事件。

　　借法斯给麦莲的报告作结：很快我们就走近了著名的琉璃塔。它矗立在城濠的外边，城墙的南边。它的四周是一块面积有几英亩大的方形空地。空地的外围建有高大的佛殿和僧房，但现在都被毁坏，倒在地上了。巨人似的偶像被打成无数的碎片。琉璃塔立在一块八十英尺见方、十二英尺高的坚实的石台上。石台的四周有石阶梯，阶梯是很大的平滑的砂石石板，上面有精致的雕刻。塔本身是八边形的。它的主体结构是由精美的红色的砂石建成的；而外层和各不相同的九层塔身的突起部分的顶面都敷以绿色的琉璃砖。每一层的各个角上挂着一个铃，各个边上挂着用鱼胶做的灯笼。从圆顶的中心开始，向上竖起一个 30 到 40 英尺高的塔尖，塔尖的四周围绕着许多大铁圈，最顶端冠之以一个直径为 14 英尺的镀金的球。第一层的外表没有琉璃砖，但是，它完全是由一大块的砂石构成的，每边都有一个巨大的浮雕佛像，其形象栩栩如生，显示出熟练的雕刻技巧。这座八角琉璃塔的进口是四个高约八英尺、宽约六英尺的拱门。塔壁约有六七英尺厚。拱门的每一边都立着三座很美丽的浮雕大佛像，佛像上部还精心雕刻了各种图案。

图 5-6 民国时期金陵大报恩寺山门和三藏殿旧影

朝塔上望去,也能看到类似的拱门,但没有刻上第一层那样的图案了。不久以前,一个螺旋形楼梯一直上伸到塔顶,给观赏者以一个爬上塔顶去欣赏世界上所能看到的最精彩、最美丽的风景之一的机会。可是,现在它已躺在塔底下变成了一堆垃圾。破坏并不止于此。庄严的雕刻佛像,从头到脚都被破坏了。

曾扬名于世界、屹立于金陵长干里 420 多年的金陵大报恩寺与琉璃塔已不复存在,它的经历,清楚地折射出近代中国所走过的坎坷道路。但是这座美丽、伟大的建筑物在人类文化发展留下深刻印记,这是永远无法抹杀和遮蔽的,人们为此扼腕叹息、痛心不已,并在这痛中深刻地悟到:战争是魔鬼,是灾难,是侵略者和被侵略者的自我毁灭,它带给人类文明的是摧残、毁灭,真是可悲可叹!

第六章 大报恩寺塔下『地宫』之谜

地宫是中国很早就已出现的建筑形式,原来专指帝王的陵墓,如著名的秦始皇庞大的地下宫殿群。初始,高僧圆寂后,也仿照秦始皇地宫形式建造地宫,在将佛祖或高僧圆寂后的舍利埋藏于地宫之后,并将地宫创造性地引入到塔的建筑结构之中,成为中国佛塔的一个重要组成部分,以不同形式出现在中国大地上。除此之外,地宫之内一般还藏放大量佛祖或高僧的信物和供奉的各种珍贵宝物。久而久之,佛塔地宫成为名副其实的古物宝库。

在长干里这块历史悠久的圣址上,曾经有过阿育王塔、建初寺、长干寺、天禧寺及长干里大报恩寺塔。千百年间,佛寺屡建屡毁。后来,由于各种历史原因,"宝塔根"成了一片荒草凄凉的开阔之地,又成了居民小区。在这块旧址上,到处倒塌斜横的古物石雕向苍天诉说着历史沧桑,等待着考古工作者在挖掘中抢救性收藏和保护,盼望着知晓它们所遇到的那些灾难。

第一节 "双地宫"身世之谜

2007年年初,经过国家文物保护部门的批准,由南京大明文化实业有限责任公司委托南京市博物馆组织有关专家及人员,对位于南京城南古长干里的大报恩寺遗址进行全面的考古、勘探,并对大报恩寺塔遗址地下遗存进行全面发掘。

2007年2月,考古工作人员团队进驻大报恩寺旧址现场发掘,一直持续至2014年底。为了配合大报恩寺遗址公园建设,田野发掘面积约3.6万平方米,主要从两个方面开始:一方面,在大报恩寺北区中轴线及其两侧,依次发现并清理了香水河桥、大殿、塔基与地宫、观音殿、法堂,以及祖师殿、伽蓝殿等明代大报恩寺重要建筑遗存;另一方面,在保护明代重要建筑遗存的前提下,在遗址上选择合适地点发掘。经过考古工作者的艰苦努力,终于在大报恩寺遗址上寻找到了琉璃塔塔基古址,并在塔基正中发现了地宫的开口。虽然地宫已遭受到严重的毁坏,但一些鲜为人知的文物不断地被发掘出来。

南京市博物馆考古部《南京大报恩寺遗址塔基与地宫发掘简报》记录了考古挖掘的整个过程:

2007年2月16日考古队进入宝塔顶10号院,这里一直被考古人员推测为琉璃塔塔基的所在地,在这里第一次尝试寻找地宫。

7月17日召开了"重建金陵大报恩寺遗址公园项目"新闻发布会,发言人曹劲松先生向外界说明,金陵大报恩寺塔是明代初年至清代前期南京最负盛名的标志性建筑,是江南佛教活动最早的地方,此次开掘意义十分重大。

9月,在南京市博物馆多名专家带领下,对报恩寺原址区域进行长时间详细勘探、论证,确定挖掘地址上可能埋有地宫,并于当年11月发现了塔基下大、小"双地宫"的开口。

2008年1月"双地宫"挖掘工作正式启动,这次勘探被命名为"古大报恩寺塔遗址考古"。

4月,考古队对地宫进行试挖掘,发现地宫为圆形竖井状。南京市博物馆副馆长、地宫考古发掘负责人华国荣先生介绍:大报恩寺塔地宫井口直径为2.2米,镇石深度4.2米,地宫为圆形的竖井状结构,地宫整体保存完好。

7月15日,考古挖掘取得突破性的进展:在挖掘到4.2米时,考古人员清理提取出埋在镇石四周土层中的青砖22块。据考证,这些青砖烧制于南北朝梁武帝时期。

图 6-1　考古工作者在发掘中发现的大报恩寺塔基全景图

7月16日,考古队将有500斤重的镇石板吊出井口,地宫入口处发现10厘米的青石盖板。

为了弄清大报恩寺塔基下的"双地宫"身份,首先要了解这块旧遗址公园"地下"的情况,顺利地揭开长干寺塔地宫身世之谜。随着考古工作者在现场不断发掘,令人期待的地宫之谜被揭晓。

7月18日凌晨,考古人员继续往下挖掘,发现了地宫内部的建造形式,从上至下以一层石块、一层夯土的方式有规律地填充、夯筑,共39层。在距离地表4.2米处,发现一块边长约0.9米、厚约0.25米的方形覆石,位于地宫中心。将覆石提取后,其下露出了石函,整体呈方柱状,由内盝形顶盖、倒梯形底座及四块长方形壁板组合而成,最长82厘米,通高182厘米,底座顶面和四块壁板的底部分别凿有卯孔和榫头,以榫卯方式连接;四块壁板上部和顶盖底面分别凿有凸棱和凹槽,以子母口方式盖合。

7月18日下午,从地宫中出土一块长方形石碑。石碑上刻有题为"金陵长干寺真身塔藏舍利石函记"的长篇铭文。铭文阳刻楷书,16行,满行40个字,由"法主承天院主持圆觉大师赐紫"德明撰写。碑文中称有"圣感舍利十颗""佛顶真骨""诸圣舍利",用金棺银椁盛放,与琉璃、琥珀等佛家七宝造成阿育王塔。佛舍利和高僧舍利瘗藏在同一座地宫中,这还是全国首次惊世大发现。

《金陵长干寺真身塔藏舍利石函记》全文如下:

我大牟尼师,嗣贤劫第四之大宝也。总法界为化封,以教理为命令,垂衣利物四十九年。大事既周,提河示寂,碎黄金相为设利罗,育王铸塔以缄藏耶。舍手光而分布,总有八万四千所,而我中夏得一十九焉。金陵长干寺塔,即第二所也。东晋出现,梁武再营。宝塔参空,群生受赐。洎平陈之日,兵火废焉。旧基空列于蓁芜,崇级孰兴于佛事。每观藏录,空积感伤。

圣宋之有天下，封禅礼周，汾阴祀毕，乃有讲律演化大师可政，塔就蒲津，愿兴坠典。言告中贵，以事闻天，寻奉纶言，赐崇寺、塔。同将仕郎、守滑州助教王文，共为导首。率彼众缘，于先现光之地，选彼名匠，载建砖塔，高二百尺，八角九层，又造寺宇，口口进呈感应舍利十颗，并佛顶真骨泊诸圣舍利，内用金棺，周以银椁，并七宝造成阿育王塔，口以铁口口函安置。即以大中祥符四年太岁辛亥六月癸卯朔十八日庚申，备礼式设阇郭大斋，闷于皋阜，庶口名数，永镇坤维。

上愿崇文广武仪天尊道宝应章感圣明仁孝皇帝天基永固，圣寿遐延；太子诸壬，福昌万叶；宰辅文武，赞国忠贞；三军兆民，乐时清泰；同缘众信，利集无疆；举事诸贤，功彰不朽；陵迁谷变，此善长存；地久天长，斯文永振。谨记。

塔主演化大师可政。助缘管勾赐紫善来、小师普伦，道首将仕郎、守滑州助教王文，妻史氏十四娘，男凝、熙、规、拯，孙男同缘、同会、三哥、四哥、五哥、七哥、八哥、九哥，孙女大娘、二娘、三娘、四娘、五娘、六娘，新妇蔡氏、许氏、杨氏、杨氏，出嫁一娘、三娘，亡女四娘，先考二郎，先妣程氏，继母陈氏，寄东京王延旭。僧正赐紫守邈宣慧大师齐吉，赐紫文仲，僧仁相，绍之。舍舍利施护、守正、重航、绍瓒、智悟、重霸、守愿、尼妙善、宝性。砌塔都料应承裕并男德兴，王仁规。施石函陆仁贞、仁恭。（2016年文物出版社"南京文物考古新发现"第四辑）

这篇铭文，使研究北宋长干里的历史沿革和最初修建长干寺"真身"塔有了可靠依据，"真身"二字在唐宋时特指佛祖释迦牟尼，

图6-2 从地宫出土北宋祥符年间"金陵长干寺真身塔藏舍利石函记"拓片

这说明当初舍利函中是有物品被当作佛祖真身遗物瘗藏的。

同时，考古人员从上面的铭文内容改变了原先的判断，认为这一地宫并非明代大报恩寺地宫，而是更早之前的北宋时期的长干寺地宫，距今已有997年的历史，比大报恩寺塔历史早了400多年。

7月27日，铁函在全副武装的警察护送下，运送至南京市博物馆地库内存藏。

8月6日，南京市博物馆考古队联合南京晨光集团专家开启铁函。铁函整体呈方柱状，口部边长56厘米，底部边长53厘米，通高132厘米，加压框后边长58厘米。器身内壁光滑平整，外壁未经打磨，黏连较多铁质瘤状物。这是国内目前从佛塔地宫中发现的最大的铁函。在铁函内发现了碑文中所载的七宝阿育王塔。

9月，组织有关专家研究、论证请出"宝塔"的方案。

11月22日，七宝阿育王塔被请出铁函，并放入透明有机宝塔中存藏，同时放入的还有玛瑙珠、串珠、鎏金银凤等供养器物。在石函下还有一个小型埋藏坑，其内出土白瓷、青瓷碗各1件，青瓷壶1件。从现存地表开口至埋藏坑底部共深达6.74米。这是迄今为止国内发现的最深的佛塔地宫，在以往的考古发掘中极为罕见，为今后开展各门类的相关研究提供了重要的实物资料。

发掘考古工作者对出宫的瘗埋物品进行研究后发现，金陵大报恩寺塔下地宫里瘗埋的物品有两大特点：

一方面，出宫的青花瓷器占据瘗埋物品较大的比重。唐代是中国金银器最鼎盛的年代，因此法门寺地宫供奉物品以金银器为主，长干寺地宫出宫"舍利金棺"等宝物；明代是中国青花瓷器走向鼎盛的时期，明朝历代帝君都将官窑烧制的青花瓷器作为御用器皿倍加喜爱，所以，大报恩寺地宫中的供奉物品以青花瓷器为主。在地宫中发掘出一大批完美无瑕、价值连城的永乐年间的青花瓷器。

另一方面，从长干寺地宫中发掘出大量来自东南亚和南亚国家的佛教珍贵宝物。因为朱棣兴建金陵大报恩寺和琉璃塔正是郑和率领庞大船队下西洋的高峰期间，郑和船队从经过的东南亚和南亚国家，通过贸易交换，带回了大量奇珍异宝和佛教珍贵器物。这些珍贵器物中有一部分被明成祖朱棣下令藏放于大报恩寺琉璃塔地宫之中。

在《南京大报恩寺考古发掘报告》中还记录了另外三个方面的收获：

收获之一：这次考古确定，演化大师可政在守滑州助教王文等人的帮助下重建长干寺，并建地宫瘗藏阿育王塔、供奉佛祖舍利和佛顶骨，同时，佛教信众供奉大量佛教器物，并一同瘗藏在地宫中。

收获之二：在大报恩寺北区中轴线及其两侧，依次发现并清理了香水河桥、大殿、塔基与地宫、观音殿、法堂，以及祖师殿、伽蓝殿等明代大报恩寺重要建筑遗存。

收获之三：在保护明代重要建筑遗存的前提下，在遗址上选择合适地点发掘至生土，先后发现并清理出汉至隋唐时期墓葬30余座，南朝时期房址3座，宋代水井、道路、房址、磉墩等重要遗迹及大量遗物。在出土的早期遗物中，不少与宋代天禧寺相关，包括带有天禧铭文的碗底、砖以及佛教造像等。这些发现为进一步探索大报恩寺前身诸寺院提供了重要线索。

在大报恩寺塔基下发现一大一小的"双地宫"。小地宫偏北，口径一米左右，四周都是泥土。考古发掘证明，小地宫是六朝时期遗留下来的，至今有1500多岁了。再据有关资料记载，小地宫应是梁武帝发现地宫后重新修建的地宫，并将出土的三枚舍利再放入地宫。该地宫未遭盗掘，保存完好。紧挨着小地宫的是大地宫，据发掘出的石函铭文可知，大地宫便是宋代长干寺地宫。大地宫为圆形竖井式斜坡隧道，从原始山体中垂直下挖而成，由平台、甬道、前室、中室、后室和后室秘龛等部分组成，平面略呈"甲"字形，全隧道长达21.12米。地宫入口处由4块石板围成方形，青石板盖在大地宫口之上，并用石灰填缝将地宫入口彻底封闭。

图6-3 考古人员和工人吊装出地宫内的铁函现场

第二节　地宫内发现了多少惊喜？

• **惊喜之一：铁函为何在 6 米深地下？**

考古人员在开启铁函时，铁函里面满是积水，但鎏金的阿育王塔表面居然没有半点锈蚀的痕迹，很多人对此都疑惑不解。后来专家对积水进行了检测，才得知阿育王塔之所以千年不锈蚀，全靠铁函内的积水。因为铁函内的积水 pH 为 7.8 左右，属于中性偏碱。这种积水对于金属的制品保存为一个理想的环境。因为在弱碱性的水环境里，金属表面会产生惰性反应。这就是阿育王塔千年不锈蚀的重要原因。

人们疑惑不解的还有铁函为什么要埋 6 米多深？考古专家说：这是已经发现的宋代地宫最深的一处，一般的宋代地宫也就在地下 2～4 米，而这个地宫则在地下 6 米以下。专家们还说，铁函之所以在地下 6 米以下深处，是有一定原因的。"感应舍利十颗、佛顶真骨、诸圣舍利，这三件都是非常罕见的稀世圣物。在宋代之前，由于长干寺的地宫比较浅，埋藏在地宫内的舍利时常被感应。从东晋、南朝一直到北宋，佛祖的舍利先后被发现接近 10 次，唐代的李德裕甚至带了一部分去镇江。到北宋年间，重建长干寺，演化大师可政不想让后人惊扰这些圣物，不想让后人找到，所以把铁函放在了 6 米以下的地底下。"但到底是不是像专家解说的那样，恐怕是一个千古之谜了。

• **惊喜之二：丝绸包里裹着座塔。**

2008 年 7 月 18 日下午，工作人员取下包裹在塔外面的第一层丝织物，塔的面目隐隐约约露出来。丝绸包裹的座塔高度在 1.1 米左右，边宽约 40 厘米。从铁函上方俯视，首先呈现在眼前的是一个充满异域风情的塔尖，有点像东方明珠电视塔。也能看到塔身四角装饰的山花蕉叶等图像，但丝绸"盖头"全都裹着，专家经过审慎的分析发现，丝绸的状况还不错，坚韧度、柔韧度都挺好，小心点应该没问题。下午 4 时 49 分，现场的考古专家开始小心翼翼地解开这已经打了千年的丝结。原本以为会花很久时间，没想到两分钟不到，第一个结已经打开。"法门寺地宫当年这样的结，花了我们整整两个小时！"主持过法门寺地宫发掘的陕西考古专家韩伟教授说，因为出土的丝织品往往很脆弱，稍不小心就坏了，所以一般解结时，是把非常光洁的纸搓成小条，塞进去轻轻地捅，使得结变得松一些。

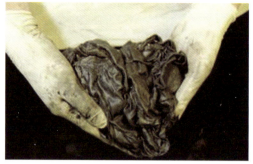

图 6-4 地宫出土宋代舍利瘗藏容器金棺银椁   图 6-5 长干寺地宫内出土的丝绸像件袈裟

不过看起来，长干寺这块丝织品状况很好，所以才能用手直接去解。果然，下午 4 时 55 分，另两个结也已经解开，现场空气似乎也紧张得凝结起来了，所有人睁大了眼睛。只见塔尖之下，是一层层的圆鼓状的相轮，大概有四五个，上面刻有精美的莲纹以及缠枝卷叶纹。人们的视线再往下，四个高高隆起的角装饰成山花蕉叶，而底座则可以清晰地看到刻成了莲瓣，是个"莲花宝座"。最令人惊喜的是，在底座的侧壁上，看到了一幅佛像浮雕，正是释迦牟尼的盘坐像。"其实我们现在看到的，还不是全貌。"专家向大家解释，整座塔从上而下，分成塔刹、塔身和底座。现在看到的，只是最上面的塔刹而已，由刹杆、相轮和顶部的火焰珠，即智慧珠等构成。而"莲花宝座"也只是塔刹的底座而已，并非整座七宝阿育王塔的底座。

"这应该是目前国内发现的最大的阿育王塔，形制与之前杭州雷峰塔地宫发现的阿育王塔非常相似，但那个塔只有 35 厘米高，前者是它的 3 倍多！"考古专家说："这么大的一个，绝对是塔王，不但在国内，也是目前发现的同类塔中的世界之最。"说是塔王，不但是因为个子大，而且级别也很高。专家介绍，从材质上就可以看出来，整座塔是银鎏金的，目前还没看到镶的七宝，但铁函上记载是"七宝阿育王塔"，应该是有的。而雷峰塔地宫出土的虽然也是银鎏金阿育王塔，却没有镶七宝。

- **惊喜之三：七宝阿育王塔光现盛世。**

2008 年 8 月 6 日，备受关注的金陵大报恩寺地宫铁函被正式开启。

参加开启的主要嘉宾有南京大学著名教授蒋赞初，陕西省文物考古研究院院长、法门寺考古发掘领队韩伟先生等人。随着封住铁函的两层铁板被取出，一尊闪耀着金光的宝塔塔尖露出。考古专家认为，这很可能就是七宝阿育王塔。9 时 30 分，铁函开启工程正式启动。在国内多位著名考古专家指导下，千年铁函的两层铁质盖板被顺利取出。考古人员在现场看到，铁函内积满了略显浑浊的液体，露出一个由丝织物包裹、形状类似塔尖的物体。在清理过程中，考古人员在塔身内发现了大量珍贵文物，主要有各类丝织品、水晶球、鎏金银薰、银钗、玉碗、玻璃杯、琉璃净瓶及香料等。随着将铁函内积水抽取完毕，考古专家小心翼翼地打开丝绸包裹，露出了一个金碧辉煌的宝塔尖部，塔身内部分上下两层。上层主要是很多丝绸包裹；下层是用丝绸包裹的方形漆函，漆函内存放着一套由多层丝绸包裹的方形"金棺银椁"。据考古人员猜测，这一重要发现，印证了石碑上所记载的装有"感应舍利十颗"和"佛顶真骨"的"金棺银椁"确实存在。

"金棺银椁"分两部分：银椁为银质，局部鎏金。银椁整长18.2厘米、宽10.5厘米、通高19厘米，底座为束腰须弥式，上下为仰、覆莲瓣，并饰莲花纹。银椁底部刻有铭文，记载了佛顶真骨的瘗藏情况。金棺通高7.1厘米，长13.2厘米，宽6.1厘米，为金质。整体上可分为上椁、下座两大部分。上部的椁呈棺状，一端较高，一端略低，有盖有体。盖顶有五个折面，上面錾刻有莲花、凤凰、人面鸟身的妙音鸟（迦陵频伽鸟）等精美、复杂的纹饰；椁盖的两个端面皆浮雕出门楼的造型，包括屋檐、檐下的斗拱，以及檐上围绕的如意祥云等。椁体为长方形，两端面与顶盖的纹饰相接，錾刻出两扇门的形象，门上装饰挂剑而立的门神图案。两个侧面的中部亦为门神，门神两边为手持笙、笛、排箫、竽等各种乐器的伎乐神。银椁的下部为长方形须弥座，须弥座的上、下分别有两层和三层出涩，其中下部的第三层出涩装饰为一圈仰莲瓣，而上部的两层出涩装饰为仰覆莲瓣。须弥座中部的束腰部分共有八个壸门，内饰莲花。该银椁实为鎏金银椁，在底座仰覆莲、壸门，上部的门楼、门神、伎乐神等关键部位施以鎏金，形成层次分明、重点突出的装饰效果。

银椁内藏一只纯金打造的金棺。金棺的形制和纹饰与银椁类似，长13.1厘米、宽6.3厘米、通高7厘米。盖顶面五折，上饰莲花、凤鸟，两端各饰一只凤鸟。棺体两端各饰两位挂剑门神，但两侧面各饰三位伎乐神，手持的乐器增加了唢呐、拍板等。佛顶真骨即瘗藏于金棺内。

2008年11月22日，经过近千年厚重的历史尘封，北宋金陵长干寺七宝阿育王塔从铁函中缓缓升起，出现在人们的面前。该塔盛世重辉之后，其高大雄浑的身姿、精美丰瞻的图案，以及七宝随身、遍体金光的华贵风采，无不令人赞不绝口。更为重要的是，塔内还瘗藏有如来真身感应舍利和佛顶真骨，以及以金棺银椁为代表的大量珍贵的供养器物，在海内外文物界、宗教界引起了巨大的反应。

经初步观测，七宝阿育王塔高度近1.2米，底座宽度为0.4米，其高度和宽度都是杭州雷峰塔地宫出土的阿育王塔的3倍多。七宝阿育王塔不但体型庞大，塔身通体的雕刻图案也多得令人眼花缭乱，甚至连蕉叶部分的正反面都装饰满了多种图案。内部为木质胎体，外部用银皮蒙覆，表面鎏金，并大量镶嵌水晶、玛瑙、琉璃等多种宝石，整体金光闪耀，给人庄严、神圣之感。这座阿育王塔代表了宋代佛教器物制作的最高水平。该塔由相轮、山花蕉叶和须弥座三大部分组合而成。塔刹有五重相轮，顶部为球形宝珠。四只山花蕉叶分别位于须弥座顶部四角，其内侧分别浮雕了两座佛立像和两座佛坐像。外侧则浮雕了一组佛祖诞生、苦修、

图 6-6 长干寺地宫内出土的七宝阿育王塔和塔顶部

说法、涅槃，以及降魔显圣等佛传故事。塔刹与四座山花蕉叶之间皆以长链相连，链上风铎。塔的主体是位于底部的须弥座。须弥座平面为方形，上、下两端的出涩部分皆浮雕一组佛像，姿势各异。塔身四面中心部分，分别浮雕了"萨埵太子饲虎""大光明王施首""尸毗王救鸽命"和"须大拿王布施"四幅大型佛祖本生变相。传说佛祖于今世之前经历过无数次生命轮回，无论为人还是为动物均舍身向善，这四幅变相即截取了佛祖前生的四次壮举，传递的是历劫求道、度己度人的佛教精神。塔座四隅站立大鹏金翅鸟（即天龙八部中的迦楼罗）。每面的上部和下部分别錾刻铭文，主要记述捐赠施主的身份、姓名，捐赠的数量，以及变相的名称等，例如塔刹根部錾刻的铭文为："扬州仁曹坊浦宅女弟子刘氏一娘，舍银玖两叁分打造相轮，并钱壹贯文省记。"而塔座顶面两处椭圆形的开光中，錾刻了上百字的铭文，记载了北宋大中祥符四年（公元 1011 年），在演化大师可政、守滑州助教王文、会首张重旺等人的倡导募化下，众位施主捐舍银一百二十二两、金二两八钱半、檀香七斤、大圣七宝念珠，以及水晶珠宝等物。这对了解七宝阿育王塔的建造过程提供了关键性的史料。

图 6-7　长干寺地宫内出土的唐、宋时期铜钱

- **惊喜之四：带"永"字的铜钱。**

2008 年 11 月 23 日下午 4 点多钟，一个印有"永"字的古铜钱一闪而过，虽然这枚铜钱并没有立即引起专家们的注意，但它让在场的人心里一惊：会不会是永乐通宝？如果是永乐通宝，那么这个地宫，是该姓宋，还是姓明？

这枚铜钱会不会让这个地宫的年代往后推移呢？随着考古人员的细心深入，他们不断地看到了有"永""泉""货"三字的钱币，最后地宫中共出土铜钱 12 000 余枚，是地宫瘗藏最多的供养物品，其中以方孔圆钱为主。时代最早的为秦半两。发现的第一枚铜钱应是"永通泉货"。永通泉货为南唐李璟于交泰二年（公元 959 年）所铸的大钱，一当十，与开元通宝钱并行。由于永通泉货铸造半年后便停止，因而世上流传数量很少。

还有皇宋通宝钱。发掘出的石函上的碑文有"宋大中祥符四年"字样，祥符为宋真宗的一个年号，也就是说，地宫是宋真宗时期（公元 1012 年）造的。而皇宋通宝是在宋仁宗宝元二年（公元 1039 年）铸造的，也就是说，此塔的奠基和放置铁函的年代是宋真宗祥符四年，而建成的年代已经到了宋仁宗的宝元时期（公元 1038—1040 年），则该塔建造的工期长达 20 余年。

- **惊喜之五：石碑上的"诸圣舍利"是什么？**

曾经主持法门寺地宫考古的韩伟教授认为："诸圣舍利"就是唐宋高僧大德的舍利。但黎毓馨有不同看法，"我在想诸圣舍利里面会不会有泗州大圣的舍利?"几年前,镇江的悟空寺塔地宫内就出土了泗州大圣的舍利。黎毓馨介绍,泗州大圣是唐朝初年西域何国人僧伽,他在佛教典籍中被视为观音菩萨的化身。僧伽在唐高宗龙朔元年(公元661年)到中国泗州临淮县(今江苏境内,原有泗州城)建起了普照王寺,传经布道。"镇江离南京很近,长干寺地宫内会不会有泗州舍利很难说。"

考古专家们对包裹阿育王塔的丝绸上面的字进行了细致的研究,发现丝绸上的发愿文写道:

"崇圣寺承天甘露戒坛院新戒僧思齐,今口遭逢演化大师口藏如来顶骨真身舍利之资,追荐亡考葛七郎、亡弟葛三郎、亡婆杨氏十娘,同承胜利之因,当超升之果,当愿思齐凤缘不断,万劫千生长为如来弟子,绍隆三宝,作大因缘。大中祥符四年岁次辛亥六月二十七日,新戒僧思齐题记。"

经查,郑和专门为大报恩寺手书了一卷《妙法莲华经》,经文全用金粉写成,长达40多米。但是经书刚刚写完,郑和就去世了,死前命人将经书献于寺中。后来,大报恩寺遭了大火,经书流失出去,辗转多年,流落到浙江平湖的报本寺中。

《妙法莲华经》是中国佛教史上有着深远影响的一部大乘经典,由于此经译文流畅、文字优美、譬喻生动、教义圆满,故读诵此经是中国佛教徒最为普遍的修持方法。《妙法莲华经》二十八品共八万余字。此经的内容在表面上看起来比较分散,因而使读诵者常常不知所云,对经文呈现的重要思想也无法深刻领会。其实《妙法莲华经》中的"妙法"指的是一乘法、不二法;"莲华"比喻"妙"在什么地方,第一是花果同时,第二是出淤泥而不染,第三是内敛不露。这部经是佛陀释迦牟尼晚年说教,宣讲的内容至高无上,明示不分贫富贵贱、人人皆可成佛。

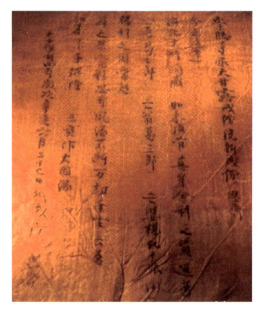

图6-8 地宫出土的墨书发愿文绸帕照

图6-9 鎏金银椁底座上顶面铭文拓片

·惊喜之六:千年"香料"为何不腐?

长干寺地宫中出土了大量的香料实物,出土量也是"史上第一"。这些香料中,有沉香、檀香、龙脑香、豆蔻、丁香等。同时出土了贮存和使用香料的器具,如盛香的香囊、玉碗,挑香的香匙、香箸,行香的香炉,以及装满香水的净瓶等。香料主要有两大类,一类是木本香料,另外一类是树脂香料。当考古人员开启千年铁函后,有一股不刺鼻的淡淡香味散出。这种香味有点接近檀香的味道。再当考古人员解开丝绸包后,果然发现丝绸内放置了香料。

长干寺地宫中出土的树脂香料均呈黄白色,大小不等。在环境中放置自然干燥脱水后呈粉末状。在显微镜下观察,可见表面有碎屑以及大量孔洞。通过采用红外光谱对树脂香料进行定性分析,树脂香料的红外光谱与灸乳香的红外光谱基本吻合。树脂香料的羟基特征谱带向低频方向移动,说明树脂香料的含水率较高,有更多的缔合羟基,可初步判断树脂香料主要成分为乳香或与乳香类似的天然树脂香料。

长干寺地宫内的"香料"为何千年不腐?据专家介绍说:地宫内的鎏金银椁被放置在离地面 6 米多深处,铁函为铸铁质,而铁函的含碳量为 2%～4%,是一种高碳铁合金,硬度和抗压强度很好,不易锈蚀。尤其是铁函侧壁与阿育王塔的间隙有 2 厘米左右,间隙内装满了积水,丝绸裹着的香料浸泡在积水中,香料之所以千年不腐蚀,全靠铁函内的积水护佑着。据检测,铁函内的积水 pH 值为 7.8 左右,属于中性偏碱。在弱碱性的水环境下,物料不会产生惰性反应。这对于保护物质制品,是一个理想的水环境。

图 6-10 长干寺地宫内出土的乳香料

乳香，主要产于埃塞俄比亚、索马里以及南阿拉伯半岛，为橄榄科植物卡氏乳香树、鲍达乳香树及野乳香树皮部渗出的或经刀割渗出的含有挥发油的有香味的树脂。乳香主要含大环二萜和五环三萜化合物。干燥后的树脂，多呈小型乳头状、泪滴状颗粒或不规则的小块，长0.5～3厘米，有时黏连成团块。淡黄色，常带轻微的绿色、蓝色或棕红色。半透明。表面有一层类白色粉尘，除去粉尘后，表面仍无光泽。质坚脆，断面蜡样，无光泽，亦有少数呈玻璃样光泽。气微芳香，味微苦。若放到嘴里嚼之，初破碎成小块，迅即软化成胶块，黏附牙齿，唾液成为乳状，并微有香辣感。遇热则变软，烧之微有香气（但不应有松香气），冒黑烟，并遗留黑色残渣。与少量水共研，能形成白色乳状液。以淡黄色、颗粒状、半透明、无砂石树皮杂质、粉末黏手、气芳香者为佳。乳香中含有一定金属元素，可能与埋藏环境有关。乳香即宋人所说的"塌香"。北宋沈括《梦溪笔谈》卷二十六记载："薰陆即乳香也，本名薰陆，以其滴下如乳头者，谓之乳头香，镕塌在地上者，谓之塌香。"乳香之优者，时称"拣香"，次曰"瓶乳"又次曰"瓶香"，"言收时贵重之置于瓶中"。

· 惊喜之七：千年罗衫织品为何不朽？

长干寺地宫中，除出土七宝阿育王塔外，还出土了大量的丝织品，有巾帕、袋囊、包袱布、织带、塔罩、女衣等77件。这些丝织品在深达6.75米的地宫内经历了千年，绝大多数保留完好，可以清晰辨认丝织品物上用墨书写的字。有些佛教信徒在丝织包袱布上写下了"发愿文"，"六合县太平坊弟子陈知厚施造长

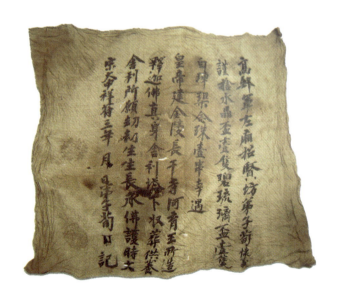

图6-11 长干寺地宫出土的宋代罗帕丝织品物及铭文

干寺三门，愿承三宝恩光，永延福寿，一家眷属，同意结缘"。还有一幅 60 厘米见方的刺绣绢帕中央绣有一首诗：

家在城南杜曲旁，两枝仙桂一枝芳。
禅师都未知名姓，始觉空门气味长。

这首诗应是唐代诗人杜牧的《赠终南兰若僧》，但杜牧的原诗第二句是"两枝仙桂一时芳"，将"时"字更改为"枝"字，更有一份幽静雅趣。

华夏先民在六千年前就开始栽桑养蚕、缫丝织绸，创造了丝绸罗帕品物，孕育了丰富的丝绸文化。殷商时期的甲骨文中就有桑、蚕、丝、帛等文字，到了六朝时期，随着生产力和社会经济形态发生巨大变化，蚕桑丝织得了飞跃发展，丝织技术达到了较高的水平。江南地区是我国重要的蚕桑丝织生产地之一。杜甫在他的《昔游》诗中说："吴门转粟帛，泛海凌蓬莱。"长干寺地宫中的丝织品物在千年风雨侵蚀中能够保存下来，主要是长干寺地宫铁函在瘗藏过程中形成了独特的饱水环境，将空气与细菌微生物隔绝，使得这些北宋时期的丝织珍品得以保存完好，这真是考古史上的奇迹。

·惊喜之八：塔刹绑着"照妖"铜镜？

考古人员在考古进程中有一个惊人的发现，就是在宝塔塔身上竟然有一面铜镜，还是用丝带绑在上面的。考古人员介绍，最初看到这面铜镜，像是插在塔刹上一样，担心有支撑作用，所以不敢轻易动它。后来仔细研究发现，原来是插在一侧，然后用丝织物将它绑在塔刹上。"以前从来没有见过这种形式的安放"，考古人员这样说。

古代用铜来做镜子。铜镜，与人们的日常生活有着密切关系，它是人们不可缺少的生活用具。商代初期就开始铸造铜镜，到了秦朝开始大量铸造铜镜，因为镜的使用优于鉴的方面很多，所以镜的使用更加广泛，制作也更加精美。镜的正面，光亮可以照人，反面铸造有各种纹饰和铭文，如兽纹、四神纹、花鸟纹、宝相花纹、十二生肖像纹等。镜的形状有圆形、长方形、正方形、菱形、葵花形、盾形、瓶形、钟形、桃子形等。镜上的铸纹和形状，充分显示了时代个性，是我国古代文化遗产中的瑰宝。

考古人员韩伟说，供奉佛祖圣物的地宫中出现铜镜很正常，但像这样绑在塔上的，他没见过。法门寺当时有两面铜镜是安装在藻井上的。"铜镜有避邪的作用，就像民间通俗说的照妖镜。"韩伟认为，说不定还不止这一面，有可能四面都有，然后捆到一起。

· 惊喜之九：还有哪些瘗埋物品？

在地宫发掘过程中，总共出土多达两万余件的各类珍贵文物。其中既包括明代建筑构件，尤其是大量精美的琉璃构件，以及各种质地的明清时期的佛教造像，也有种类丰富的各类供养器物，包括金、银、铜、铁、陶、瓷、玉、水晶、玻璃、玛瑙、丝绸等各种质地，有多达1.2万余枚的历代铜钱——从秦半两直至北宋真宗时期的祥符元宝，还包含不少特殊制作的非流通钱币，如龙凤纹花钱等。一枚景德元宝的背面，磨光后刻划了一幅佛手拈花图，刻划细微，精美异常。出土的100余幅宋代丝织品，是新中国成立以来北宋丝织品的一次集中出土。这些织物使用了提花、刺绣、印染、描金等多种织造和装饰工艺。在多幅丝织品上还有施主墨书题写的题记，内容丰富、墨色如新。在地宫中还出土有大量的宋代香料实物，有沉香、檀香、龙脑香等，以及贮存、使用香料的器具。

另有不少与宋代天禧寺相关的文物，包括带有天禧铭文的碗底、砖以及佛教造像等。这些发现为进一步探索大报恩寺前身诸寺院提供了重要线索，是中国考古史上最精彩、最神秘的一幕，让人们感受到佛都金陵的昔日盛景。

图 6-12 长干寺地宫内出土的葫芦形瓶装香料或药物

第三节 佛教"瘗藏圣物"是什么？

佛教中的圣物舍利子，印度语叫做驮都，也叫设利罗，中文又叫灵骨、身骨、遗身，是一个人往生，经过火葬后所留下的结晶体。佛教经典《浴佛功德经》中称："舍利"有"法颂舍利"和"身骨舍利"两种。"法颂舍利"指释迦牟尼所说的佛教经典；"身骨舍利"指佛教释迦牟尼佛圆寂火化后留下的遗骨和珠状宝石样生成物。

"佛顶骨舍利"是经过国家宗教局和中国佛教协会认定的中国佛教三大圣物之一，也是国家一级文物。《金光明经》卷四记载："是舍利者，乃无量六波罗蜜功德所熏……此舍利者，是戒定慧之所熏修，甚难可得，最上福田。"唐代僧人道世在《法苑珠林》卷四十"舍利篇·引征部"中解释说："舍利者，西域梵语，此云身骨。恐滥凡夫死人之骨故，存梵本之名。舍利有三种，一是骨舍利，其色白也；二是发舍利，其色黑也；三是肉色利，其色赤也。"佛祖舍利是佛教的圣物，在佛教界具有崇高而神圣的意义。

据传，2 500年前释迦牟尼涅槃，弟子们在火化他的遗体时，从灰烬中得到了一块头顶骨、两块肩胛骨、四颗牙齿、一节中指指骨舍利和84 000颗珠状真身舍利子。佛祖的这些遗留物被信众视为"圣物"，争相供奉。在穿越千年历史烟云的变迁中，绝大多数舍利散失、湮没、毁坏。1987年在法门寺的地宫中发现世界上唯一的佛指舍利。出土时，佛指舍利用五重宝函包装着，高40.3毫米，重16.2克，其色略黄，稍有裂纹和斑点。据史料记载，唐时，该舍利"长一寸二分，上齐下折，高下不等，三面俱平，一面稍高，中有隐痕，色白如雨稍青，细密而泽，髓穴方大，上下俱通"，与实物吻合，只是颜色受液体千年浸泡变得微黄了。舍利子的形状千变万化，有圆形、椭圆形、有的呈莲花形，有的呈佛或菩萨状。颜色有白、黑、绿、红等各种颜色。舍利子有的像珍珠，有的像玛瑙、水晶，有的透明，有的光亮照人，就像钻石一般。

佛经上说，舍利子是一个人透过戒、定、慧的修持，加上自己的大愿力所得来的，它十分稀有、宝贵。像佛陀涅槃后，所烧出的舍利就有一石六斗之多，在当时有八个国王争分佛陀舍利，每人各得一份舍利。他们将佛的舍利带回自己的国家，兴建宝塔，供百姓瞻仰、礼拜。另外，修行有成就的高僧及在家信徒，往生后也能得到舍利。如中国的六祖惠能，近代的弘一、印光、太虚、章嘉等大师们，他们都留下相当数量的舍利。舍利的种类，一般分有全身舍利、碎身舍利。全身舍

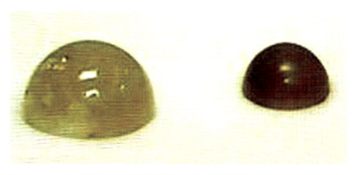

图 6-13　长干寺地宫发掘出阿育王塔内的舍利子圣物

利是肉身不腐，也叫肉身菩萨；碎身舍利，则是火葬后的遗骨。也有一些舍利是从天上、地下生出，或由油灯里生出，或由花朵生出的，还有一种是诚心供奉礼拜求得，由舍利之中再生出舍利的。

近代佛学大师印光（1861—1940 年）认为舍利"乃修行人戒、定、慧力所成，非练精、气、神所成。此殆心与道合，心与佛合者之表相耳。非特死而烧之，其身肉、骨、发变为舍利……当知舍利，乃道力所成。丹家不知所以，妄谓是精、气、神之所炼耳。"《宝悉地经》认为："则末法世中于南阎浮提。若有善男子善女人。得佛设利乃至一粒分散一分信受受持。当知是人是佛舍利真是佛子。"《大般涅槃经》中说："若见如来舍利，即是见佛。"可见，舍利子的形成与修行者生前的修行有密切关系。

舍利子被认为是大师精神学识、教导或领悟的具体表现，也被当做大师圆满的证据，因此在许多佛教教派中有重要意义。信众认为，舍利子是大师有意遗留给信众的，舍利子的外观、数量和色泽，反映了大师的精神境界。舍利子的出现年代不限于古代。1991 年 3 月，中国佛教协会常务理事、山西省佛教协会副会长、五台山佛教协会副会长通显法师圆寂火化后，得五色舍利子 11 000 颗。根据"净土宗"的文献记载，某些信徒火化后偶尔也能产生舍利子。

当代著名高僧印顺法师在《舍利子释疑》一文中写道："依于尊敬遗体——全尸或骨灰的道理，就是生前剃下的发，剪下的爪，还有牙齿，都是遗体——舍利而受到尊敬。所以佛教中，有发舍利、爪舍利、牙舍利及发塔、爪塔、牙塔等。遗体何以被尊敬？一般人对父母眷属的遗体，由于生前的有思有爱，所以或安葬全尸，或收拾骨灰——舍利敬藏在塔里。特别是对于父母、祖父母等，表示着爱敬'追远'的孝德。这点，中国与印度都是一样的。"佛舍利对于佛教徒来说，除了能够起到"慎终追远"的作用外，还是释迦牟尼佛法言教、佛法精髓的象征。

《金光明经》卷四记载:"佛言:'我本修行菩萨道时,我身舍利安止是塔。因由是身,令我早成阿耨多罗三藐三菩提。'尔时,佛告尊者阿难:'汝可开塔,取中舍利,示此大众。是舍利者,乃是无量六波罗蜜功德所熏。'尔时,阿难闻佛教敕,即往塔所,礼拜供养,开其塔户,见其塔中有七宝函,以手开函,见其舍利色妙红白,而白佛言:'世尊。是中舍利其色红白。'佛告阿难:'汝可持来。此是大士真身舍利。'尔时,阿难即举宝函,还至佛所,持以上佛。尔时,佛告一切大众:'汝等今可礼是舍利。此舍利者,是戒定慧之所熏修,甚难可得,最上福田。'"这种对佛舍利从"事相崇奉"到"表法崇奉"的转化,直接促进了佛教自身的发展。

目前,在我国已发现的佛舍利主要有八处:

- 1900年,北京招仙塔发现了佛牙舍利;
- 1900年,镇江甘露寺铁塔发现了舍利;
- 1981年,北京房山云居寺雷音洞发现了舍利;
- 1987年,陕西法门寺发现了佛指骨舍利;
- 1988年,辽宁朝阳北塔发现了佛血舍利;
- 1994年,山东汶上宝相寺太子灵踪塔发现了佛牙舍利;
- 2001年,杭州雷峰塔发现了佛螺髻舍利;
- 2008年,南京长干寺地宫出土的"七宝阿育王塔",内藏有"感应舍利十颗,并佛顶真骨、诸圣舍利,内用金棺,周以银椁,并七宝造成阿育王塔"。即舍利容器依次为漆函、银函和鎏金银函,这在中国乃至世界文化史上的意义是极为不寻常的。南京市政府主要领导说:"佛顶骨舍利是南京一笔厚重的难易估量的文化财富,也是南京独有的文化资源,一定会敬畏历史、敬畏文化、敬畏人之心,珍惜这笔伟大的文化财富,把它保护好、传承好,不断发扬光大。"

第四节 塔基下的"舍利子"何为圣物?

2008年11月22日下午,在海内外108位高僧大德见证下,中国佛教协会会长传印法师等从一套金棺银椁中恭请出佛顶骨舍利,供奉于两个特制的7层楠木刻金莲花须弥座上。从另一套金棺银椁中恭请出了十颗感应舍利以及诸圣舍利等。在场人都清楚地看到,迎请出的佛顶骨舍利浅褐色,呈蜂窝状。这是佛教界的一次惊世大发现,其文物价值不可估量。

佛顶骨舍利在南京市栖霞寺法堂举行为期一个月的供奉瞻礼活动,供信众瞻拜。南京大报恩寺塔遗址公园建设完工后,再将佛顶骨舍利迎请至琉璃塔内永久供奉,使长干寺地宫内佛顶骨舍利盛世重光。

大报恩寺塔所在的长干佛陀里,千年佛脉,延续不绝。据史料记载,东吴孙权时期,印度高僧康僧会在长干里寻找了佛祖舍利,孙权帮康僧会在长干里建造了阿育王塔,将舍利藏在塔下地宫之中,并在长干里建造了江南最早的寺庙——

图6-14 长干寺地宫出土的石碑《金陵长干寺真身塔藏舍利石函记》记载,地宫中共瘗藏三种舍利:感应舍利、佛顶真骨舍利和诸圣舍利

建初寺。"吴赤乌间,康僧会致舍利,吴大帝神其事,置建初寺及阿育王塔"。(葛寅亮《金陵梵刹志》)到了两晋时期,此寺逐渐兴盛,先后建起两座阿育王塔,尤其是东晋孝武帝宁康年间,高僧刘萨诃(慧达)在寺内发现佛祖真身舍利及佛祖发、爪(头发与指甲)等圣物,轰动南北。长干寺从此被佛教界广泛认可为中土 19 份真身舍利的瘗藏地之一。也就是说,在东吴印度高僧康僧会建寺之初,稍后所建的长干寺,也建有地宫存放佛宝舍利。到了公元 537 年,梁武帝下令对长干寺双塔进行改造,第二年九月改造完毕。梁武帝将舍利及爪、发等物分为两份,分别放入两塔地宫之中。据资料记载,舍利入藏之后,当天夜晚两塔顶部同时大放光明。"上(南朝梁武帝萧衍)修长干寺阿育王塔,出佛爪发舍利,辛卯,上幸寺,设无碍食,大赦。"(司马光《资治通鉴》第一百五十七卷)到了隋末,该寺塔毁于兵火。唐代末期长庆四年(公元 824 年),时任润州刺史的李德裕将梁武帝时期所建的长干寺阿育王塔地宫打开,从中发现了 21 枚舍利。他将其中的 11 枚迁往润州(今江苏省镇江市),在北固山甘露寺建塔供奉。也就是说,长干寺佛塔内还剩 10 枚舍利,一直封存地宫内,成为金陵长干里佛教复兴的基础。据地宫出土石碑的记载,现在这座地宫建于宋端拱元年(公元 988 年),金陵高僧可政在长干寺建白塔瘗之,兴建九级佛塔盛感舍利塔。地宫封闭以后,再未打开添加新的供奉物品,往后千年,再无人见过佛骨舍利真容。"宋端拱元年,僧可政往终南山,得唐三藏大遍玄奘大法师顶骨,为建塔归瘗于寺。"《景定建康志》卷四十六长干里的长干寺塔基下又增添了唐三藏玄奘大师的"舍利子"圣物并建塔。元至元二十五年(公元 1288 年),将天禧寺改为"元兴慈恩旌忠教寺",改塔名为"慈恩塔"。自宋至元时期,天禧寺一直是享有崇高地位的江南大刹,香火鼎盛。(葛寅亮《金陵梵刹志》)

下篇 大报恩寺塔薪火相传

第七章 牵系着几代人的塔"情"之梦

第八章 复建后的大报恩寺塔是啥样

第九章 千年寺塔留下的历史痕迹

第七章 牵系着几代人的塔"情"之梦

矗立在南京中华门内长干里长达四百多年的金陵大报恩寺与琉璃塔，被战火彻底毁灭之后，复建无人问津。被毁之后不久，在这块仍留存着塔基、石碑、琉璃碎片、柱础等地面遗存的遗址上建成了一大片兵器制造厂。这里慢慢地变成了集中居民区。复建前，弯弯曲曲的小街小巷，密集的居民区平房，热闹的农贸市场，已经见不到寺塔的踪影，只有在南京晨光机器厂的大门外立着的一块"三藏殿后街"路牌，见证了历史的沧桑。

但消失160多年的金陵大报恩寺与琉璃塔，永远走不出人们的记忆。从被毁灭的那时候起，众多的仁人志士就为重建金陵大报恩寺与琉璃塔奇观，倾心呼唤，四处化缘，奔走忙碌。新中国建立后，南京市人民政府、南京的有识之士，都在苦苦寻求重建的机遇，实现重建琉璃宝塔之梦想。这种愿望成为一代又一代南京人的共同愿望。随着中国经济发展脚步加快，加之政府和各界人士对历史古迹愈加重视，金陵大报恩寺迎来了重建的历史机遇，复建工作的步伐愈迈愈快，终于在2012年9月16日将这一梦想付之行动。如今，让我们回头看看前人将梦想付诸实现的艰难行动。

第一节 民国志士"塔情"未了

民国时期,曾历经多次劫难的金陵大报恩寺与琉璃塔,早已变成了一片瓦砾废墟,之后又建起了一座兵工厂及居民小区,仿佛又回到了400多年前明成祖朱棣面对天禧寺一片废墟的情景。但这座伟大的建筑在人类文化发展史上,给人们留下了永远无法抹去的印记。从有志之士到政府,从普通百姓到学者,从百岁老人到儿童,无不为它的劫难感到痛心和愤怒。人们把这种心情转变和升华到重建这座伟大的古寺塔上。不少志士为复建金陵大报恩寺与琉璃塔倾心呼唤,现场考察,四处化缘,为后人复建工作提供了真实可靠的详细资料。

1928年,有志之士、专家和学者们频频行动,想重塑这座古寺和琉璃塔。当时中央大学建筑系教授刘敦桢先生(1897—1968年,现代建筑学家、建筑史学家,中国科学院学部委员)采用田野调查的方法,到明代聚宝山琉璃窑址进行了详细的调查、勘查,撰写出较为详细的调查报告,提出了重建大报恩寺塔的设想,虽应者寥寥无几,但为重建金陵大报恩寺塔留下了宝贵翔实的资料。

20世纪三十年代,中央大学的张惠衣先生付出了几年心血(1927—1930年),对金陵大报恩寺与琉璃塔进行了历史性的研究和重建构思,他多次到遗址踏勘,多方搜集古籍102种,包括各种正史、稗史、文集、诗集、南京及其周边县市的地方志书,最后编撰成《金陵大报恩寺塔志》,全书共10卷,分10个部分,计有事业、梵宇、联额、碑记、寺僧、集文、集诗、杂缀、大事记和补遗等。计约10万字。

图 7-1 民国时期知名学者张惠衣先生年轻时的照片

这部力作颇受海内外学术界关注，很多国家的图书馆都有收藏，英国《大不列颠百科全书》中也有专门记录。该书叙述了大报恩寺与琉璃塔的历史沿革、建设规模、建造过程、琉璃塔高度、御碑的来历、日常管理等等情况，有根有据的数据和情景跃然纸上，为研究复建金陵大报恩寺与琉璃塔，提供了第一手翔实的资料。据张惠衣之子张彦能先生回忆，他父亲特别关注金陵报恩寺塔，他说："父亲一生中最重要的著作《金陵大报恩寺塔志》，就是在南京教书时期写成的。父亲以一个传统文人的责任感编撰塔志，以保国粹，为其后恢复重建留下了珍贵的历史人文和建筑资料。"

1935年前后，学者朱偰（1907—1968年，浙江海盐人，中国著名经济学家和历史学家，朱希祖之子。著有《金陵古迹名胜影集》《玄奘西游记》等）从德国留学回来，出任中央大学经济系教授、系主任。他利用业余时间，对南京的重要历史古迹进行了考证和拍摄工作，其中就对金陵大报恩寺与琉璃塔遗址进行了考证和拍摄，同时，向国民政府提出了重建构想。从他留下的珍贵照片中，我们可以直观地了解到大报恩寺当时的保存状况，看到遗址内残存的御碑、香水河桥、重修的三藏殿等建筑的模样，为后人复建工作提供了一批真实可靠的资料。但不幸的是，因日本侵华战争的爆发，山河破碎，民不聊生，国民政府（南京是中华民国首都）一直处在战乱频仍的极度动荡之中，忙于应付层出不穷的内忧外患，再加经济实力不够和响应者寥寥无几，无数有识之士渴望再现大报恩寺琉璃塔庄严梵宇之梦，终成泡影。

第二节　艰难的"寺塔"复建之路

新中国刚建立时，百废待举，当务之急是恢复生产，发展经济，哪有精力来谋划复建大报恩寺塔呢？但南京人的琉璃宝塔情结却挥之不去，越来越多的政府官员和百姓开始关心金陵大报恩寺重建工作，且随着时间的推移，复建成为南京市人民政府、遗址所在地的秦淮区人民政府和南京百姓共同追求之梦，成为念兹在兹的生命记忆。

1951年，南京博物院张正祥先生从雨花台长干村一带窑坑烧花盆的炭炉内壁用白泥涂抹的用料中，发现了在天界寺一带遗存的明代工部窑址及制作琉璃构件的泥土。1958年，南京市民在"大跃进"过程中，在距离大报恩寺遗址不远的窑岗村、眼香庙一带，发掘了大量色彩艳丽的琉璃斗拱、檩条、门额、飞马、鸱尾等构件，很多琉璃构件上浮雕着佛像、飞天、白象、飞马等精美图案。南京博物院的考古专家随即到窑岗村和眼香庙一带开展考古勘查和现场发掘工作，并发掘出多座明代烧制琉璃构件的窑址（现存于南京博物院的大量大报恩寺与琉璃塔的构件和复原的琉璃塔拱门大都来源于这次发掘），从而也收拾保护了一批琉璃构件的原件。

时间到了20世纪80年代，改革开放使国家的综合国力得到较大提高，尤其是南京地方经济的蓬勃发展，给复建大报恩寺塔带来了新的机遇，迎来了新的希望。在南京的一些专家学者多次呼吁要在原址重建金陵大报恩寺塔，再现这一世界闻名奇观，既为古城南京增色，也可发展旅游。1982年初，时任南京市市长张耀华先生为了弘扬南京古都文化风貌，郑重提出了复建金陵大报恩寺及琉璃塔的设想。1983年初，南京市秦淮区区委、区政府顺应民心，兴盛世之举，在开发秦淮风光带建设时，首次提出了"夫子庙秦淮风光带建设"及系列项目建设，其中就有复建大报恩寺塔项目的内容。

1984年起的几年中，南京市秦淮区人民政府每年在制定"经济和社会发展目标"重大建设项目时，都会把复建大报恩寺塔工程作为本年度重点项目之一，并纳入夫子庙秦淮风光带建设规划之中。但由于居民拆迁工作量大，建设资金有限，复建金陵大报恩寺与琉璃塔的工作一直处于调研、招商、论证、规划之中，直至到该项目开工。

1987年10月，秦淮区人民政府邀请有关专家，经过论证，制定了《复建金陵大报恩寺与琉璃塔建设规划》，经区人代会、政协会两会讨论后形成正式文本，正式成为秦淮区人民政府经济和社会发展的重大奋斗目标之一，并上报南京市人民政府和有关部门，复建大报恩寺塔真正有了实际行动。

1987年初，南京市文管会委托南京建筑工程学院汪永平等人，对重建金陵大报恩寺前期工作（收集国内外文件资料，对原址、窑工原址进行了普查、调研）做了大量的准备，并写出了《复（建）金陵大报恩寺和琉璃塔调查报告》，首次提出了大报恩寺与琉璃塔的复原方案，并制作了1∶200的平面设计建设模型。这些工作和成果，很快得到南京市政府有关部门及专家的高度关注，当年3月，南京市文管会和秦淮区政府组织专家学者为复建金陵大报恩寺与琉璃塔召开多次论证会。1992年3月，大报恩寺塔遗址被正式确定为南京市文物保护单位。

2001年7月20日，在大报恩寺遗址所在地的南京市秦淮区委、区政府主持下，市政府有关部门及专家再次召开了"复（重）建金陵大报恩寺及琉璃塔方案"讨论会，对现有条件下复建金陵大报恩寺的可行性进行了全面、认真的讨论。2002年4月1日，秦淮区政府正式委托南京考古学会，开展复建寺塔前期论证，并第一次通过了《复建金陵大报恩寺塔方案》，当时由于该项目总投资超过8.7亿元人民币，故启动工作缓慢地进行着。

2001年9月，南京召开世界华商大会，会上首次推出"复建金陵大报恩寺塔"这一重大项目的对外招商，从此，该项目年年在南京市重大项目洽谈会上推出，虽然有意前来洽谈的企业不少，但由于种种原因，一直没有能够把这个建设项目"嫁出去"。

2002年4月10日，南京市旅游局以宁旅局（2002）84号文，正式向南京市人民政府提交《关于复（重）建金陵大报恩寺塔选址等问题的情况报告》。该报告汇报了当年 3 月 15 日由市旅游局牵头，组织市计划、规划、文物、宗教等单位相关人员及专家 15 人，对复（重）金陵大报恩寺塔选址等问题进行论证的基本情况。在这报告中主要提出了三条意见：一是尽快启动金陵大报恩寺塔的复（重）建工作；二是应该在原址或原地复（重）建大报恩寺塔；三是要高起点、高品位复（重）建大报恩寺塔。报告特别强调，要坚持修（复建）旧如旧的原则，宝塔的规模、风格以及塔的柱、拱、门、基、各层内容、佛像内容和颜色等应保持原塔的特色风貌和文化脉缘，复（重）大报恩寺塔规划方案要在全市公示，广泛听取各方面意见。

2002 年初，秦淮区人民政府向南京市人民政府再次提交复建大报恩寺塔报告后，1 月 27 日，当时的南京市人民政府市长罗志军、副市长周学柏等领导到秦淮区政府就复建金陵大报恩寺及琉璃塔事宜现场办公；8 月 8 日，罗市长主持召开了市长办公会，专题研究大报恩寺遗址公园建设项目。紧接着，南京市政府办公厅下发了《市长办公会会议纪要》（南京市人民政府第 24 号文）。纪要确定：一是金陵大报恩寺塔遗址公园建设工程，经过前期调研、论证，已具备复建条件，应尽快启动。根据专家论证结果，原则同意原地重建。二是市政府成立金陵大报恩

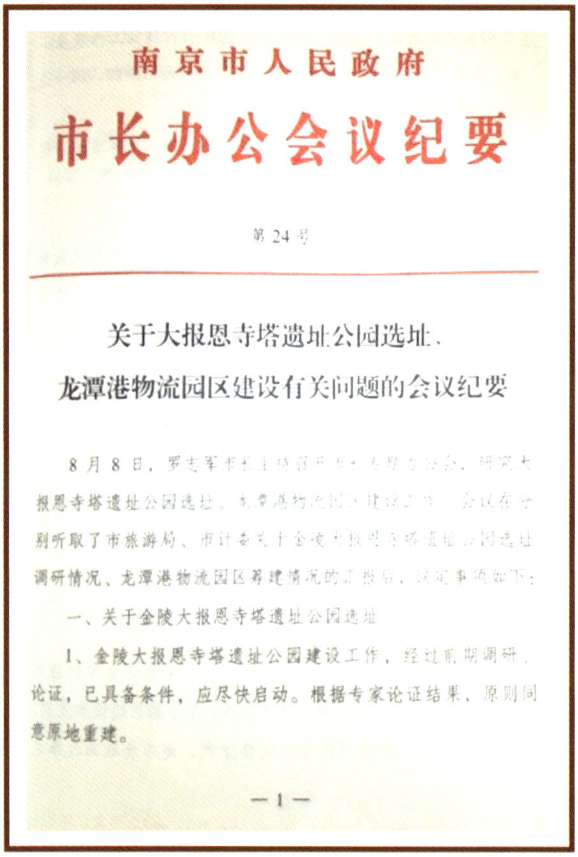
南京市人民政府

市长办公会议纪要

第 24 号

关于大报恩寺塔遗址公园选址、

龙潭港物流园区建设有关问题的会议纪要

8 月 8 日，罗志军市长主持召开市长办公会，研究大报恩寺塔遗址公园选址、龙潭港物流园区建设工作。会议分别听取了市旅游局、市计委关于金陵大报恩寺塔遗址公园选址调研情况、龙潭港物流园区筹建情况的汇报后，议定事项如下：

一、关于金陵大报恩寺塔遗址公园选址

1、金陵大报恩寺塔遗址公园建设工作，经过前期调研、论证，已具备条件，应尽快启动。根据专家论证结果，原则同意原地重建。

—1—

图 7–2　2002 年 8 月 8 日南京市政府市长办公会纪要

寺塔遗址公园建设工作领导小组（见附件二），由周学柏、蒋裕德同志牵头，市各有关部门参加（30个部门主要领导同志），统一协调、组织复建工作的相关事宜。三是该项目以旅游项目立项，以市场化方式整体运行。规划方案、建设时间、资金筹措等具体事宜，另行议定。会议虽决定在原址进行重建，但由于资金筹措、原址有大量百姓居住需要拆迁等问题，重建工作困难重重，一直无法启动。

2002年6月28日，市旅游局牵头，组织专家在秦淮区政府4楼会议室对《金陵大报恩寺琉璃塔暨遗址公园建设项目预可行性研究报告》再次进行可行性论证，参加会议的有市建委、规划、旅游、文物等部门的领导郭宏定、王汉屏、金卫东、杨新华，市规划局原副局长、市建委顾问总工叶菊华，市规划委员会副主任苏则民，江苏省社科院旅游研究中心主任徐惠蓉，市园林局总工程师李蕾，东南大学教授黄伟康、吴明伟、段进、郑云，南京林业大学教授徐大陆，南京大学教授刘道藩、张捷，秦淮区区长时呈忠、副区长黄佳及南京工程咨询公司负责人等，每位专家都作了书面发言。最后形成的意见为：一是赞成在原址复建金陵大报恩寺塔和遗址公园，要突出塔和遗址公园；二是此项可行性研究报告应当在建设规模、建设内容及效益分析等方面提出两到三个方案，以供市领导决策时选择；三是要进一步理清项目的建设时序，把环境整治放到分期的第一期实施；四是在建设时要突出精品意识，要将大报恩寺塔建成精品；五是建议此报告在修改时，要实事求是，正确分析优势和困难，并提出解决困难的办法；六是在报告中附上图纸；七是为了保证质量，大报恩寺塔的复建不宜和南京十运会挂钩。专家们特别强调大报恩寺塔是"中世纪世界七大奇观"之一，也是南京市最大的财富优势，是南京市明文化旅游的重要组成部分，大报恩寺塔在原址复建，与秦淮风光带相连，与雨花台相邻，可以形成南京城南历史文化名城的精神标高、亮丽名片。

2004年起，南京市政府开始将复建金陵大报恩寺与琉璃塔列入南京市政府全年"十大重点工程"目标之一，并将该项目正式定名为"南京大报恩寺塔遗址暨公园"。

2004年5月，南京市政府委托东南大学规划设计院首次拿出了两套精心设计的《金陵大报恩寺琉璃塔暨遗址公园规划设计方案》，并将这两套方案递交给国家文物局审批。"方案"经过反反复复，又进入了新一轮的讨论修改之中。漫长的论证准备工作延续了4年。2007年东南大学建设团队在2004年制定的两套方案基础上，重新进行论证和规划，同年，南京市规划局将此方案向社会公布，征求各界人士的意见。

2007年初，秦淮区人民政府以宁秦政字〔2007〕62号文向南京市人民政府提交《复建大报恩寺琉璃塔暨遗址园区和中华门西广场增拆项目先行发放拆迁许可证的请示》报告，南京市政府在3月份后，批准了秦淮区的拆迁项目工程任务。为此，秦淮区政府组织有关单位开始对该区域进行摸底、征地拆迁工作，并在现场开设了6个接待小组，现场办公，解决各种矛盾和困难。长期居住在这块遗

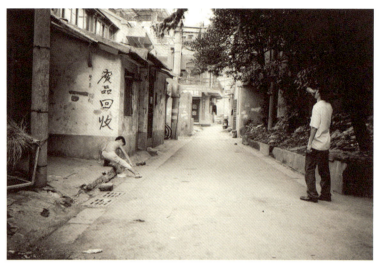

图 7-3　大报恩寺旧址拆迁前北宝塔山巷现场

址上的居民和企业单位，积极配合政府的拆迁工作，从而在当年年底就完成了拆迁任务。

　　2010 年初，南京市召开人代会和政协会，在论证南京大报恩寺及琉璃塔复建的会上出现了"原址复建""异地复建"两大观点：南京市佛教协会副会长、南京市政协委员、玄奘寺住持释传真等人提交的提案建议大报恩寺最好能够移址至牛首山风景区异地重建，雨花台区政府也正式向市政府申请移地建设的报告。他们提出三大理由反对大报恩寺原址复建，包括原址面积有限，算下来只有 5 亩左右大的地方，用来重建大报恩寺与报恩寺塔，不利于文化遗产保护，而且明代的选址就是因为"不得已"。而绝大多数的人大代表、政协委员和社会各界人士认为，中华门城长干桥长干里是金陵大报恩寺琉璃塔遗址，复建的金陵大报恩寺与琉璃塔居古长干里文化风水之巅，稳重而不失纤秀，玲珑而不失庄严，矗立古长干里高台，倒映外秦淮河水，与明城墙、中华门相守，和雨花台相望，是千百年来南京人的寄托和所望，故建议一定要在原址上复建。经过上上下下讨论和论证，最终决定在金陵大报恩寺琉璃塔遗址复建。这一重大决定，为传承南京历史佛教文脉，彰显历史文化名城特色，重树历史性宏伟建筑在中华门城长干桥内，具有丰富的文化内涵和持久的经济价值，具有不可估量的历史意义和现实意义。

　　中国佛教界有关佛主们也坚持在大报恩寺遗址基础上复建"南京大报恩寺遗址公园"项目。他们认为长干寺作为佛教圣地，与佛法僧三宝密切相关：第一宝，其遗址所在地，明代大报恩寺的地宫（沿用了宋代天禧寺的地宫），出土了佛祖释迦牟尼的真身佛顶骨舍利等诸多撼世文物，是佛祖的真脉；第二宝，大报恩寺遗址的三藏殿内发掘出了僧宝唐玄奘的顶骨舍利，是佛教界的盛事；第三宝，浩瀚如海共 6331 卷的传世名著《永乐南藏》等，其全套雕版曾长期藏于大报恩寺中，是佛教文化传承的延续。

长干佛脉，因缘殊荣。复建南京大报恩寺遗址公园，筹措资金是关键。据初步估算，该项目第一期工程需要投入资金高达15亿元人民币，其中征地拆迁费需要3亿人民币以上，筹集资金成了建设的关键。2010年11月9日，深受儒家文化熏陶、热心公益事业的大连万达集团股份有限公司董事长王健林闻知该项目缺乏资金，通过中华慈善总会向该项目捐款10亿元，用于大报恩寺遗址公园的建设。这是王健林个人最大的一笔捐款，也是中国慈善史上最大一笔个人捐款。

图7-4 王健林先生在大报恩寺建设项目捐赠仪式上

谈及捐赠的初衷时，王健林说，"我本人不是佛教信众，此次捐赠，并不是信众的布施，而是盛世之下弘扬中华传统文化、支持南京历史文化保护和传承、促进社会和谐的善举。"他认为，南京市委、市政府经过慎重决策，决定对遗址进行全面保护，通过在原址上建设大报恩寺塔遗址公园，保持遗址原真性，传承金陵大报恩寺及琉璃塔的报恩文化，而孝道文化、行善文化，这是中华文化的核心思想，使之传之后世、永续利用，这完全符合自己的捐赠意愿，具有非常重要的现实意义。

图7-5 大报恩寺遗址公园工程项目开工奠基仪式

2012年9月16日，南京大报恩寺遗址公园工程项目在原址举行开工奠基仪式。曾经被欧洲人称为"中世纪世界七大奇观"之一的金陵大报恩寺及琉璃宝塔，在消失了150年后，终于在原址上动工建设了，这是南京人民的期盼，也是佛教界的一件大事，多少年来，多少有识之士重建南京大报恩寺暨遗址公园的梦想终于实现了。

参加大报恩寺遗址公园工程项目开工奠基仪式的有江苏省政协主席张连珍，大连万达集团董事长王健林，南京市文化投资控股（集团）董事长兼总经理谢国庆、总工程师马世良等人。

图 7-6　复建南京大报恩寺遗址公园及琉璃塔效果图

    2012 年 9 月 17 日，由南京市文化投资控股（集团）有限公司、中冶置业集团有限公司、秦淮区人民政府、南京风光建设综合开发有限公司、南京市南部新城开发建设（集团）有限公司共同出资 6.1 亿元人民币，注册设立了"南京大明文化实业有限公司"，由其承担大报恩寺遗址公园及配套项目建设和运行管理工作。为了解决建设资金问题，公司经研究决定从多方面来拓宽筹资渠道：一是以国有资产投入带动社会资金积极参与；二是以市场运作的方式加以筹资，进一步向外招商。同时，南京市政府要求在 2014 年 8 月 22 日青奥会前所有复建工作均完工。但因多方面因素工程时间有些延长。

    2013 年初，南京大明文化实业有限公司在大报恩寺遗址公园开工前，依据南京市人民政府正式下文定名为"南京大报恩寺遗址公园"工程（宁发改投资字〔2008〕43 号），并根据立项批准文号（宁发改投资字〔2012〕1032 号）和市政府审批的"建设用地规划许可证""建设用地批准书""划立基地红线"等文件内容，开始委托有关招标机构对外发布招标信息。11 月 12 日，《金陵大报恩寺遗址公园及配套建设项目招标公告》对外发布。该工程项目规划面积约 165 599 平方米，工程分为南北两部分（南区为第二期工程）：北区以大报恩寺遗址的保护和展示为主体功能，占地面积约 91 664 平方米，地宫新塔建筑主体高度 94.557 米，博物馆建筑主体高度 13.7 米的幕墙工程（采用玻璃、耐候钢板等面材组合）工程所需资金计 502 544.32 万元人民币，采用资格预审方法，挑选优秀建设团队参加大报恩寺遗址公园及配套建筑项目。重建的大报恩寺遗址公园工程招商主要内容包括：

◇大报恩寺新塔建设（简称一号建筑）；
◇遗址博物馆建设（简称二号建筑）；
◇南京佛教文化博物馆建设；
◇佛教文化创意工坊（明清街区）等。

与此同时，在开工之前又对其他配套服务项目进行了公开招标：2013年5月2日，大报恩寺遗址公园及配套建设所需垂直客梯、货梯进行公开招标；2013年7月2日，大报恩寺（遗址公园）智能化系统工程采购及相关服务公开对外招标；2013年10月14日，对大报恩寺遗址公园及配套建设"高压、低压开关柜相关服务"发布招标信息。之后，又对大报恩寺遗址公园及配套建设项目工程进行了一系列公开招标，目的是挑选优质施工团队，确保工程质量，并创造特色建筑。

第三节 复建三套方案优选谁？

复建南京大报恩寺遗址公园的规划设计方案是建设的重中之重。历史上的金陵大报恩寺与琉璃塔原址范围，东至晨光集团，西至雨花路，南达雨花台，北抵秦淮河，方圆九里十三步，尤其是九级五彩琉璃宝塔，是南京最有特色的标志性建筑，被称为"天下第一塔""中国之大古董"，是"中世纪世界七大奇观"之一，在当时已享誉世界。复建南京大报恩寺与琉璃宝塔这一文化历史遗迹，再现世界级文化奇观，重树长干里佛脉，有利于提升南京市作为历史文化名城的文化品位和世界知名度。

复建大报恩寺塔设计曾有三套方案。

第一套方案：在2002年3月，由南京古都学会、秦淮区政府组织有关专家和学者，规划制定了《金陵大报恩寺塔重建方案》。该方案突出了再现世界级文化奇观、展示东方建筑艺术之瑰宝、凸现六朝以来古都历史文化之精华、带动南京旅游发展的点睛之笔、实施的可行性、重建规模和投资概算等内容，在4月18日、5月2日由秦淮区政府组织有关专家和学者进行了讨论，并到大报恩寺原址现场实地调研和进行前期工作的论证。

第二、三套方案：南京市政府、有关部门及广大老百姓，非常关注复建规划方案的确定，经过反复论证和推荐，南京市大明文化投资控股集团公司组织了以色列、意大利、美国、澳大利亚等国家的4家设计单位和东南大学建筑设计研究院、华东建筑设计院等参加了大报恩寺遗址公园规划设计国际竞赛。最终，东南大学建筑设计研究院的规划设计方案获得第一名，故由其作为项目总设计单位，结合国际竞赛各参赛单位方案中的优点，形成了新的《南京大报恩寺遗址公园规划方案》，简称"第二套方案"。

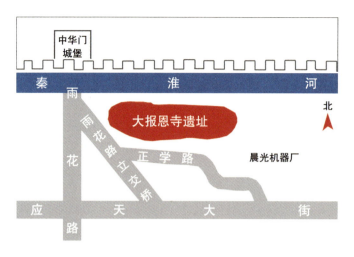

图 7-7 复建南京大报恩寺塔遗址公园地理位置

  这个团队由著名古建筑专家、东南大学潘谷西教授领衔,陈薇、朱光亚、诸葛净、李国华、赵林、石宏超、刘捷等教授为成员。他们吸纳了第一套方案的有关内容,到了 2004 年 5 月,拿出了精心设计的"第二套方案",这套方案一方面递交给国家文物局审批,另一方面由南京市规划局向社会公布,征求各界人士的意见。

  南京市规划局在城市规划展览馆(南京成贤街 118 号科技会堂 1 楼)对外公示《南京大报恩寺遗址公园规划方案》时,听取了各界人士的意见,得到全市市民的赞赏,得到南京市委、市政府的高度关注和支持,绝大多数政府官员和业内人士一致认为规划方案非常精彩,再现了 400 多年前金陵大报恩寺塔的风貌。

  "两套方案"向社会公示后,专家学者们对"方案一"与"方案二"进行了"利与弊"的分析论证。

  在"利"的方面有:一是可再现世界级的文化奇观。方案一、二重树"中世纪世界七大奇观"之一的世界之誉,将有利于提升南京市作为历史文化名城的文化品位和世界知名度。二是可展示东方建筑艺术与传统琉璃艺术的魅力。历史上的大报恩寺塔规模宏大、造型优美,特别是琉璃艺术更是体现了当时中国琉璃艺术的最高水平,今天如果能够精心设计、精心施工,将这一中国古代的建筑工艺精华展现在世人面前,是对中国民族建筑的一大贡献。三是可带动南京旅游业的快速发展。南京大报恩寺塔处于明城墙风光带、夫子庙秦淮河风光带、雨花台风景区的中心位置,复建后的大报恩寺塔可将这些景点紧密串连起来。四是可弘扬中华民族的传统美德。大报恩寺塔中有"报恩"的主题,复建宝塔,将推动以德治国的社会风尚建设。五是可满足老百姓希望重建琉璃宝塔的愿望。大报恩寺塔是南京历史上的骄傲,南京老百姓对其极有感情。根据社会调查,90% 的调查对象赞同复建大报恩寺塔。

在"弊"的方面有：一是确定用玻璃建造"宝塔"有造假古董之嫌。在某些特定的历史环境下是允许甚至是必须使用古典形式的，如镇江慧山寺塔、杭州雷峰塔都是经过批准的这类形式。但是，不少娱乐场所粗制滥造的仿古代建筑确实使游人对这类建筑日益反感。大报恩寺塔是各阶层人士期望值甚高的一个项目，而它周围的环境又远远不如"雷峰夕照"的山水环境，因此学术界越来越多的学者不赞成重建古代建筑。在南京名城会上，部分专家发言再次强调反对造假古董，大报恩寺塔建设虽采用先进的技术、创新的结构、现代的内部使用空间，但其外观仍然极容易被划定为假古董。二是可能造成对遗址的破坏和观赏遗址的视觉冲突。目前还未进行遗址的考古挖掘，因此遗址的位置、范围以及遗存情况还无法确定，现有的北宝塔根遗址是区级文保单位。考古挖掘后，遗址可能范围很大，遗存可能非常丰富和珍贵，因此可能被升级到市级、省级甚至国家级文保单位，那么遗址的保护和新塔的建设必然要受到文物保护法的约束。因为用地限制，新塔的位置离遗址不可能很远，其必然会对遗址公园造成一定的视觉冲击。可以比较的是新建的杭州雷峰塔。雷峰塔在2002年建成，成为杭州的一大盛事，它虽然还了众多人的心愿，但该塔的原真性受到了伤害，学术界对其的争论至今仍未平息。三是可能会对明城墙未来申报世界文化遗产造成负面影响。世界文化遗产的批准是根据国际通用的保护原则进行的，反对将文化遗产保护事业变成旅游产业，反对破坏遗产真实环境的行为。

随着方案的公示和遗址考古发掘情况的变化，对第二套方案的内容又进行了大量修改。据设计人员介绍，由于大报恩寺及琉璃塔遗址公园地域在高架桥边，东边是一大批居民拆迁户和企业拆迁，故大报恩寺遗址项目规划方案一直处于变化中。2007—2008年，南京市博物馆考古部（现为南京考古研究所）入驻期间，又发现了大报恩寺塔基和长干寺地宫，出土了"佛顶真骨""感应舍利"等佛教圣物。2009年，遗址区内又发现了大报恩寺的三藏殿遗址等（现复建为建初寺）。这些新的发现，再次改变了大报恩寺遗址项目的命运。最终在第二套方案的基础上又经过十几轮的修改，并根据2012年8月26日南京市人民政府《关于金陵大报恩寺遗址公园规划设计方案审批有关问题的会议纪要》中"一是原则上同意金陵大报恩寺遗址公园规划设计方案。二是地宫原址上的塔形保护性建筑虚拟影像的方案要试验效果。遗址保护建筑的风格要与明代寺庙建筑、明代建筑风格有机协调呼应……"的内容，在2013年11月，拿出了《南京大报恩寺遗址公园规划方案调整》（第三套方案）。

最终确定的第三套方案有以下特点：

方案设计的理念是保护文化遗产的原真性，保护和传承文化遗址的历史信息；将文化遗产整合在现代城市生活中，并使之焕发出新的活力；形成明城墙中华门城堡、秦淮河及大报恩寺新塔为一体的旅游景观带，显现历史文化名城南京城南

图 7-8 复建大报恩寺塔规划设计三套方案的样本照

的历史景象,使长干里传统佛教文化延续不断,形成南京城南新的景观地标。例如依据国家文物保护"最小干预、原真性与可识别的原则",即使原址复建新塔,也不能再做五彩琉璃塔,否则将会造成历史信息混乱。经过多轮专家论证及国际招标,最终决定在原地宫遗址上采用"轻质琉璃塔"形保护性建筑。该建筑采用四组钢管斜梁跨越遗址上空,地梁落脚点位于原来塔基遗址的外侧,既减少对遗址的扰动,又起到保护地宫的作用。为了传承历史记忆,将保护建筑做成了轻质的九层塔,其规模、形制、长细比与原琉璃塔近似,该塔定名为"大报恩寺塔"。

方案设计总原则是"二要":要尽量保护现在的考古成果,让每一位前来礼佛的人都能感受到古代历史;要看到原金陵大报恩寺塔原建设格局,比如说,可以把大报恩寺琉璃塔移到北面,靠近秦淮河,和现在的地宫形成南北对望之势。

方案设计主题是"三化":因该项目涉及古迹、宗教、文物、旅游等诸多方面的问题,最重要的是抓住原琉璃宝塔这一特色建筑,深入发掘报恩主题,打出"明代文化""佛教文化""报恩文化"三张牌,传承南京历史佛脉,彰显历史文化名城特色,再现南京大报恩寺琉璃塔遗址公园在中华门城长干里内的世界级文化奇观,再现长干里佛教文化。

方案设计特点是"三个着重":着重保护原大报恩寺塔及琉璃塔遗址;着重保护"寺塔区"古迹文化和历史遗迹;着重保护琉璃塔艺术之美,体现当代中国琉璃艺术的最高水平。如宋代地宫遗址采取了整体覆罩保护的工艺,将整个遗址用玻璃罩覆盖,既有利于游客近距离地欣赏,更有利于文物的保护。工程采用的是轻质材料，防止地基深挖对地宫造成影响，也避免了历史的混淆。

南京大报恩寺塔暨遗址公园方案为游人从秦淮河上一路观光而来，直接从秦淮河畔的入口进入遗址公园。其范围北临秦淮河，南抵正学路，西到雨花路，东至金陵机械制造厂房（1865产业园街区），整个园区项目占地115亩。一期项目用地75亩（其中庙市商业占地约24亩）。功能区由遗址公园区、大报恩寺区、大报恩寺庙宇区、庙市商业区组成。整个复建工程预计总投资达10亿元。资金来源采取政府出大头加之民间集资的办法。一期项目工程建设投资4.2亿元。其中塔、寺庙、遗址园区建设费用3.2亿元，庙市商业区建设费用1亿元。一期项目在商铺自营的条件下总投资8.7亿元，在商铺用地转让的条件下总投资7.7亿元（原第一方案内容）。

方案设计的特色是：遗址公园区新旧两条轴线垂直相交，自然形成寺庙、新琉璃塔、遗址三个区域，分别创造不同的气势和空间。各个区域空间布局疏密得当，可分可合，便于管理。传统的庙市格局更有利于展现历史上原有的繁华气氛。为表现"南京第一名刹"的气势，庙宇区的内容将包括庙前广场、牌坊、山门、钟鼓楼、香河桥、明代御碑、天王殿、左右配殿、大雄宝殿等部分。大报恩寺塔复建时，不但尺寸、形状、位置等仍照旧，还将采用原来工艺方法，确保五彩宝塔"原汁原味"的八角形体。

方案规划功能区是：南京大报恩寺塔暨遗址公园规划分四个功能区，即遗址公园区、大报恩寺塔区、大报恩寺庙宇区、庙宇商业区。四个功能区相对独立，建筑密度或疏或密，创造丰富的景观空间。

大报恩寺庙宇区：占地面积为21 680平方米，其中主殿1 690平方米，大殿高25.5米；附殿、藏经楼等共9 520平方米。该区包括庙前广场、牌坊、山门、钟鼓楼、香河桥、明代御碑、天王殿、左右配殿、大雄宝殿、廊庑、藏经楼等，庙北报恩阁院用来举行以大报恩寺为主题的各种活动。

庙市繁荣区：占地面积32 400平方米，其中地上商业20 200平方米、地下商业12 200平方米。管理办公2 100平方米、地下车库6 950平方米。庙市商业区南面为热闹的工艺品市场，沿河及北部为幽静高雅的休闲商业空间。

宝塔区：是整个项目规划设计的重点和关键。沿南北方向分别设置牌坊、塔前广场、水池、塔北观景跌落式平台等，平台顶端设梯级通往设在秦淮河边的游船码头。它们将塔区的轴线一直延伸到秦淮河，使塔与中华门、秦淮河贯通。该区建设总面积为13 150平方米，其中地上6 850平方米（含塔体3 700平方米）。

在规划设计宝塔方案时，经过几轮论证并征求和吸纳各方面意见后，在2011年年底，最后确定了宝塔的位置。现复建的南京大报恩寺将"轻质保护塔"北移几十米进行建设，避开了地宫，不破坏原金陵大报恩寺的格局。

修改调整后的第三套方案在规划设计的理念、规划范围、区域功能、建设特色、总体风格及宝塔的形体、高度上等都和第一套方案相同，但主要考虑"明代大报

图 7-9 复建施工中的大报恩寺塔雏形

恩寺与三座民国建筑都是南京历史上的建筑遗迹,北区作为明代大报恩寺的主轴院落,是遗址价值展现的核心。为了更好地表达明代遗址的历史格局,同时也整体保护三座民国建筑,将三座民国建筑整体迁移到南区。这样,在商业街、塔院、寺庙区及商业休闲区等上与第一套方案有所不同,而采用第二套方案的将寺庙区的底层与沿河风光带结合,布置成商业休闲设施,整个寺庙建在它的上面一层,复建塔的塔基高度也相应抬高。确定后的第三套方案,其基本原则是要充分体现南京大报恩寺塔的"原汁原味"。

第四节　复建后塔有多高？

金陵大报恩寺塔以其自身之精美，反映了明代文化、科技、教育、宗教等的发展盛况，显示了明代在建筑、陶瓷、制造等领域的世界领先水平。规划设计中"塔形""塔高""塔材"是复建中的重中之重。

规划设计人员首先确定了金陵大报恩寺塔的结构形式属于南方典型的八角形楼阁式塔，外角八面，内旋四方，塔门是四实四虚的错角结构，和杭州的雷峰塔、苏州的罗汉院双塔及湖州的飞英塔等同属一种结构类型，无论是规模、形制还是长细比都与原塔近似，秉承了佛宗，遵循了古法。以古法琉璃构造金陵大报恩寺塔身，以现代玻璃装饰塔内部空间，构筑了全国唯一的彩色玻璃奇观。建成后的南京大报恩寺塔分9层，游客站在最顶层可一览南京全城、外秦淮河及中华门城堡风景全貌。为了提供防火及安全疏散的基本保障，新建的大报恩寺塔设有两部电梯和一个楼梯。为了使宝塔的复建达到"原汁原味"，设计者汪永平先生对当年烧制琉璃构件的古窑址进行了调查，最后在景德镇博物馆找到了琉璃宝塔外壁的L形瓷砖。此外，他还到山西进行了三个多月的调查，在太原马庄找到了江南自明代以后便失传的琉璃烧造工艺。

规划设计开始时对五彩宝塔的高度有三种意见：第一种意见为78米（按原塔历史记载的高度复建），第二种意见为105.44米，第三种意见为92.68米。最后专家们经过从雨花台纪念碑前平台处看、从中华门北面广场处看、从大报恩寺入口广场处看、从秦淮河上的长干桥上看、从塔南广场处看的综合视觉感受分析比较，认可塔的高度定在92.68～108米最宜。最后确定，复建后的塔身高度为108米，比原塔78米"长高了"30多米。

为什么比原塔"长高"30多米这是一直备受关注的问题。设计专家解释说，"塔长高"听取了社会专家和各方面意见。大多数人认为，现在的南京城"长高"了，原金陵大报恩寺琉璃塔曾是南京的地标，是"永乐之大窑器，中国之大古董"，很有气势，可那时的大报恩寺周围都是低矮建筑，故其能高高屹立，而现在的南京城高楼耸立，周围环境物已很高，若再按原塔高度复建，就显示不出新琉璃塔的气势了。经过多方面讨论和论证，到了2008年4月，专家最后提交的复建方案上，塔身高度确定为是108米。"400多年过去了，南京老城南的建筑都在'长个子'，

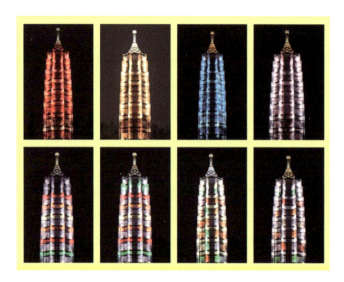

图 7-10　明代大报恩寺琉璃塔绘制图　　图 7-11　复建后大报恩寺塔灯光效果图

大报恩寺塔被加高了 30 米。"设计专家们这样说，而这个新"身高"在中国传统文化中意味着"阳"，也是吉祥的寓意。

那五彩琉璃宝塔又为什么在规划设计中用宝塔代替呢？

这个问题东南大学建筑设计研究院副总设计师马晓东介绍说："2008 年，大报恩寺遗址公园内发现了千年地宫，这让塔的设计有所变化。"如果复建琉璃塔，荷载比较重，要开挖至少 3 层以上的地基，会造成原地基文物破坏。按照文物可识别的原则，如果复建原五彩琉璃就不容易识别。而且从今天人们的审美观点来看，当年大报恩寺塔用琉璃是创新，今天也应该创新而建，采用先进的钢结构和超白玻璃等轻质材料，既减少对遗址的扰动，又起到保护地宫的作用。"

可以这样说，复建的南京大报恩寺琉璃塔高度的确定，经过了南京市政府、有关部门、专家和百姓群众反复论证和推荐，最后决定采用塔高 108 米，融文化、历史、宗教、旅游、商业等诸多因素于一身，满足了千万南京人的心愿。

第五节 永远消失的"古地名"有多少？

2007年新年伊始，"复建南京大报恩寺琉璃塔遗址公园"项目工程得到了南京市人民政府的立项批准宁发改投资字（201271032号），并拿到了"建设用地规划许可证""建设用地批准书""划立基地红线"等文件。摆在秦淮区政府面前最关键和最头等的大事，就是怎样组织居民异地安置和企业拆迁搬家。3月初，秦淮区人民政府以宁秦政字〔2007〕62号文，向南京市人民政府提交《复建大报恩寺琉璃塔暨遗址园区和中华门西广场增拆项目先行发放拆迁许可证的请示》，很快这个文件得到南京市人民政府拆迁项目部的批准。秦淮区政府接受这个艰难的拆迁项目工程任务后，很快组织政府有关部门并委托南京秦淮风光开发公司开始对该区域进行摸底、征地拆迁工作。

大报恩寺遗址公园红线范围很大，北与古秦淮河相依，南靠雨花台，东连南京1865文化街区，西连雨花路，总占地面积260.5亩，总建筑面积15万平方米，需要拆迁的区域有宝塔山、宝塔顶、北宝塔山、南宝塔山、南山门、北山门、北山门后、宝塔山十一巷、宝塔山四巷、宝塔山三十八巷、宝塔山六十六巷、锅底牢、西天寺、三藏殿后街、仁和巷、正学路、扫帚巷等街巷范围。这里的这些街巷地名都有它的历史原故，蕴含了历史年轮的记忆，记录着当时风风雨雨留下的故事：在明成祖朱棣建成金陵大报恩寺及琉璃塔后，明代就产生了南山门、北山门、西天寺、锅底牢等地名；到了晚清咸丰年间，大报恩寺寺毁塔倒，这里成了一片废墟，百姓们在这里开始建房居住，便产生了宝塔山、宝塔顶、宝塔山三十八巷、宝塔山六十六巷、大思古巷、小思古巷、扫帚巷等地名；在新中国成立后，城里部分居民南移到这里建房居住，同时，外来人员进城也到这里居住，街巷弯弯曲曲，民房拥挤，由此便产生了宝塔山四巷、宝塔山三巷、宝塔山十一巷、宝塔山三十八巷、三藏殿后街、仁和巷、晨光路等巷名。随着大报恩寺遗址公园建设的展开，大批镌刻在历史记忆中的古老街巷地名便因拆迁而永远消失了。

据南京秦淮风光开发公司统计，征地拆迁前，在大报恩寺遗址范围内，要拆迁面积达9~10万平方米，拥挤的拆迁户有1 400多户，60多家大小企业要拆迁搬家。更为艰难的是，东起养虎巷、西至雨花路，沿秦淮河长达506米，有160多个个体经营户的扫帚巷临时农贸市场也要拆迁搬家，同时拆迁工作要在年底之前完成。据当时有关拆迁人员反映，拆迁工作有四大特点和难点：拆

图 7-12　大报恩寺遗址范围内被拆迁前的大思古巷

迁量大、补偿费用高（该地区按当时拆迁补偿费用为平均每平方米 4 000～5 000 元，总计高达 3.76 亿元）、情况复杂、矛盾很多等。秦淮区政府组织有关部门在现场设了六个接待小组，现场办公解决各种矛盾和困难。拆迁工作人员把政府有关补偿政策、奖励政策规定张贴在大街小巷，还在街巷里张贴了"建设美好南京，建设历史文化名城，建设美好秦淮""为了秦淮更魅力，需要你我共同参与""一把尺子量到底，公开、公平、公正"等等大量标语。经过细致耐心的工作，促使多年长居的居民和拆迁企业单位积极配合政府的拆迁工作，从而在当年年底就完成了拆迁搬家任务，为早日建设大报恩寺遗址公园打下了良好基础。

第八章 复建后的大报恩寺塔是啥样

斗转星移，岁月如梭，无数的一瞬间成就了历史。

时间到了2015年12月16日上午8点30分，南京人盼望已久的大喜日子来了，已经消失了100多年的南京大报恩寺塔遗址公园建成了！开园了！时维初冬，斗指东南，微风八弦，桐叶金黄。当你信步走过雄伟的中华门城堡，再经过古长干桥、雨花路，便到了南京大报恩寺遗址公园的西大门。

曾名扬天下的金陵大报恩寺与五彩琉璃塔，从公元1853年在太平军的炮声中轰然倒下，再到1982年有人提出复建大报恩寺塔，在这120多年间，有多少有志之士为复建这座宝塔而坚持不懈地奔波着、忙碌着；从2007年初正式开工建设，到2016年12月底正式对外开园，又整整花了十多年的时间。金陵大报恩寺与琉璃塔遗址公园，走出了历史封存的记忆，重获新生，再次成为弘扬南京优秀传统文化、展示东方建筑艺术之精华、增强南京历史文化名城的象征，成为南京历史文化名城的精神标高，让人们在历史传承和文化积淀中品味她撼动人心的魅力。

南京大报恩寺遗址公园"原汁原味"地按照明代金陵大报恩寺塔的原貌复建。大报恩寺遗址公园大门坐西朝东，整个场馆区以新建的大报恩寺塔为中心点，复建后四方碑亭、僧房、禅堂、藏经殿、山门、佛殿、琉璃塔等古迹得到保护性"重获新生"。场馆用茶黑色的玻璃幕墙围合成一个宽大厚重的长方形空间，给人们

图 8-1　南京大报恩寺遗址公园大门前巨幅石碑

一种高雅、宁静的佛教圣地的感觉；朝西的大门左侧外，有一整块长达约 6 米的花岗岩做成的卧巨石碑，正面写着"大报恩圣地"五个鎏金行书大字，其出自南京著名女书法家孙晓云女士之手；卧碑的背面是《金陵大报恩寺遗址公园碑记》，碑记的全文如下：

　　金陵为十朝帝王之都，江南佛教始基之地。东吴赤乌十年（247），西域康国沙门僧会于长干里筑"建初寺"，并造阿育王塔，是为江南佛寺之祖；东晋之后，改名长干寺，六朝诸帝多幸焉。北宋大中祥符四年（1011），僧可政得宋真宗恩准，于长干寺建塔，瘗藏佛顶真骨舍利。天禧元年（1017）寺改名天禧，塔改名圣感，元至元二十五年（1288）诏改寺名为元兴慈恩旌忠教寺，改塔名为慈恩塔。永乐十年（1412），明成祖朱棣为报父母罔极之恩，敕令新建大报恩寺，规模宏状，世罕其比，历时二十年而成。成祖亲题寺额，又造九级浮屠，高耸入云，五彩琉璃，熠熠生辉，中外游客到此，莫不顶礼之赞欢。西人称其为"中国瓷塔"，列为当时世界七大奇迹之一。咸丰六年（1856），太平天国天京事变，寺塔并毁，历百五十余年，此却难复，令人浩劫。

　　2010 年 6 月 12 日，佛祖真身舍利子于长干寺地宫出土，千年瘗藏，一旦重光，固佛法之祐谵，实盛世之祥微。南京市委市政府顺应民意，修建大报恩寺遗址公园，保护遗址，光大传统，昔日丘墟，今代华堂，驰目游观，民心欣炸。大连万达集团王健林董事长乐善好施，热心公益，慷慨捐资十亿元，以弘扬古都文化，续写名城因缘，传承历史记忆，促进社会和谐，利民义举，善莫大焉。因立碑镌记，铭其功德，垂示方来，铭曰：

图 8-2 2015 年 12 月 16 日大报恩寺遗址公园开园

暮鼓晨钟，长干古里；云集龙翔，国运崛起。
胜迹重光，顺民终始；禅慧攸居，千秋万纪。

二〇一五年十月

碑记字形笔意潇洒，遒劲厚实，自然错落，笔致生动变化，技法尊古韵畅，全然没有一般碑版文字板滞的感觉。该碑记记载了金陵大报恩寺遗址公园的前世今生。

大门入口处，设计典雅大气，有金陵刻经处的旧景，并铭刻有已故中国佛教协会会长赵朴初先生所书写的"大报恩寺遗址景区"八个大字。进入大门后，整体景区的九大景观即展示你的眼前：千年佛光、遗址奇观、舍利地宫、大报恩寺塔、圣迹博览、实景演出、江南首寺、报恩讲坛等，大报恩寺塔遗址公园按照原遗址中轴线由西往东延伸，主要建筑分为，香水河桥、香水河河道、中轴线主干道、天王殿、大殿、塔基、观音殿、法堂、御碑亭基址、琉璃宝塔等。按照规划，南区建设有遗址博物馆、中国佛教文化博物馆、汉文大藏经博物馆、中国佛教建筑博物馆、报恩新塔、建初寺、旅游配套服务设施等建筑物。

第一节 举行迎请感应舍利盛典

穿越千年时光,当年北宋可政大师瘗埋佛顶骨舍利的长干寺地宫,在轻质塔形保护建筑的护佑之下,重新展现在世人的面前。

2015年12月16日上午7点20分,感应舍利迎请法会在栖霞寺举行。来自国内外的高僧大德、护法居士、社会精英、义工善信千余人参加。礼拜感应舍利,感受佛陀魅力,因缘殊胜,法喜充满。他们中有中国佛教协会咨议委员会副主席、江苏省佛教协会副会长、常州市佛教协会会长、天宁禅寺方丈松纯长老,中国佛教协会咨议委员会副主席、江苏佛教协会名誉会长无相长老,澳门佛教总会理事长健钊长老,中国佛教协会副会长、上海市佛教协会会长觉醒法师,中国佛教协会副会长、江苏省佛教协会会长心澄法师,江苏省佛教协会副会长兼秘书长秋爽法师,南京大学教授、香港宝莲寺秘书长净因法师,日本临济宗妙心寺派灵云院住持则竹秀南,中国佛教协会理事、江苏省佛教协会副会长能修法师,江苏省佛教协会副会长、南京市佛教协会副会长兼秘书长莲华法师、江苏省佛教协会副会长普仁法师,中国佛教协会理事兼文化艺术委员会委员、江苏省佛教协会副会长果光法师、江苏省佛教协会副会长、南通市佛教协会会长俊才法师,江苏省佛教协会副会长昌鉴法师,江苏省佛教协会副会长大初法师,江苏省佛教协会副会长、无锡市佛教协会会长能开法师等高。

9时30分,南京大报恩寺塔迎请释迦牟尼舍利供奉千年地宫大典拉开帷幕。安奉仪式按佛教仪轨进行,大初法师宣安奉法语,众法师口诵佛号,托举舍利走上供奉台,恭敬地将舍利放入水晶塔中。中国佛教协会副会长、上海佛教协会会长觉醒法师,中国佛教协会副会长、江苏省佛教协会会长心澄法师,澳门佛教总

图8-3 数十位高僧大德为佛祖真身舍利在栖霞寺迁移安奉祈福

图8-4 数十位高僧大德在大报恩寺地宫举行感应舍利供奉盛典

图 8-5　高僧迎送佛祖真身舍利到复建后的大报恩寺

会会长健钊长老，日本临济宗妙心寺派灵云院住持则竹秀南长老，中国佛教协会咨议委员会副主席、江苏省佛协名誉会长松纯长老，江苏佛协名誉会长无相长老等十几位大德法师共同拈香主法，手持杨枝净水，口诵佛号法语，祈愿善信弟子亲近佛法，现场信众福慧增长，十方有情沐佛慈光。场面庄严殊胜，法喜充满。

9 点 38 分，感应舍利迎请移至中华门外南京大报恩寺塔公园地宫处。10 点 18 分，南京市市委、市政府和有关部门为"弘扬报恩文化，传承中华文明，传承千年佛脉，博览佛教艺术"举行"感应舍利供奉法会暨大报恩寺遗址公园开园盛典"。参加这次开园盛典的有国家旅游局规划财务司司长彭德成，大连万达集团董事长王健林，中共江苏省委常委、南京市委书记黄莉新，南京市人民政府市长，中共南京市委副书记龙翔，上海 WE 国际设计机构执行董事覃鹏先生等。山水盛典文化产业有限公司董事长梅帅元先生，应邀出席开园仪式。

第二节　复建后大报恩寺塔亮点多多

一座雄伟壮观的中华门明城墙，镌刻了古都南京的沧桑；一条碧水长流的秦淮河，流淌着南京人的情怀，见证了两岸商贸和住居的繁荣及所发生的故事。

南京大报恩寺塔遗址公园被国家文物专家誉为"规格最高、规模最大、保存最完整"的中国古代寺庙遗址，2011 年被评为"中国十大考古新发现"。整个大报恩寺及宝塔遗址公园占地面积约 200 亩，寺门坐东向西，规模宏大。整个园区建筑分为南北两大部分：寺庙主体部分（山门、佛殿、琉璃塔等）居北半部，附属部分（僧房、禅堂、藏经殿等）居南半部，南北两部分之间由围墙隔开。在大报恩寺遗址公园核心园区内，保护性展示了大报恩寺遗址中的千年地宫和珍贵画廊，以及从地宫中出土的石函、铁函、七宝阿育王塔、金棺银椁等国家级文物。在遗址外侧为了展示遗址和出土文物，弘扬南京佛教文化，新建了大报恩寺遗址博物馆，共分为三个展区，区区都是引人入胜的精品。

第一展区（遗址展区）：主要展示大报恩寺的发展历程、寺庙遗址、画廊遗址及地宫出土文物，分别呈现有石破天惊、千年对望、前世今生、水工遗址和义井、出土文物（石函、铁函、阿育王塔）等；大报恩寺大型沙盘模型石函的后方，陈列的是一些从石函内出土的文物、铁函及国宝级文物七宝鎏金阿育王塔（为目前中国境内出土的体积最大、工艺最复杂、制作最精美的阿育王塔，堪称"塔王"）。寺中的画廊也是一大特色，不同于其他寺庙的一个个小院落，大报恩寺中的院落复原了明朝皇家寺院的大格局模式，由画廊围绕。南边是复原的净深8米、两边都可以走的复廊，中间是讲述佛教故事的画壁，北边的画廊依据考古发现保留了原来的真实样貌。而大报恩寺塔的创新设计体现了时代性和佛教特点。馆内游览后从侧门出来到博物馆内庭的塔前广场，其中间便是大报恩寺塔。从南门进塔先看安放七宝阿育王塔、安奉感应舍利的舍利地宫。随后乘坐电梯从二层至九层进入云中佛殿，来到塔的最高处的平台，纵览江南烟雨、南京风物。新塔九层至屋顶攒尖有20米的通高空间，屋顶透明，云中佛殿悬浮于九层环廊之上，形成凌空的礼佛空间，光明大放，心清气爽。眺望南京城区，高楼耸云，群楼林立，又有一片片绿洲星星点点点缀在这块古老的金陵大地上，滚滚而下的长江水，像一条巨龙在南京城区穿过，千年流淌，百兴情怀。到了晚上这里可完全就是另一幅景象，高耸云霄的宝塔利用智能控制LED灯及远射投影，不断变幻红、蓝、黄、绿、青、橙、紫七种颜色，再现梦幻般的寺塔佛光，让你进入到七彩缤纷的世界。明代曾有记载说大报恩寺琉璃塔灯火"壮丽甲天下"。如今，更是虹光异彩，光芒四射，美不胜收。

第二展区（文化展区）：重点凸显南京佛教在中国佛教乃至世界佛教的殊胜地位，主要呈现诸宗祖庭、南朝四百八十寺、佛教东传中心、舍利佛光等。舍利佛光暗合舍利七次放光的记载，展厅内会不定时幻化七色光芒，你可以在心中悄悄发愿，感受佛光的照浴，感应你想报恩的心愿，而虹化异彩。

第三展区（藏经展区）：主要展示浩瀚的佛教经藏文化，展陈刻藏大业、明代大藏经、佛法东渐及金陵刻经的经板经藏等。展区四周是经架，三藏经律论、圣典十二部，彰显出南京作为古代全国印经中心的恢弘气度。多组沙岩浮雕展现集经、取经、传经的历史，一段视频影像让人直观感受和体验取经之路。在金陵刻经处悬挂着呈现传统佛经刻板文化之精髓的刻经板，顶面、壁面上是《洪武南藏》等经文。一侧陈列的是为金陵佛教源起及复兴做出贡献的人的艺术铜雕像。

复建后的南京大报恩寺遗址公园亮点多多。

亮点之一：保留和沿用了600年前寺院的中轴线。

从中华门城堡向南行走，过了长干桥，到雨花路，大报恩寺遗址公园的大门坐东朝西，主轴线与街道相垂直，平面布局可分为南北两部分，北面是佛寺和七彩缤纷的宝塔。进入大门后，可见到一左一右两个正方形碑亭。碑亭中间高高耸立着当年明帝朱棣、朱瞻基御制的两座"大报恩寺碑"，受到保护的"御碑"已经"入住"到正方形碑内。两座碑亭的正中间是香水河桥和香水河，这是大报恩寺遗址公园的起点，也是600多年前大报恩寺的入口处。入口处后由一块块青石板铺路，旧的香水河桥是目前中轴线上的第一座建筑。这座单跨石拱桥早已没有了桥栏，只剩下桥面上斑驳的痕迹。桥的两端连接着御道。在香水河桥和天王殿之间，沿着中轴线，发现了以长方形青石板铺砌的主干道，路面宽255厘米，残长23.75米，厚16～20厘米。

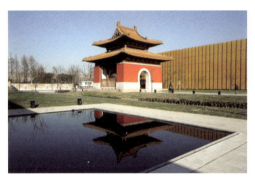 

图8-6　南京大报恩寺塔大门前左右两个正方形御碑亭

据张惠衣《金陵大报恩寺塔志》与祁海宁、龚巨平《南京大报恩寺史话》等书记载：宣德三年（公元1428年），最终落成的大报恩寺及琉璃塔，占地面积达400多亩，大大超过了以前天禧寺的规模。其地南至雨花台，北抵秦淮河，东至明代虢国公俞通海墓园，西至聚宝街（今雨花路），四周总长号称"九里十三步"。大报恩寺与其他寺庙不同，是坐西朝东，正门开在西侧的聚宝街。传说寺门朝西表达礼佛西天的愿望。大报恩寺的建筑布局总体上可分为南北两大部分。寺庙中最重要的佛教性建筑分布在北区，南区是寺院配套的附属建筑。北区的建筑排列有序。中轴线依次设置山门——香水河桥——天王殿——正殿——琉璃塔——观音殿——法堂等核心建筑，在中轴线两侧还设置了御碑亭、钟楼、祖师殿、伽蓝殿、油库等建筑。大报恩寺的山门建成殿堂拱形门式，寓意为"三解脱门"：空门、无相门、无作门。人们从此中走过，意味着脱离凡尘，进入清净明澈的境界。山门正中高悬一匾，上书"大报恩寺"四字。进入山门，首先要经过一条用石砌筑河岸的香水河，其上建有一座小巧精致的拱桥，它长4.5米，宽2.5米，取名为香水河桥；在山门和香水河桥之间左右两侧建有长方形的御碑亭。亭内各有一座高为 9 米的巨型石碑，皆有巨大的石赑屃承载。左侧的御碑是明成祖朱棣于永乐二十二年（公元 1424 年）三月亲自撰写碑文所立；右侧的御碑是宣德三年（公元 1428 年）大报恩寺建成之时宣宗朱瞻基所立。走过香水河桥之后，就来到了寺内第一座重要的建筑天王殿佛殿……

600 多年前，来礼佛的信众，从香水河桥过去，一直向东，经过天王殿、大殿，来到大报恩寺琉璃塔，然后就能看到观音殿。他们从香水河桥走过，仿佛用香水来沐浴于自己的身体，脱离凡尘，进入清净明澈的境界，做一个堂堂正正的人。

复建的南京大报恩寺塔遗址公园，沿用了 600 年前的中轴线，且现在这条中轴线依旧明确、原汁原味地保留在复建的大报恩寺遗址公园内，不过，原来的天王殿、大殿、观音殿只剩下了建筑用的石柱础罢了。沿着这中轴线从西向东至今仍保留着一条非常宽的青石板路，每块石板都有两米左右长、1 米左右宽。走在巨大的青石板上，有一种穿越历史的感觉。青石板一直绵延到古香水河。600 多年过去了，这条中轴线还在，香水河桥还在，虽然香水河里的水已枯竭，像这样发掘、复建和原汁原味地保留，难道不是奇观吗？

亮点之二：七彩缤纷的大报恩寺塔。

每天到了夜晚，大报恩寺塔利用智能控制 LED 灯及远射投影，再现梦幻般的玻璃佛光。灯光从建筑的高处倒映在粼粼泛波的秦淮河水中，延伸到水面，一直扩展到花园绿地，五彩缤纷，变幻无常。

据专家介绍，新寺塔平面轮廓体与古塔八边形平面吻合，内部由两个正方形旋转交错构成莲花瓣状，寓含花漫菩提。塔壁设置佛龛。新塔九层至屋顶攒尖有 20 米的通高空间，屋顶透明，云中佛殿悬浮于九层环廊之上，形成凌空的礼佛空间。"跟琉璃瓷塔不同的是，大报恩寺塔八角展翼使用的是现代的玻璃烧制工艺，外挑翼板用超白玻璃包封，内侧的超白玻璃经过了图案蚀刻、手工上釉、高温烧制、夹胶合片等多道工艺，将当代艺术玻璃工艺与建筑幕墙技术相结合起来，呈现琉光塔影。"东南大学建筑学院教授、建筑历史与理论研究所所长陈薇这样介绍说："新塔采用先进的钢结构和超白玻璃等轻质材料，塔本身就是一个重要的创新。"大报恩寺琉璃塔作为国家级文物遗址必须予以保护，若要开挖基础，势必造成对千年地宫的破坏，即原址重建新塔，也不能再做成琉璃塔，否则将会造成历史信息混乱。经过多轮专家论证及国际招标，最终决定在原地宫遗址上新建轻质塔形保护建筑。该建筑采用四组钢管斜梁跨越遗址上空，地梁落脚点位于原来塔基遗址的外侧，形成"覆钵型"新地宫，既减少对遗址的扰动，又起到保护地宫的作用。为了传承历史记忆，将保护建筑做成了轻质的九层塔，其规模、形制、长细比与原塔近似。其创新之处如下：

设计理念上的创新：大报恩寺塔和它之前历代"祖塔"的关系昭示人们，历史是一个不断创新的过程。明代的大报恩寺塔因创新而建，今天大报恩寺塔也因创新而立。如今复建的南京大报恩寺与宝塔，本身就是一部文化史，其在文化传承方面的价值体现在宗教、建筑、艺术、文学、民俗以及对外交流等各个领域；复建方案顺应时代，尊重古迹，传承文化，面向人间，以报恩文化为"内核"，以五色玻璃为"外象"，整体内容分为五个层次，"万利、万愿、万恩、万塔、万佛塔""白天似金轮耸云，夜间似华灯耀月"，采用"五色玻璃"灯光移动闪耀，为整个塔身营造出流光溢彩而又庄严圣洁的东方高超艺术世界。

◆ 万利之塔：地宫部分以舍利幻化、分身演示，使参观者在参与活动中产生联想，沐浴在佛性圣洁的光辉之中。塔基地面层部分设立大藏经博物馆，再现大报恩寺作为"南藏"初刻地刻经、印经、藏经的尊崇地位。

◆ 万愿之塔：塔体1~2层，为金陵大报恩寺塔的主殿——药师佛殿，有21米净高，供奉东方三圣暨十二大愿王，以"万愿之意"，广泛满足佛教信众和游客"报恩祈愿"的不同精神需求。

◆ 万恩之塔：塔体3~5层，以"万恩之塔"为主体，为"报恩第一塔"。五层空间自下而上，分别是报国土恩、报众生恩、报师长恩、报父母恩、报佛恩，分别对应设置有地藏菩萨、观音菩萨、文殊菩萨、普贤菩萨、弥勒菩萨等佛龛，方便报恩者供养。各楼层佛龛周围，主要用相对应的佛像砖装饰，佛像砖可由个人报恩者供养。

◆ 万塔之塔：5~7层是"万塔之塔"，以微缩"世界佛塔文化博物馆"为环境，供奉1万座小琉璃宝塔，塔内有大报恩寺塔地宫舍利的分身舍利，可由报恩者供养。以黄、绿、红、蓝、橙五种玻璃色为各层的主色调，按照佛教的地理空间观，分别展示东、西、南、北、中五方世界佛塔文化。一塔之内，天下佛塔尽收眼底。

◆ 万佛之塔：又称东方净尘世界，为塔体8~9层（内空合为一层，净高超过10米），以"万佛之塔"为主体，以琉璃光为环境，供奉1万面琉璃砖佛像。依照佛经描绘的意境，以现代玻璃和光影技术，营造流光溢彩而又庄严圣洁的东方净琉璃世界，再现令人向往的"天国花园"的佛恩世界。

五个层次的"万塔"，相互之间没有精神高度的差别，只有物理空间的区分，以"报恩"为精神主线贯穿始终，往复循环，让人们"报恩得恩，祈愿如愿"的愿望得到实现。

设计结构上的创新：在历史与当代之间跨越。新塔复建于明代大报恩寺琉璃塔的原址之上，既传承历史佛教文化的记忆，又起到保护地宫的作用，在原有地宫遗址上营造新的圣物奉安与瞻礼空间。

外型形式上的创新：在真实与意象之间穿梭圣境之塔。新塔平面轮廓与古塔八边形平面吻合，内核由两个正方形旋转交错构成莲花瓣状，寓含花漫菩提，通过层层收分、塔顶重构等加强对古塔形式呼应，以当代技术再造新塔古韵。塔壁设置佛龛，塔单层佛龛东西为单、南北为双，塔双层正好相反，构成了旋转升腾之势，吻合"转经"之意。

图 8-7 复建后的大报恩寺塔夜间七彩灯光

智能材料的创新：在需求和技术之间创新——奇观之塔。基于文物保护"最小干扰与可识别"原则，新塔不采用古塔复原形式，而采用先进的钢结构和超白玻璃等轻质材料。在塔翼部分，外挑翼板用超白玻璃包封，内侧对超白玻璃采用图案蚀刻、手工上釉、高温烧制、夹胶合片等多道工艺，将当代艺术玻璃工艺与建筑幕墙技术相结合起来，呈现琉光溢彩、梦幻般的塔影。夜晚则利用智能控制LED 灯及远射投影，再现梦幻般的玻璃佛光。塔基采用仿古法烧制的琉璃碎片与GRC 板复合方式，完美再现新塔与古塔的历史关联与差异性，并吻合古塔遗址残迹特性。

亮点之三：千年佛光，让公众瞻礼。

金陵大报恩寺塔原址的历史渊源，千年传承。从孙吴开始，长干里出现了小精舍（小寺庙），到了吴赤乌十年（公元 247 年），康僧会求得感应舍利，吴大帝在长干里兴建建初寺及阿育王塔，供奉感应舍利，长干里遂崇称佛陀里；公元375 年僧人慧达见长干里有佛光，在长干塔下得三舍利；公元 988 年可政大师从终南山紫阁寺背负玄奘顶骨回长干寺安奉；公元 1011 年可政大师奏报长干里有异光，朝廷查证后"信其事"，宋真宗恩准重修长干寺、阿育王塔并瘗埋佛顶骨舍利；1942 年日本人在大报恩寺南岗三藏塔遗址上发现"玄奘顶骨舍利"，后分为六数份，在各地佛寺安奉。其中一份保留在长干寺塔内安奉。

长干寺历经东晋、南朝、隋唐。南唐时期，寺庙一度沦为军营庐舍；北宋时再度复兴，得唐三藏玄奘大师的顶骨舍利，并建塔瘗藏；公元 1011 年，长干寺改称天禧寺，寺塔易名"圣感舍利塔"；公元 1288 年，改天禧寺为元兴慈恩旌忠教寺，明初复修天禧寺。从孙吴建都开始，该寺伴随着南京历史的迭失更新，屡建屡毁，走过了 1000 多年的历史岁月。

图 8-8　大报恩寺展厅内展示的七宝阿育王塔佛像

　　2008 年大报恩寺遗址考古发掘宋代长干寺地宫，在其内发现了石函。石函铭题《金陵长干寺真身塔藏舍利石函记》，上面写着：北宋大中祥符四年（公元 1011 年），"演化大师"可政重建长干寺，兴建了高达"二百尺"的九级砖塔，在塔下瘗藏"感应舍利十颗，并佛顶真骨，洎诸圣舍利……"。但考古人员打开后发现，水晶瓶内的感应舍利不止 10 颗，而是 15 颗。它们大小不一，长度 1～3 毫米不等，其中有 2 颗近椭圆形，无色透明。其余的形状不规则，呈现灰、黄、淡红、黑等多种颜色。这些佛顶骨舍利、感应舍利、诸圣舍利，延续千年，实乃殊胜之地。专家称，这 15 颗感应舍利应该是梁武帝时期供奉过的，非常珍贵。

　　感应舍利会一直供奉在展厅的地宫，供观众瞻礼。据了解，到目前为止，关于感应舍利的来源，有两种说法：一种说法认为和梁武帝有关。大同四年，梁武帝供奉过一次舍利，当时好多舍利放在金钵里，绝大多舍利都浮在水面上，只有一颗最小的舍利沉在水下不动。见此，梁武帝拜了数十拜之后，这颗舍利浮出了水面，然后旋转，停在金钵的最中间，这就是一种"感应"。另有专家认为，地宫内发掘出的感应舍利应该和从西天竺沙门来的高僧康僧会有关。公元 247 年，康僧会来到南京，孙权对他说："如果你能请到舍利，我就为你建造寺塔。"康僧会经过 21 天的虔诚祈请，果然求得舍利，五色光芒照耀到铜瓶外。经试验，这感应舍利火不能焚、锤而不损。不管哪一种说法是真，这感应舍利供奉在大报恩寺，真是重扬千年佛光。

　　亮点之四：御碑碑亭，耸然重现。

　　在南京大报恩寺遗址公园复建之前，御碑碑亭的位置在南京晨光厂大门边三藏殿后街一条小巷深处，即中华门外北山门 6 号小巷中，正学路 44-10 号与 44-11 号两民宅之间，这里的住户密密麻麻，小巷弯弯曲曲，巷路只有 3 米多宽。在一片满是瓦砾砖块的地方,只见一尊高大的大报恩寺右石碑(原有左右两碑)静静地躺在那里。石碑底下是一个没有头的大石龟,大石龟不知何时被残忍地砍去了头。石龟的脚也残破断裂,碑身破损十分严重,从正面看已裂开十余块之多,以水泥粘连裂缝,并在碑额、碑身部各加一铁箍,以免石碑损毁无存。据住在这里的居民说,过去这里到处都是散落的大报恩寺遗留的石构件,有的被用来做门槛,有的被用来做门枕。在民居墙角处还能看见有一块保存尚好的大型石构件作了房基,直径有70厘米。在另一些小巷里也能看到一些石础和石基等构件。石龟被紧紧地夹在两处住户房屋中间,底座上摆着一些居民用的生活品,石龟的头上挂着几件晾晒的衣服。这些就是600多年前屹立的金陵大报恩寺御碑的遗迹,是右石御碑和碑亭瓦砾石块所剩不多的遗迹之一,实在让人看了心痛。

据明代葛寅亮《金陵梵刹志》和民国张惠衣《金陵大报恩寺塔志》记载:在大报恩寺大门前、香水河桥的南北两侧各置御碑亭两座,分别是御制大报恩寺左碑和御制大报恩寺右碑。当年,在金陵大报恩寺及琉璃塔完工后,永乐二十二年(公元1424年)二月,明成祖朱棣御制大报恩寺左碑(南),并亲自撰写碑文,碑文约444字。北面另一块御制大报恩寺右碑(北),是宣德三年(公元1428年)三月十日立,朱棣长孙宣宗朱瞻基撰写碑文,约计429字。从《金陵梵刹志》插图"明报恩寺"中看,碑亭高大,有8米多高,面宽而进深窄,上有两层大屋顶式建筑,周围以木栏围之。石碑下有龟趺为基座。龟趺传说是龙的第六个儿子,叫霸下,又名赑屃,平生好负重,力大无穷。历代在建石碑时都用它来作为碑基座。碑上隐隐约约能看清碑文末两行的字迹:"钟山巍巍,大江洋洋,圣德长存,慧化不息,亿万万年,与天同寿"等等。

图 8-9　复建前金陵大报恩寺御制石碑龟趺基座现场

图 8-10　长干寺地宫发掘出的佛像　　　　图 8-11　大报恩寺展厅内展示的七宝阿育王塔

　　大报恩寺御制左、右碑被毁以后，一直沉睡到 2008 年 4 月，经国家文物局批准，南京市博物馆对该遗址进行了考古发掘，清理出规模宏大的明代大报恩寺皇家建筑基址。其中，大报恩寺御碑南碑龟趺身上的御碑目前已缺失，龟身多处破裂，北碑龟趺身上的御碑虽然保留，但龟趺的头部已缺失，身上多处开裂。南北两块御碑均存在严重的安全隐患。为此，在复建中对大报恩寺南北两块御碑遗址进行了科学保护。首先，通过有限元模拟对南北御碑遗址的现状结构进行分析，找出其在正常使用和地震作用时存在的安全隐患；其次，根据计算分析结果及整体设计要求，提出增设隔震支座的保护技术方案，对御石碑的结构保护工程采用保护措施进行了复建。

　　复建后的四方形碑亭高高地立在大报恩寺遗址公园大门的两侧，当你走过山门，跨过香水河、香水河桥遗址、御道遗址、保存完整的香水河石砌驳岸后，就能见到在古大报恩寺御制碑亭原址上复建的两座四方形御碑碑亭。

　　亮点之五：66 件套地宫宝贝集中亮相。

　　据考古人员介绍，2008 年 1 月开始，金陵大报恩寺地宫挖掘工作正式，并被命名为"大报恩寺遗址考古"。7 月 18 日，长干寺地宫的开启，解开了地宫之谜：首先，发现了丝绸包里的"座塔"；其次，发现了地宫"铁函"和"金棺银椁"，被开启后又发现了"七宝阿育王塔"；其三，发掘了带"永""泉""货"三字的铜钱 12 000 余枚；其四，发掘了墨书发愿文绸帕；其五，发掘了千年不腐的"香浮料"；其六，发掘了塔刹绑着的"照妖"铜镜等。除发掘出诸多宝物外，先后

图8-12 大报恩寺展厅内展示复原的高大琉璃塔拱门

发现并清理出汉至隋唐时期墓葬30余座，南朝时期房址3座，宋代水井、道路、房址、磉墩等重要遗迹及金、银、铜、水晶、玻璃、玛瑙、丝绸等多达2万余件的各类珍贵文物。

当你走进"遗址展区"后，首先映入眼帘的石函是地宫圣物展区的第一件文物。石函上面是碑记，讲述了1000年前，为什么要做这么一件事，以及地宫内埋藏了哪些文物。据介绍，通过考古发掘，一一印证了石函上碑文的记载，真的有佛顶真骨和感应舍利。而七宝阿育王塔在地下沉睡了千年，上面的字迹依然清晰，依然金光灿灿。它整体高1.1米，用金、银、琉璃、砗磲、玛瑙、珍珠、玻璃等镶嵌而成。塔身不仅有浮雕，还有文字，看上去精美至极，是佛塔中的"圣物"。

为了保护千年地宫和宝贝文物，在复建大报恩寺遗址公园时，特别辟出了一个非常大的展厅，名为"瞻礼圣物"。在这个展厅内，大家可透过玻璃罩，看到一大一小两个地宫，小地宫偏北，口径一米左右，透过玻璃罩可以看到四周都是泥土，它是六朝遗留下来的，有1500岁了。史料记载，梁大同年间，梁武帝曾经发现地宫，在地宫内出土了三枚舍利，圆正光洁。"这个小地宫，也许就是当年梁武帝所供奉感应舍利的那个。"专家这样介绍。紧挨着小地宫的便是宋代长干寺地宫，也就是大地宫。大地宫也是圆形竖井式，直径2.2米，深达6.74米，是迄今为止中国发现的最深的佛塔地宫。当时由于太深，为了防止地宫塌方，文物专家们研发出了"不怕水"的土壤。他们使用桐油、石灰、水泥三种传统加固材料，以及经过传统烧法烧成的料礓石和烧阿嘎土两种新型加固材料，分别与地宫遗址土样结合。这种方法与"转基因技术"相似，即便是降雨和地下水出现巨大变化，仍能维持较高的土体强度。这样既确保了地宫的原真性，又确保地宫不会坍塌。

在这个展厅内，还展示有从地宫出土的两套金棺银椁、金花叶纹绢帕、鎏金凤穿牡丹纹银香盒、鎏金银香薰、玛瑙杯等66件（套）文物，其中不乏首次露面的文物，让人看得眼花缭乱，感受到古都金陵佛教文化底蕴的深厚，感受到长干佛陀里真实的情景。

亮点之六：上万块经板重现往日辉煌。

在大报恩寺遗址公园展厅内，特别开辟了一个"汉文大藏经"展区，展区墙壁上都是经板架，黄花梨木经板就摆在架子上。一块经板如一本书大小，上面雕刻着各种经文。粗粗算来，这些经板足有上万块。经板架的对面，是经板墙，顶面、壁面雕刻了《洪武南藏》经文，人们不难想象那个年代佛教的兴盛。

大报恩寺是明清中国佛经流通的中心，汉文大藏经是汉文佛典的总集。大藏经的编撰、雕刻、印刷，一直被视作是至高无上、功德无量的盛事。明清两代，大报恩寺在这一领域拥有着独一无二的崇高地位。在明清出现的5部大藏经中（其中官刻4部、民刻1部），有3部官刻与大报恩寺及其前身天禧寺有关。其中直接相关的有《初刻南藏》《洪武南藏》《永乐南藏》。而在北京雕刻的《永乐北藏》，不仅以《永乐南藏》为范本，而且有不少是来自大报恩寺。除了经板，"汉文大藏经"展区四周的经架上摆满了各种经书，包括《三藏经律论》《圣典十二部》等，彰显了古代全国印经中心的恢宏气度和刻经技术。

金陵刻经处的"中国雕版印刷技艺"是世界级非遗，由于各种原因，金陵刻经处的经板一直是秘而不宣的。其中经板雕刻于大报恩寺并在该寺长期保存、印刷流传的《永乐南藏》影响最大。自永乐十八年（公元1420年）《永乐南藏》雕成以后，一直到清康熙年间，大报恩寺一直承担着中国绝大部分寺庙的印经任务，是中国佛经流通的绝对中心，先后印造过10部《大藏经》，并遍舍天下。

亮点之七：当年108间画廊得到了复原。

据明人周晖撰《金陵琐事》介绍：永乐年间所建造的大报恩寺，为佛塔所作的四面佛龛，有118间画廊，堪称"壮丽甲天下"。在19世纪外国画师所绘大报恩寺塔的铜版画中，大报恩寺塔周围的画廊清晰可辨。

为了使大报恩寺的壁画更加精细"复原"，专业设计人员以北京法海寺为蓝本。据考证，法海寺和大报恩寺之间更有着神秘的联系。高僧李童和郑和同事三十年，共同经历了永乐、洪熙、宣德三个朝代，两人关系密切，甚至有着相同的法名："福

图 8-13　大报恩寺展厅内展示的顶面雕刻《洪武南藏》经文

善"。受明朝皇家对佛教的推崇影响,当时的宦官群体有着集体建造寺院的传统。郑和受皇帝委托督造南京大报恩寺,在郑和去世后,李童在南京牛首山为郑和修建了弘觉寺,北京的法海寺则是李童为自己建造的。大报恩寺的画廊及其壁画早已无存,而法海寺至今仍完整地保留着九幅极其精美的明代佛典壁画。专业人员曾亲自前往法海寺研究,意外地发现了法海寺内一尊北方多闻天王的壁画中的一座喇嘛塔与1956年南京弘觉寺地宫出土的鎏金喇嘛塔有惊人的相似,可用来实现对大报恩寺壁画的模仿和传承。如今,在展厅内看到两侧复原的连续长廊画,真实性地体现过去大报恩寺画廊的壁画,艺术成就极高,它向世界充分展示了东方建筑艺术之瑰宝。

亮点之八:4.2万盏LED灯七色光射。

当你走进"舍利佛光"展区,仿佛进入了一个神奇的圣地。展厅顶上装有4.2万盏LED灯,通过镜子的映照,共有8.4万盏,象征着佛教的84 000法门。头顶的灯光不时变换,"菩提树"上挂着"八吉祥",穹顶下面是一尊涅槃造型的释迦牟尼佛。据专家介绍说,大报恩寺遗址瘗藏佛顶骨舍利、感应舍利、玄奘顶骨舍利、诸圣舍利千年,历史上曾出现七次舍利佛光。"展厅内会不定时变换七色光芒,暗合舍利七次放光的记载,你可以在心中悄悄发愿,看看这片神奇的地方,会不会感应到你想报恩的心愿,而虹化异彩。"与此同时,展厅有一组四跨琉璃拱门彩灯,创造性地用灯彩复原了原大报恩寺琉璃宝塔的琉璃门卷,点缀有佛教"六挐具",让人们从中感受当年琉璃宝塔的恢宏气势。再往前走,还可欣赏到"青梅竹马发源地""安徒生童话中的中国瓷塔"等有关大报恩寺的历史故事,让你感受到现代LED灯光技术和大报恩寺深厚文化底蕴相结合的大型灯彩韵味。

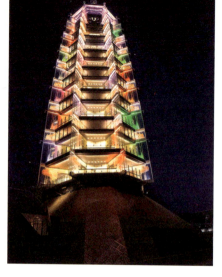

图8-14 五彩缤纷的大报恩寺塔LED灯光夜景

而自从大报恩寺遗址公园对社会开放以后，每天晚上可观赏到大报恩寺塔身泛起七彩灯光，随着光影变幻，"遗址奇观、千年佛光、报恩圣地""约在南京、共筑梦想"等字样依次浮现。每逢节假日，还会开启各种祝福语等模式，"五彩灯光"浮现在塔身上，流光溢彩、变幻多样。据曾设计卢浮宫、欧洲议会大厦、巴黎毕加索博物馆等灯光的法国著名灯光设计师乔治·贝尔纳先生介绍：大报恩寺塔身上装有200多种亮灯闪烁模式，塔身四周、露台及外周的内庭都被纳入灯光效果设计范围，宗教节日时，运用和佛教相关的黄色、红色、蓝色三色灯光为主。灯光沿着景区的中轴线向四周夜空发射，灯光从各种不同的建筑物闪耀再伸至水面、扩展到绿地，体现不同的层次。"白天宝塔影，夜间流光溢彩"，塔身自上而下又自下而上不断变幻着赤橙黄绿青蓝紫不同的颜色光芒，能从灯光颜色变化之中知道当天是星期几。灯光自上而下的旋转，表示感恩"大地众生"。自下而上旋转，表示"感恩盛世""佛喜充满"，真可谓流光溢彩、佛光四射。

亮点之九：展示发掘精美文物。

在金陵大报恩寺发掘过程中，出土了总数多达两万余件的各类珍贵文物。在遗址公园里，不时会看到遍布各处的古井遗址。据传，盛兴时期的大报恩寺有72口井，现存的有10多口。其中的一个展区内有考古专家们发现的宋朝古井"义井"，现已被围挡保护起来。透过围栏，可以看到这口古井是用青砖垒砌而成，井的直径有1米多，还有井水，比较深。据介绍，这口古井是宋代长干寺的遗迹，宋仁宗天圣五年（公元1027年），丞相李迪发愿为民造福，可政大师谏言在城南长干寺建造义井，后经善信唐文遇捐献善款，义井得以开凿，并一直遗留下来。

在展厅内还能看到出土的明代建筑构件，尤其是大量精美的琉璃构件，以及各种质地的明清时期的佛教造像。更为重要的是，在地宫中出土了种类丰富的供养器物，包括金、银、铜、水晶、玻璃、玛瑙、丝绸等材质，其中有多达1.2万余枚的历代铜钱——从秦代半两，直至北宋真宗时期的"祥符元宝"，还包含不少特殊制作的非流通钱币，如龙凤纹花钱等。在一枚"景德元宝"的背面，磨光后刻划了一幅佛手拈花图，刻划细微，精美异常。

在展厅内还能看到出土的100余幅宋代丝织品，是新中国成立以来北宋丝织品的一次少有的集中出土。这些织物使用了提花、刺绣、印染、描金等多种织造和装饰工艺，在多幅丝织品上还有施主墨书题写的题记，内容丰富、墨色如新。在地宫中还出土有大量的宋代香料实物，有沉香、檀香、龙脑香等，以及贮存、使用香料的器具。这些展出，让大家了解到一千多年前僧人们的供奉，享受到千年佛光的沐浴。

亮点之十：二期扩建工程更添风采。

南京大报恩寺遗址公园二期工程使之更添风采。在二期工程中，以大报恩寺、琉璃塔为中心，以秦淮河、长干里为纽带，与明城墙、中华门相依，与雨花台相望，整合宗教、文化、历史、旅游、商业资源，整体经营，形成游客、信众在园区及附近设施中新的活动场所，将打造集文化展示、休闲娱乐和配套服务于一体的承载地,让游客体验到金陵风情、市井遗风。吃素斋药膳,听晨钟暮鼓,住禅修宾馆,忆往昔繁华,看当今盛世,修幸福之道,建和谐社会,体现 21 世纪南京人的禅意新生活和追求古韵的精神情趣。

按照规划,大报恩寺遗址公园二期在保护遗址的前提下,建重驿楼,扩建建初寺,设立佛教研究中心,建金陵刻经新馆,同时打造明韵明街。三藏殿曾是高僧研习佛法之处,也是瘗埋玄奘顶骨的三藏塔遗址所在。大报恩寺遗址公园二期在现存的三藏殿基础上扩建建初寺,弘扬其作为江南首寺的历史地位,传承千年佛脉,再现江南寺庙发源地的历史遗迹景观廊道。

在大报恩寺遗址公园西边,是南京历史上最早的城池"越城",也是南京城诞生的摇篮,至今已有 2 000 多年的历史(公元 229 年始创)。经考古发现,越城遗址北临秦淮河,南倚雨花台,西控长江,城周只有"二里八十步",相当于现在的 942 米,占地面积约 6 万多平方米,至今仍然保存了古越城的遗址及街道、商铺遗迹。据规划部门介绍,在不远的未来,将复建越城遗址公园,与大报恩寺遗址公园连成一片,提升长干里文化品位,使之成为南京历史文化名城的精神标高。

中华门地区将整体改造升级,凸显出城堡雄壮巍峨的气息,在规划建设中将现有的长干桥两侧,各架一座步行桥,同时结合两边桥头堡区域改造,增建明城墙、沈万三博物馆,增加展现金陵古城历史沿革的浮雕作品,如南唐金陵、明朝皇城等,整座长干桥将成为一个小型浮雕展览馆。漫步桥上,将一边听到桥下秦淮河河水的流淌声,一边从浮雕中了解到长干里的相关历史文化典故、传说和诗词,细细品味南京老城南独特的风韵。更让南京人骄傲的是,明城堡与古长干桥、金陵大报恩寺遗址公园与"越城"遗址公园将连为一体,相互衬托,相得益彰,使南京城南的历史文化景点形成"点、线、面"立体结合的新格局,再造历代文人笔下"千里莺啼绿映红,水村山郭酒旗风。南朝四百八十寺,多少楼台烟雨中"(唐代诗人杜牧)、"郎骑竹马来,绕床弄青梅。同居长干里,两小无嫌猜""同是长干人,生小不相识"(唐代诗人李白)等有着浓郁生活气息、文化氛围、历史积淀故事的依城傍水的新城南历史文化街区。

第三节 大报恩寺河对岸浮雕走廊

巍巍中华门城堡东长干里,沿着河坡,走下台阶,绵延数里的河堤上,新建了两百多米的大型巨幅石刻浮雕图画。在这里,古秦淮河河水幽幽,流淌不息;古长干桥,在古城堡的掩映下显得气势磅礴;远远望去,新建的金陵大报恩寺塔,耸出天表,与日竞丽,显示出这一带风光里的主角姿态。在这里,古堡、古河、古塔、石雕，古老中裹挟着现代气息；青砖、绿地、花苑、灯光，相互依联，互相交织，格外漂亮、绚丽。

要说这全长 180 米巨幅石雕，不得不先说说长干桥、长干里的故事。据查，长干桥最早建于南唐，当时是江宁府城的南

图 8-15 1951 年南京首任市长刘伯承为长干桥亲笔题字

门桥。到了南宋咸淳年间，户部尚书马光祖重建了这座木桥，并改名叫"长安桥"。明代朱元璋修筑中华门城堡时，据传曾将一只聚宝盆埋于此，因此，长干桥一度改名"聚宝桥"。长干桥经受了多次战火，最严重的是太平天国时期，长干桥几乎不存在了，清末和民国几次修复。1951 年 7 月，将木头桥改为石头桥。当时任南京市市长的刘伯承亲笔题写了遒劲有力的"长干桥"三个大字，并在桥的两头竖起了两块石碑。1975 年，在石桥的基础上，又修建了现在的这座桥。

长干桥得名于长干里。《景定建康志》说："长干里，在秦淮南。考证越范蠡筑城长干。""建业南五里有山岗，其间平地，吏民杂居，东长干中有大长干、小长干，皆相连"。（《吴都赋》刘逵注）早在春秋战国时代，长干里一带已是南京人口最密集地区，也是南京经济命脉之所在。古时居民集中居住于经商岸口，

图 8-16 已建成的东长干里百米浮雕走廊（局部）

而经商的人往往通过水路行商，过着漂泊不定的生活，经久不归。六朝时，这里流传的民歌《长干曲》，又名《长干行》，多写商妇的离愁别绪，对后代文学影响很大。如唐代大诗人李白写的《长干行》、崔颢写的《长干曲（四首）》、崔国辅写的《小长干曲》等等，皆为脍炙人口之名作。诗句里衍生了"青梅竹马""两小无猜"两个爱情成语。到了明代，永乐皇帝朱棣迁都北京后，南京被称为"南都"，是明代第二大城市。长干里一带非常繁华，商贾云集，人文荟萃，是南京的商业区和货物集散地。明人作品《南都繁绘景物图卷》就反映了当时都市风貌、民俗风尚、经济市面等人文面貌，生动地描绘了明永乐年间南京秦淮河两岸的盛况。

　　1984年12月，南京市政府决定复建金陵大报恩寺塔的同时也决定修筑秦淮河两岸的堤岸。为了挖掘和打造明长干里的文化历史资源，提升南京历史地位和国际地位，配合对岸的南京大报恩寺塔遗址公园的景区复建，以明代宫廷美术作品《南都繁绘景物图卷》为范本，将图中描绘的情景，浓缩、分解成40个画面，整体"搬"上东干长巷段防洪墙壁，浮雕形成连绵200多米巨幅画面。石刻浮雕分六大部分，建筑有皇宫、佛寺、金顶、官衙、楼房、平房等14种，有1 000多个职业身份不同的人物"行走"在图卷上，另外，还出现了109个商店的招幌匾牌。浮雕上小桥流水人家，商铺鳞次栉比，绿树青瓦排花；戏台三面开，宋词唱出来；永乐山万岁灯，大头娃娃踩高跷；酒店相馆、古今字画，王谢飘香闹萧声；彩狮灯抱绣珠、剪纸、贴画、捏面人、冰糖葫芦；木排、渔船、客船；南都皇宫、丹陛仪仗、雄壮城墙……古韵之风扑面而来，生动地描述了当时南都的繁荣盛况，为了解600年前南都市的经济、文化、艺术发展面貌，提供了生动的第一手资料。

　　古都南京，四野异越；金陵风物，形声色意。南京民间有句老话："出了南门尽是寺"。据查，古代的南京从中华门经雨花台、安德门、龙泉寺到牛首山一带，有过大小70多座寺庙。南京地区有最早的佛寺建初寺，最早的尼寺铁索罗寺，最大的寺庙天界寺，皇家风范的大报恩寺，牛头宗的发祥地宏觉寺，影响最大的瓦官寺、能仁寺、普德寺、卧佛寺等都建在这一地带，僧众在这些寺庙堂里住持、译经、说法。如今，这些寺庙大多数已消失，复建后的南京大报恩寺塔遗址公园将延续佛脉，推动佛教活动的进一步繁荣，更为重要的是让南京人、国内人、国外人细细品味到南京历史文化的传承和厚重的文化积淀的魅力，感受到六朝古都丰富的文化内涵和悠久的历史佳境。

第九章 千年寺塔留下的历史痕迹

历史变迁，佛脉传承，已经消失了千百年的长干里建初寺、长干寺及延续的金陵大报恩寺与琉璃塔，如今在复建的南京大报恩寺遗址公园再现在世人的面前，让人仿佛能用手触摸到这段历史尘埃，见证到大报恩寺塔厚重的文化底蕴。为此，作者寻找和收集到了近 200 幅大报恩寺塔新老图片（含书中插图 80 多幅），奉献给大家。

第一节　金陵大报恩寺琉璃塔新老图片

（一）大报恩寺琉璃塔老图片

图 9-1　荷兰约翰·纽霍夫绘制的金陵大报恩寺琉璃塔 1

图 9-2　荷兰约翰·纽霍夫绘制的大报恩寺琉璃塔 2

图 9-3　荷兰约翰·纽霍夫绘制的金陵大报恩寺塔 3

图 9-4　英国人绘制的金陵大报恩寺琉璃塔 1

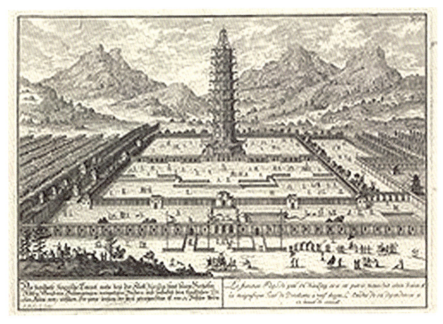

图 9-5 英国人绘制的金陵大报恩寺琉璃塔 2

图 9-6 外国人绘制的大报恩寺琉璃塔 1

图 9-7 外国人绘制的大报恩寺琉璃塔 2

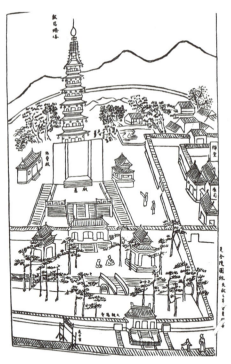

图 9-8 明朝朱之蕃绘制的大报恩寺塔

图 9-9 清嘉庆年间绘制的金陵大报恩寺琉璃塔

图 9-10 清人绘制的金陵四十八景中的大报恩寺塔

图 9-11 清人绘制的大报恩寺琉璃塔

图 9-12　1749 年中国彩色钢版画大报恩寺塔图

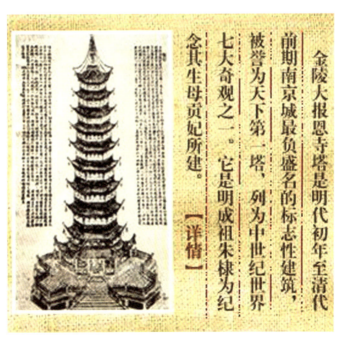

金陵大报恩寺塔是明代初年至清代前期南京城最负盛名的标志性建筑,被誉为天下第一塔、列为中世纪世界七大奇观之一。它是明成祖朱棣为纪念其生母贡妃所建。【详情】

图 9-13　清嘉庆年间大报恩寺琉璃塔（最后一次修建版木图）

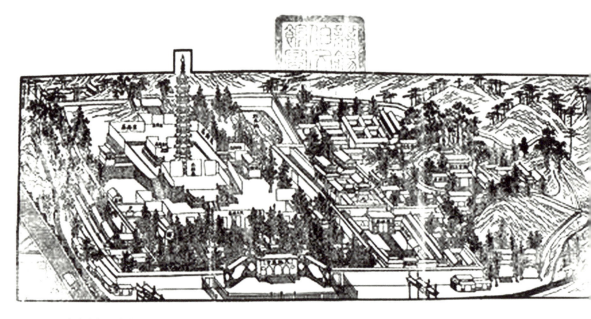

图 9-14　金陵大报恩寺塔全图(《金陵梵刹志》插图)

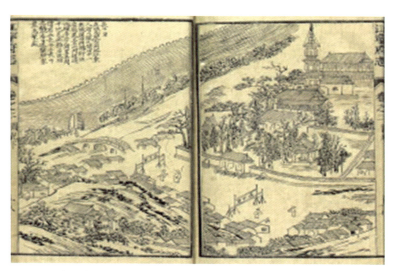

图 9-15　古人绘制的金陵大报恩寺(《六朝佛志》插图)

（二）复建后南京大报恩寺塔新图片

图 9-16　复建后大报恩寺遗址公园寺塔 1

图 9-17　复建后大报恩寺遗址公园寺塔 2

图 9-18　复建后大报恩寺遗址公园寺塔 3

图 9-19　复建后大报恩寺遗址公园寺塔 4

图 9-20 复建后南京大报恩寺塔夜间灯光 1

图 9-21 复建后南京大报恩寺塔夜间灯光 2

图 9-22 复建后南京大报恩寺塔夜间灯光 3

图 9-23　复建后南京大报恩寺塔夜间灯光倒映秦淮河

图 9-24　复建后南京大报恩寺塔与长干桥融为一体

图 9-25　复建后南京大报恩寺遗址公园与塔夜间灯光 1

图 9-26　复建后南京大报恩寺遗址公园与塔夜间灯光 2

图 9-27　复建后南京大报恩寺遗址公园与长干桥夜间灯光

图 9-28　2015 年 7 月 8 日完工时的南京大报恩寺遗址公园

图 9-29　复建后南京大报恩寺遗址公园与明城墙、秦淮河

图 9-30　2017 年春节复建后南京大报恩寺塔灯会夜景 1

图 9-31　2017 年春节复建后南京大报恩寺塔灯会夜景 2

第二节　复建后大报恩寺遗址公园展厅灯光

图 9-32　复建后南京大报恩寺遗址公园展厅灯光

图 9-33　复建后大报恩寺遗址公园展厅内卧佛像灯光

图 9-34 复建后大报恩寺遗址公园景观廊道

图 9-35 复建后大报恩寺遗址公园展厅灯光

图 9-36　复建后大报恩寺遗址公园香水河河道与香水河桥遗址

图 9-37　复建后大报恩寺四方形碑亭及夜间灯光碑亭

图 9-38 复建后南京大报恩寺遗址公园展厅中灯光

图 9-39 复建后南京大报恩寺遗址公园展厅中的佛座像

图 9-40　复建后南京大报恩寺遗址公园展厅宝塔灯光

图 9-41　复建后南京大报恩寺遗址公园藏经阁经书和刻经板藏库

图 9-42　复建后南京大报恩寺遗址公园展厅灯光

图 9-43 复建后南京大报恩寺遗址公园展厅灯光

图 9-44 复建后南京大报恩寺遗址公园展厅内佛祖像1

图 9-45 复建后南京大报恩寺遗址公园展厅内佛祖像2

第三节　金陵大报恩寺与五彩琉璃瓦构件图片

图 9-46　大报恩寺残存塔琉璃瓦当——构件祥图 1

图 9-47　大报恩寺残存塔琉璃瓦当——构件祥图 2

图 9-48　大报恩寺塔琉璃瓦构件——龙女祥图 1　　图 9-49　大报恩寺塔琉璃瓦构件——龙女祥图 2

图 9-50　大报恩寺塔琉璃瓦构件——荷花祥图

图 9-51 大报恩寺塔琉璃瓦构件——菊花祥图 1　　图 9-52 大报恩寺塔琉璃瓦构件——菊花祥图 2

图 9-53 大报恩寺塔琉璃瓦构件——菊花祥图 3　　图 9-54 大报恩寺塔琉璃瓦构件——菊花祥图 4

图 9-55 大报恩寺塔琉璃瓦构件——菊花与荷花祥图 5

图 9-56 大报恩寺塔琉璃瓦构件——飞羊祥图 1

图 9-57 大报恩寺塔琉璃瓦构件——飞羊祥图 2

图 9-58 大报恩寺塔拱门琉璃构件——飞羊祥图 3

图 9-59 大报恩寺塔琉璃塔瓦构件——花扣祥图

图 9-60 大报恩寺塔琉璃瓦构件——飞马祥图

图 9-61　大报恩寺塔琉璃瓦当——龙纹滴水祥图

图 9-62　大报恩寺塔琉璃瓦当——双龙祥图 1

图 9-63　大报恩寺塔琉璃瓦构件——双龙祥图 2

图 9-64　大报恩寺塔琉璃构件——双龙祥图 3

图 9-65　大报恩寺塔琉璃瓦构件——龙头祥图

图 9-67　大报恩寺塔拱门琉璃瓦构件——飞檐祥图

图 9-68　大报恩寺塔拱门琉璃构件——白象祥图 1　　图 9-69　大报恩寺塔拱门琉璃瓦构件——白象祥图 2

图 9-70　大报恩寺塔拱门琉璃瓦构件——狮子祥图　　图 9-66　大报恩寺塔拱门琉璃瓦构件——马头祥图

 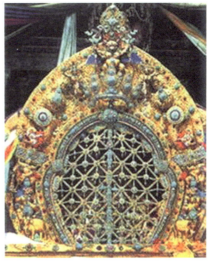

图 9-71 大报恩寺塔琉璃瓦构件——飞天祥图

图 9-72 大报恩寺塔琉璃瓦构件——佛祥图

图 9-73 大报恩寺塔琉璃瓦构件——拱门件

图 9-74 大报恩寺残存的御制石碑龟基座

图 9-75 大报恩寺残存的御制石碑

图 9-76 20 世纪 30 年代仍残存在大报恩寺旧址上的塔塔顶盘 1

图 9-77　20 世纪 30 年代仍残存在大报恩寺旧址上的塔塔顶盘 2

图 9-78　清时期大报恩寺三藏殿寺庙旧景（现修改为"建初寺"地址）

第四节 南京大报恩寺地宫发掘宝物图片

图 9-79 地宫内出土的金棺银椁

图 9-80 地宫内出土的石碑与文字

图 9-81 地宫内出土的七宝阿育王塔

图 9-82 地宫内出土的铁塔

图 9-83 地宫内出土的七宝阿育王塔正面雕刻 1

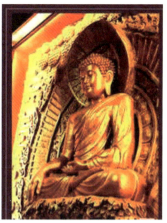

图 9-84 地宫内出土的七宝阿育王塔正面雕刻 2

图 9-85 地宫内出土的七宝阿育王塔正面雕刻 3

图 9-86 地宫内出土的七宝阿育王塔正面雕刻 4

图 9-87 长干寺地宫出土的多种唐、宋时期金银币照

图 9-88　长干寺地宫出土的鎏金银椁局部图

图 9-89　长干寺地宫出土的鎏金孔雀与香料囊

图 9-90　地宫内出土的盛放香料的鎏金银香薰

附件一 关于在原址复建金陵大报恩寺塔旅游项目的报告

收到市政府办公厅转来的宁府办文〔2002〕0106号办文单及雨花台区人民政府发〔2002〕12号文《关于在南郊重建明代大报恩寺塔旅游项目的请示》后，我区经过认真研究，认为金陵大报恩寺塔不仅要复建，而且应该在原址复建，原因如下：

一、复建金陵大报恩寺塔的意义

金陵大报恩寺五彩琉璃宝塔是明代初年至清代前期时南京最具特色的标志性建筑物，被称为"天下第一塔""中国之大古董，永乐之大窑器"，是当时中外人士游历金陵时的必到之处，建成之初即被认为是可与罗马大斗兽场、比萨斜塔、亚历山大陵墓等相媲美的中世纪世界七大奇观之一，在中国乃至世界建筑艺术史上有着十分突出的重要地位。恢复和重建金陵大报恩寺塔，不仅可以再现这一举世闻名的世界奇观、展示东方建筑文化之精华、填补南京世界历史文化遗产的空白，而且对于丰富和完善外秦淮河及十里秦淮河风光带、带动和促进南京市旅游业的发展具有十分重要的意义。

二、在原址复建金陵大报恩寺塔的理由

经过广泛调研,我们认为只能在原址复建金陵大报恩寺塔,而不能移址复建。主要理由:

1. 在原址复建金陵大报恩寺塔,是其深厚的历史文化内涵所决定的。早在2 400多年前,越王勾践命谋士范蠡筑越城于此,为史书记载的"南京最早的城池",亦称"南京第一城"。六朝东吴时期,吴大帝在此置建初寺及阿育王塔,为江南塔寺之始、佛教文化之源。晋太康年期,刘萨河得舍利于长干里,复建长干寺,造三级塔。宋改天禧寺,建圣感塔。元改慈恩旌忠寺。至明代,朱棣皇帝为报答其生母硕妃养育之恩,遂建大报恩寺及大报恩寺塔。由此可见,此乃金陵佛教圣地。在此建塔是历史的选择,我们没有任何理由,也不应改变这一选择。目前大报恩寺塔遗址尚存,如移址南郊石子岗复建,则是无文化之源、无历史之本的建筑空壳,那就不是大报恩寺塔,而是"石子岗塔",将失去其存在的历史文化内涵和人文价值,一定不会为世人所认可和接受,同时也不符合文物发掘、保护和利用的要求。

2. 在原址复建金陵大报恩寺塔,环境条件十分优越,将发挥极强的集聚作用。金陵大报恩寺塔原址在中华门外古长干里,南临风光秀美的雨花台风景区,北与举世闻名的中华门城堡、明城墙隔河相望,正处于明城墙风光带、夫子庙秦淮风光带及外秦淮河风光带、雨花台风景区的中心位置;同时,市政府已明确将用两年时间完成东西长干巷居民棚户区拆迁和明城墙维修任务,我区还将结合门东地区旧城改造,复建沈万三故居、周处读书台、芥子园、凤凰台等一批特色景点。在原址复建"龙头"景点金陵大报恩寺塔,可将此处诸多景点紧密串联,迅速形成规模,吸引大量的客源,带来丰厚的效益,有利于加速全市旅游倍增计划的实现,其影响力和震撼力是移址复建难以产生的。

3. 在原址复建金陵大报恩寺塔,符合市委、市政府今年大力实施老城环境整治的总体要求,可以改善该地区近2 000户居民群众的生活居住条件,从而带动整个中华门外地区的旧城出新改造,全面提升南京南大门的整体形象,充分体现江总书记"三个代表"的重要思想。

4. 目前,晨光集团正在积极进行搬迁,并制定了利于其自身优势大力发展旅游业的规划,这与我区的想法不谋而合。在原址复建金陵大报恩寺塔,不仅不会损坏晨光集团厂区内原江南枪炮制造局这一清代文物,反而可以更好地对其进行保护和利用,将之与金陵大报恩寺塔及周边环境进行整合,充分展示南京明清时期的历史文化,使其相互促进,相得益彰,这样既扩大了景区范围,又充实了景区内涵。

5. 在原址复建金陵大报恩寺塔,早已被南京大学蒋赞初教授、东南大学潘谷西教授和市规划委员会多位成员等著名专家学者所一致认可。同时,也得到了包括晨光集团在内的数家国内外实力雄厚单位的大力支持和参与。

鉴于上述理由，我们认为在原址复建金陵大报恩寺塔是"天经地义"的，具备了充分而必要的条件，将带来巨大的经济、社会和环境效益，带动和促进南京市旅游业的快速发展。

三、我区为复建金陵大报恩寺塔所做的前期准备工作

复建金陵大报恩寺塔，历来是我区，也是市委、市政府所十分关注的课题。早在上个世纪 80 年代中期，我区就已研究确定了包括复建金陵大报恩寺塔在内的夫子庙秦淮风光带建设规划，并得到当时市委、市政府主要领导的肯定和认可，只是由于种种原因而未能付诸实施。后来，又陆续进行了许多研究论证和宣传包装等前期准备工作，收集整理了大量相关史料并在《秦淮夜谈》《漫话秦淮》丛书、《秦淮调研》等上面刊载，编辑出版了《金陵大报恩寺塔志》等书籍资料。去年，借第六届世界华商大会在宁召开之机，我区赶制了大量精美画册并在大会上广为散发，引起华商们的高度兴趣和重视，并在会后收到不少回函，明确表示支持我们在原址复建金陵大报恩寺塔。前段时间，罗志军市长、周学柏副市长来我区现场办公时，也充分肯定了我区的设想，并明确成立由周副市长担任组长的专门班子具体负责操作此项工作。目前，市发展计划委员会已发文同意我区开展复建金陵大报恩寺塔的前期工作，市规划部门已对该地区规划用地进行控制，市旅游部门将此项工作列入我区旅游倍增计划内容，我区正在加紧进行规划论证等各项前期准备工作。下一步，我们将通过公开招标的方式，委托一些有经验、有影响的著名高校和设计单位来制作高水平的复建方案，并请权威专家学者进行充分论证和比选，采用市场化的方法进行运作。可以说，在原址复建金陵大报恩寺塔的各方面条件已经成熟。同时，我区具有复建南京夫子庙古建筑群及秦淮风光带建设的成功经验和一支特别能战斗的工作队伍，加之全区综合实力的不断提升，我们对在原址复建金陵大报恩寺塔具有必胜的信心和充分的能力。

特此报告！

秦淮区人民政府
二〇〇二年二月六日
（该报告抄送：市计委、市建委、市旅游局、市规划局、市文化局、市文物局）

附件二 市政府关于成立南京市大报恩寺琉璃塔暨遗址公园建设领导小组的通知

各有关单位：

为加快推进大报恩寺琉璃塔及遗址公园建设，市政府决定成立南京市大报恩寺琉璃塔暨遗址公园建设领导小组，成员名单如下：

组　　长：蒋裕德　副市长
副组长：时呈忠　秦淮区政府区长
成　　员：黄　河　市计经委副主任
　　　　　韩新海　市建委副主任
　　　　　金琳琳　市财政局局长
　　　　　陈晓均　市国土局副局长
　　　　　王汉屏　市规划局总建筑师
　　　　　郑永亮　市市政公用局副局长
　　　　　李　蕾　市园林局总工程师
　　　　　金卫东　市旅游局副局长
　　　　　杨新华　市文物局副局长
　　　　　吴心福　市民族宗教局副局长

领导小组下设办公室，地点设在秦淮区政府，时呈忠任办公室主任。

南京市人民政府
二〇〇二年十一月十一日

附件三 复建金陵大报恩寺塔项目对外招商文

一、项目介绍

· 江南之魂

公元前472年,越王勾践灭吴后,在今南京中华门外建越城,中华门地区成为南京的建城之始。大报恩寺塔立于南朝寺庙发祥地和江南佛教中心。早在明初之前,其原址及周边地带,曾有历代官方及皇家敕建的许多寺塔,虽屡建屡毁,仍屡毁屡建,政权更迭十朝,唯兴庙不变;岁月流逝千年,独建塔不止。公元247年,东吴大帝孙权为康居国僧人会在长干里修建建初寺和阿育王塔,成为江南塔寺之始;北宋端拱元年(988年),僧可政得唐三藏玄奘大师顶骨舍利,于长干寺建塔瘗藏;宋天禧元年(1017年),重修后的长干寺改称天禧寺,寺塔易名"圣感";元至元二十五年(1288年),诏改天禧寺为"元兴慈恩旌忠教寺",改塔名为"慈恩塔";明初,仍在历代毁损的寺塔旧址上,新建大报恩寺、琉璃塔。

· 大明之光

明初的大报恩寺与琉璃塔,为明成祖纪念明太祖朱元璋和马皇后所建(一说明成祖为纪念生母碽妃所建)。建成后的大报恩寺为江南三大寺之一,是全国最大的讲寺,为包容各派的佛教义学讲堂,并一度成为管理全国佛教事务的僧录寺所在地。被明成祖赐名为"第一塔"的大报恩寺琉璃塔,高约78米,为当时全国最高的建筑和南京最具特色的标志性建筑,以五色琉璃精工砌筑;塔顶悬挂140多盏篝灯,夜晚点燃时,几十里外可见,当时有人称赞琉璃塔"白天似金轮耸云,夜间似华灯耀月",并被张岱形容为"中国之大古董,永乐之大窑器"。1856年,大报恩寺与琉璃塔毁于太平天国的"天京事变"之中。

- 东西方之桥

十六七世纪,随着西方传教士和使团陆续到达中国,琉璃塔逐渐为西方世界所了解。他们惊叹于琉璃塔的壮丽,把它称为南京瓷塔(The porcelain tower of NanKing),并把它与万里长城一道作为中国在西方人心中的表征,代表了中国在西方心目中的美好印象,又与埃及金字塔、英国巨石阵等一道被称为中世纪世界七大奇观之一。

- 文化风水之巅

重建的金陵大报恩寺、琉璃塔,居古长干里文化风水之巅,稳重而不失纤秀,玲珑而不失庄严,矗立古长干里高台,倒映外秦淮河水,与明城墙、中华门相守,和雨花台相望。它在消失100多年之后,浴火重生,走出历史封存的记忆,将再次成为南京历史文化名城的精神标高。

二、项目定位

- 南京人文绿都新地标

建设国际性现代化人文绿都将为南京今后一个时期内的奋斗目标。有着深厚文化底蕴,见证中外文化交流历程,融文化、历史、宗教、旅游、商业等诸多因素于一身的大报恩寺重建项目将成为南京人文绿都建设的新地标,得到南京市委、市政府的高度关注和支持,被列为南京社会和文化进步2008年奋斗目标之一。

- 21世纪金陵禅意新生活

以大报恩寺、琉璃塔为中心,以秦淮河、长干里为纽带,整合宗教、文化、历史、旅游、商业资源,整体经营,形成游客、信众在园区及附近项目中新的生活行为。吃素斋药膳,听晨钟暮鼓,住禅修宾馆,忆往昔繁华,看当今盛世,修幸福之道,建和谐社会。再建商贾云集、市井繁华、雅士与高僧互动的金陵风情胜地。

- 新长干里历史文化街区

继承自春秋越国长干里地区筑越城、南朝四百八十寺的繁盛、明城墙的庄严、清金陵机器制造局的民族工业发轫等共2 000多年漫长的长干里历史文脉。沿革历代君王、高僧对长干里山水形胜的审美回归。在江南寺庙发源地重建大报恩寺、集明初文化成就之大成的琉璃塔,与秦淮河、明城墙共同构成长干里历史遗迹景观廊道。再造历代文人笔下"郎骑竹马来,绕床弄青梅。同居长干里,两小无嫌猜""同是长干人,生小不相识""千里莺啼绿映红,水村山郭酒旗风。南朝四百八十寺,多少楼台烟雨中"等等有着浓郁生活气息、文化氛围、历史积淀的依城傍水的新长干里历史文化街区。

三、项目特色

- 皇家寺庙；
- 包容各派的义学讲堂；
- 中国最壮丽的宝塔；
- 东方净琉璃世界；
- 再现明清庙市繁华；
- 遗址地宫奇观；
- 藏经刻经印经中心；
- 祈愿如愿报恩圣地；
- 明文化历史博物馆；
- 东西方文化之桥；
- 禅修中心、禅意宾馆；
- 再现明初繁盛的"永乐盛典"演出。

四、规划设计

由东南大学著名古建筑学者潘谷西教授领衔，朱光亚教授、陈薇教授担纲完成重建金陵大报恩寺项目的规划设计。重建的金陵大报恩寺园区由四部分组成：皇家寺庙、寺区宝塔、遗址奇观、庙市繁华。项目占地115亩，一期项目用地75亩（其中庙市商业占地约24亩）。

- 琉璃宝塔：13 150平方米，其中地上6 850平方米（含塔体3 700平方米）。地面高度98米。
- 皇家寺庙：11 200平方米，其中主殿1 690平方米，大殿高25.5米。附殿、藏经楼等共9 520平方米。
- 庙市繁荣：32 400平方米，其中地上商业20 200平方米、地下商业12 200平方米。
- 管理办公：2 100平方米。
- 地下车库：6 950平方米。

再造的琉璃塔秉承佛宗，遵循古法，八角九层楼阁形制，塔体高度89.8米，其中塔身九层高76米，塔刹九级高13.8米；地面总体高度98米。以古法琉璃构造的金陵大报恩寺塔身，以现代琉璃装饰塔内部空间，构筑全国唯一的琉璃奇观。

传承报恩之道的新大报恩寺塔，顺应时代，面向人间，以报恩文化为"内核"，以五色琉璃为"外象"，整体内容分为五个层次：

- 万利之塔：在地宫部分以舍利幻化、分身演示，使参观者在参与活动中产生联想，沐浴在佛性圣洁的光辉之中。塔基地面层部分设立大藏经博物馆，再现大报恩寺作为"南藏"初刻地刻经、印经、藏经的尊崇地位。
- 万愿之塔：塔体1~2层，为金陵大报恩寺塔的主殿——药师佛殿，以21米净高，供奉东方三圣暨十二大愿王，以"万愿之塔"，广泛满足佛教信众和游客"报恩祈愿"的不同精神需求。

·万恩之塔：塔体 3 ~ 7 层，以"万恩之塔"为主体，为"报恩第一塔"。五层空间自下而上，分别是报国土恩、报众生恩、报师长恩、报父母恩、报佛恩的专属楼层，分别对应设置有地藏菩萨、观音菩萨、文殊菩萨、普贤菩萨、弥勒菩萨的佛龛，方便报恩者供养。各楼层佛龛周围，主要用相对应的佛像砖装饰，佛像砖可分别由相应的报恩者供养。

·万塔之塔：3 ~ 7 层也是"万塔之塔"，以微缩"世界佛塔文化博物馆"为环境，供奉 1 万座小琉璃宝塔，塔内有大报恩寺塔地宫舍利的分身舍利，可分别由报恩者供养；五层空间分别以黄、绿、红、蓝、橙五种琉璃色为各层的主色调，按照佛教的地理空间观，分别展示东、西、南、北、中五方世界的佛塔文化。一塔之内，天下佛塔尽收眼底。

·万佛之塔：又称东方净琉璃世界，为塔体 8 ~ 9 层（内空合为一层，净高超过 10 米），以"万佛之塔"为主体，以琉璃光为环境，供奉 1 万面琉璃砖佛像；依照佛经描绘的意境，以现代琉璃和光影技术，营造流光溢彩而又庄严圣洁的东方净琉璃世界，再现令人向往的"天国花园"。五个层次的"万塔"，互相之间没有精神高度的差别，只有物理空间的区分，以"报恩"为精神主线贯穿始终，往复循环，让人们"报恩得恩，祈愿如愿"。

五、项目投资收益

1. 项目投资

（1）一期拆迁资金：4 亿元。其中：居民区拆迁 3 亿元；晨光宾馆餐饮楼、北部客房楼、设备楼拆迁，10 号大院土地征用共 1 亿元。

（2）一期项目工程建设：4.7 亿元。其中：塔、寺庙、遗址园区建设费用 3.2 亿元；庙市商业建设费用 1.5 亿元。

（3）二期拆迁资金：4 亿元。其中：沿雨花路的商业楼拆迁改造费用 3 亿元；晨光宾馆南部客房楼、会议楼收购费用 1 亿元。

（4）二期项目投资：0.4 亿元。其中：晨光宾馆南部客房楼、会议楼改造费用 0.2 亿元；寺庙入口环境建设、入口商业设施建设 0.2 亿元。一期项目在商铺自营的条件下总投资 8.7 亿元；在商铺用地转让的条件下总投资 7.2 亿元。

2. 项目收益

（1）在商业设施自营的条件下。一期项目在经营期内，年均经营收入 1.4 亿元，包括门票收入 0.48 亿元、商业租金收入 0.6 亿元、佛事产品经营收入 0.32 亿元；年平均净利润 0.6 亿元。项目内部收益率 8.72%，静态投资回收期 7.2 年。

（2）在商铺用地转让的条件下。一期项目投资期内回笼土地转让款 4 亿元，大幅缓解资金压力；一期项目在经营期内，年均经营收入 0.9 亿元，包括门票收入 0.48 亿元、园区内商铺租金和停车场收入 0.1 亿元、佛事产品经营收入 0.32 亿元；年平均净利润 0.43 亿元。项目内部收益率 12.51%，静态投资回收期 2.7 年。

（3）二期项目收益约 3.3 亿元，其中入口商业销售 1.5 亿元，晨光宾馆改造后价值 1.8 亿元。考虑到环境改善项目收益增加的因素，在二期项目使用后 5 年内基本收益平衡。

六、合作方式

根据南京市政府的有关精神，南京市国资集团出资 4 000 万元，秦淮区政府、红花机场指挥部、晨光集团各出资 2 000 万元，合计 1 亿元人民币共同组建南京大明文化实业有限公司承担金陵大报恩寺项目的建设、运作。目前一期项目居民区已基本拆迁完毕。市国资集团还出资 500 万，发起成立了大报恩寺塔文化发展基金会，筹集项目建设资金。

南京大明文化实业公司拟扩充资本金至 3 亿元，本次招商，拟邀请实力雄厚的企事业法人、个人参股或控股南京大明文化公司，与南京市国资集团、秦淮区政府、红花机场指挥部、晨光集团共襄人间盛举，再造九级浮屠。

南京大明文化实业有限责任公司
2012 年 11 月 12 日

附件四 复建南京大报恩寺遗址公园项目内容一览表

	项目内容	内容描述
遗址公园总区	建设总用地115亩。一期项目用地75亩（其中庙市商业占地约24亩）。秦淮河清淤驳岸，用地面积2万平方米；东起俞通海墓、晨光厂，南达晨光厂路，西至雨花路，北临秦淮河的扫帚巷	南京大报恩寺遗址公园大门坐东朝西，整个园区以原寺为中轴线，与街道相垂直，平面布局可分为南北两部分，北面是佛寺和塔、香水河桥和香水河、左右两个正方形碑亭、琉璃博物馆、琉璃作坊和商店等。既能保护遗址古迹，又能给人们提供参观景观的通道，创造一种静谧、幽远的氛围，满足人们发思古之幽情的心理需要
大报恩寺庙宇区	建设总面积21 680平方米。其中主殿1 690平方米，大殿高25.5米。附殿、藏经楼等共9 520平方米	该区包括庙前广场、牌坊、山门、钟鼓楼、香河桥、明代御碑、天王殿、左右配殿、大雄宝殿、廊庑、藏经楼等，庙北报恩阁院用来举行以报恩为主题的活动
琉璃塔区	建设总面积13 150平方米，其中地上6 850平方米（含塔体3 700平方米）。塔地面总体高度108米、塔身为九层、塔体高度78～92.68米	塔区沿南北向分别设置有牌坊、塔南广场、水池、塔、塔北观景跌落式平台，平台顶端设梯级通往设在秦淮河边的游船码头。它们将塔区的轴线一直延伸到秦淮河，使塔与中华门、秦淮河贯通一气。 八边形的塔基将置在一亚字形水池中，产生灵动的基底感觉和变幻的阴影效果；塔身遵循古法，八角九层楼阁形制，以古法琉璃构造的金陵大报恩寺塔身，以现代工艺装饰塔内部空间，构筑全国唯一的一座五彩缤纷的琉璃塔奇观
庙市繁荣区	占地面积32 400平方米，其中地上商业20 200平方米、地下商业12 200平方米。管理办公：2 100平方米。地下车库：6 950平方米	该区分为两部分：南面为热闹的世俗化的工艺市场，沿河及北部为幽静高雅的休闲商业空间。店面街面宽度为6～8米，呈现一种传统商业步行街和幽静高雅休闲的空间形态
二期规划区	二期扩建工程，拟建重驿楼，扩建建初寺、设立佛教研究中心，同时建越城遗址公园，长干桥两侧建步行桥等	按照规划，二期规划在保护遗址的前提下，拟建重驿楼，扩建建初寺，设立佛教研究中心，建金陵刻经新馆；在西边复建"越城"遗址公园；在长干桥两侧建步行桥和系列浮雕等项目，打造明韵明街，让游客体验金陵风情和市井遗风，形成"点、线、面"的结合休闲与旅游的新格局

附件五 复建南京大报恩寺遗址公园建设时间一览表

序号	时　间	内　容　描　述
1	1982年初	时任南京市政府市长张耀华先生,在开始建设秦淮风光带时提出了重建金陵大报恩寺和琉璃塔的构想
2	1983年初	秦淮区政府在建设秦淮风光带时,首次提出复建金陵大报恩寺塔的目标,并纳入"经济和社会发展目标"重大项目建设之一,以后每年全年工作目标
3	1987年3月	南京市文管会委托东南大学毕业、就职于南京建筑工程学院的汪永平先生等人,对重建金陵大报恩寺做前期工作,并写出调查报告。该年3月,市文管会组织专家学者对重建金陵大报恩寺和琉璃塔召开论证会
4	2001年9月	南京市在第六届世界华商大会上,首次推出金陵大报恩寺复建项目,并对外进行招商
5	2002年初	秦淮区人民政府向南京市政府提交重建报告后,1月27日,市长罗志军、副市长周学柏到秦淮区政府就重建金陵大报恩寺事宜现场办公;8月8日罗市长召开市长办公会,并下发了《市长办公会会议纪要》,会议决定在原址进行重建
6	2002年2月	秦淮区人民政府以(宁秦政字〔2002〕8号)文向南京市政府上送《关于在原址复建金陵大报恩寺塔旅游项目的报告》,阐述了在原址复建的理由和所做的一系列工作
7	2002年4月1日	秦淮区政府正式委托南京考古学会,开展重建寺塔前期论证,并拟写了《重建金陵大报恩寺塔方案》,呈送市政府及有关部门等待审批和准备启动

序号	时间	内　容　描　述
8	2002年6月28日	由南京市旅游局牵头，组织市政府有关部门和专家对《复建金陵大报恩寺塔暨遗址公园建设项目预可行性研究报告》进行专题论证会，并发会议纪要
9	2002年8月8日	南京市市长罗志军主持召开市长专题办公会，专题研究金陵大报恩寺塔遗址公园选址、市政府成立30个部门领导参加的领导小组和建设经费等问题，并在8月21日下发《市长办公会议纪要》
10	2006年底	金陵大报恩寺及琉璃宝塔的重建再一次被列入南京市明年的重大建设项目，由于经费问题，重建无法按时启动
11	2006年11月	南京国有资产集团牵头，由秦淮区政府（南京风光建设开发公司）、南京晨光集团和红花机场指挥部组建了"南京大明文化实业有限公司"，承担金陵大报恩寺塔遗址公园复建项目和经营
12	2004—2007年	东南大学首次拿出了精心设计的《金陵大报恩寺琉璃塔暨遗址公园规划设计方案》，并递交国家文物局审批；《方案》反反复复，几经论证、修改。2007年东南大学设计团队在2004年制定《方案》的基础上，重新进行论证和修改。同年，由南京市规划局向社会公布，征求各界人士的意见
13	2007年初	南京市政府正式下文定名为"南京大报恩寺塔遗址公园"项目工程
14	2007年2月	经有关部门批准，南京博物馆组织考古人员进入大报恩寺遗址宝塔顶10号院，对原址进行挖掘和考察，金陵大报恩寺遗址公园建设正式启动
15	2007年3月	秦淮区政府组织有关部门对该区域进行征地拆迁工作。据南京风光开发公司统计，征地拆迁前在大报恩寺遗址范围内有拆迁户1400多户和60多家大小企业要搬家，经过近两年的艰苦工作，完成了拆迁任务
16	2008年8月6日	考古人员对原址进行挖掘和考察，发现了宋代地宫和铁函，8月7日，在铁函中发现了七宝阿育王塔，震惊了世界；11月22日，鎏金七宝阿育王塔在瘗藏千年之后，被工作人员从铁函内"请出""塔王"重现世间
17	2010年6月12日16时55分	考古发掘出的金棺银椁中七宝阿育王塔被打开，佛顶真骨舍利子盛世重光，并被迎请至宝塔内供奉
18	2010年9月16日	南京大报恩寺遗址公园工程项目举行奠基开工仪式，复建南京大报恩寺遗址公园正式开工建设
19	2010年11月9日	深受儒家文化熏陶，热心公益事业的大连万达集团股份有限公司董事长王健林先生，通过中华慈善总会向该项目捐款10亿元，用于大报恩寺遗址公园的建设
20	2012年5月	南京市政府下文立项批准建设"南京大报恩寺塔遗址公园"工程（宁发改投资字〔2008〕43号、〔2012〕1032号）"建设用地规划许可证""建设用地批准书""划立基地红线"等文件内容

序号	时间	内　容　描　述
21	2012年9月17日	南京大报恩寺遗址公园复建正式启动，由南京文化投资控股（集团）有限公司、中冶置业集团有限公司、秦淮区政府、南京市南部新城开发建设集团共同出资并成立"南京大明文化实业有限公司"
22	2013年5月	重建后的南京大报恩寺塔遗址公园，被国务院核定公布为全国重点文物保护单位
23	2015年3月6日	南京大报恩寺遗址公园的寺塔主体工程完成。竣工后部分灯光开始亮灯试灯；108米高的南京大报恩寺塔在夜色中放射出五彩光芒
24	2015年12月16日	南京大报恩寺遗址公园开园仪式，上午7点20分至8点感应舍利迎请法会在栖霞寺举行；9点38分感应舍利迎请移至中华门外南京大报恩寺公园地宫，10点18分，南京市市委、市政府和有关部门领导举行开园仪式
25	2015年12月16日	穿越千年时光，长干寺佛脉盛世重辉，复建后的南京大报恩寺遗址公园在上午8:30正式向社会开放

附件六 南京长干寺（宋代）地宫考古及发掘时间一览表

序号	时间	内容描述
1	2007年2月14日	南京市博物馆组织考古队进入宝塔顶10号院现场，第一次对金陵大报恩寺与琉璃塔遗址进行建筑遗存清理
2	2007年9月至11月	在晨光宾馆北面遗址，考古人员惊喜地发现了大报恩寺与琉璃塔塔基下大小"双地宫"开口处
3	2008年4月	考古人员对地宫进行试挖掘，发现地宫结构为圆形竖井状，整体保存完好
4	2008年7月15日至17日	考古队员进入地宫井，将宫中的镇石盖板吊出井口，地宫入口被打开，发现夹杂大量铜钱及堆土
5	2008年7月17日	南京市召开"金陵大报恩寺与琉璃塔遗址公园"考古对外新闻发布会
6	2008年7月18日	发现了地宫石碑。石函上有《金陵长干寺真身塔藏舍利石函记》长篇铭文，经考证属系宋代长干寺地宫，距今已有997多年的历史。为了更好地发掘和保护，地宫中的铁函和石碑从大报恩寺考古遗址运送到朝天宫南京市博物馆地库临时藏存
7	2008年7月27日	铁函在全副武装的警察护送下，运送至南京市博物馆地库内

序号	时间	内容描述
8	2008年8月6日	9时30分，铁函开启工作正式启动；当打开顶端的丝绸包裹后，露出了金碧辉煌的金棺银椁；塔的周围还发现了金凤凰、丝织物和宝石
9	2008年8月7日至11月11日	由于铁函埋入地下近千年，阿育王塔与铁函间的空隙太小，被"锁"住。国家文物局要求确保函、塔、缎都不能损坏，取塔工作陷入僵局
10	2008年11月18日	相关专家经过再次论证请出"宝塔"方案，并进行测试，决定11月22日请出"塔王"
11	2008年11月21日	南京晨光集团专家通过X光扫描，基本确定铁函里有金棺银椁
12	2008年11月22日	七宝阿育王塔从铁函中请出，放入有机宝塔罩内。塔周围是水晶、玛瑙、琉璃等多种宝石。塔身通体雕刻图案，令人眼花缭乱。在海内外108位高僧见证下，从金棺银椁中恭请出了15颗感应舍利及诸圣舍利等圣物
13	2009年5月起	修复后的阿育王塔及部分文物在南京市博物馆公开对外展览
14	2010年6月12日	万众瞩目的金陵长干寺阿育王塔佛顶骨舍利在栖霞寺举行盛大法会，在海内外高僧大德的见证下，金棺银椁被打开,佛顶真骨舍利时隔千年,盛世重光
15	2015年12月16日	上午7点30分，感应舍利迎请法会在著名的栖霞寺举行；9时38分，感应舍利迎请移至南京市中华门路雨花路大报恩寺塔遗址公园地宫处藏存，长干里又立于佛脉文化风水之巅

参考资料

[1] （南朝）姚察《姚思廉·梁书》（卷四），中华书局，1973 年
[2] （梁）《高僧传》（卷一），中华书局，1992 年
[3] （唐）道世《法苑珠林》（卷一、卷二），中华出版社，2003 年
[4] （唐）许嵩《建康实录》，中华出版社，1992 年
[5] （宋）马光祖《景定建康志·名迹》，中华出版社，1990 年
[6] （宋）司马光《资治通鉴》（卷十六），中华出版社，1956 年
[7] （元）张铉《至正金陵新志》，中华出版社，1992 年
[8] （明）张岱《陶庵梦忆》（卷一）"报恩寺塔"，中华书局
[9] （明）朱之蕃《报恩寺塔》，南京出版社，2012 年
[10] （明）《明史》《太祖实录》《太宗实录》《靖难事迹》
[11] （明）葛寅亮《金陵梵刹志》"重修报恩寺敕"，上海古籍出版社，1983 年
[12] 何孝荣《明代南京寺院研究》，故宫出版社，2000 年
[13] 严耀中《南佛教史》，上海人民出版社，2000 年
[14] （清）孙文川《金陵六朝古寺考》，刘世衍改编《南朝佛寺志》，2013 年
[15] （清）余宾硕《金陵览古》，上海古籍出版社，1983 年
[16] （清）甘熙《白下琐事》，南京出版社，2007 年
[17] 卢海鸣、邓攀编《金陵物语》，南京出版社，2014 年
[18] （清）高岑《金陵四十八景图》，南京出版社，2012 年
[19] （民国）张惠衣《金陵大报恩寺塔志》，南京出版社，2007 年
[20] （民国）徐寿卿《金陵四十八景全图》，南京出版社，2007 年
[21] 祁海宁、龚巨平《南京大报恩寺史话》，南京出版社，2008 年
[22] 袁蓉《洪秀全之谜》，南京出版社，2012 年
[23] 《南京文物考古新发现》（第四辑），文物出版社，2016 年
[24] 《南京历代佛寺》，南京出版社，2017 年
[25] 南京市古都学会《南京史志》
[26] 秦淮区人民政府《重建金陵报恩寺塔申请立项报告》
[27] 南京日报《风雅秦淮》有关内容
[28] 秦淮区文史刊物《秦淮夜谈》有关内容
[29] 秦淮区文史刊物《秣陵志图》有关内容

编后

时光荏苒，岁月如梭。

我收集、摘抄、积累、编写《千年守望——金陵大报恩寺塔古今》一书，整整花了十几年的时间。飘散着淡淡油墨书香的此书就要与大家见面了，作为作者，有抑制不住的喜悦。千年寺塔，废建兴替，铭其功德，了然一册。借此，想对广大读者再说几句心里话。

从东吴大帝孙权为印度高僧康僧会建江南最早的寺庙建初寺，到稍后兴建的长干寺、天禧寺，再到明成祖朱棣以皇家规格复建的金陵大报恩寺塔，直到被太平军毁灭，长干佛陀里的四座古老的寺庙经过了初建、修复、被毁、再复建，屡毁屡建，千年守望，记载了多少历史变迁和劫难的故事，又记载了多少具有艺术价值的奇珍异宝被毁损的经过。今天，消失了120多年的金陵大报恩寺塔，浴火重生，走出了历史封存的记忆，把那些落满尘埃的珍贵历史原貌告诉南京，告诉全中国乃至全世界，让人们仿佛能用手触摸到这段历史的古迹，让更多的人了解这座古寺发生的故事。把在复建中究竟保留了多少"原汁原味"、历史原貌，它又如何再次成为南京历史文化名城的精神标高等等情况告诉大家，就是我编写这本书的初衷。我曾有幸参与了复建大报恩寺这项工作，又在数十年平平常常的日子里，性之所至，情之所钟，结下了不解之缘，不辞辛苦地查找资料，觅踪追源，不厌其烦地核对有关文字记载，在无数的资料堆里拾到珍珠般的宝贵材料，又从众多古籍书中寻找有关史料文字记载和典故的出处，一点一滴地地阅读、发现、收集、摘抄，积累了厚厚一袋子又一袋子"乱七八糟"的资料。因本人学识肤浅，古文和历史知识贫乏，不敢编著，一直把它当作自我学习、阅读、欣赏的教材，未及成书。大报恩寺塔复建之后对外开放，在朋友的劝助下，才编写整理完稿。

我知道我这种耕耘，不一定能赢得众多人的同情和喝彩，但希望南京佛教文化的爱好者和同行者看到这本书后，少一点指责，多一点微笑，这样我就会变得怡然自得，仰天长笑，化解我心中苦乐俱偿的心情，笑看夜幕月光下五彩缤纷的金陵大报恩寺塔，体会金陵风情，市井遗风，沐泽长干里的佛光，我则情悠悠、意也悠悠……

《千年守望——金陵大报恩寺塔古今》这本书的出版，严格地讲是集体的创作，是集体劳动的结晶。首先，我查阅了众多的史料文字记载，有这些资料的奠基，才能写出这本书来；其次，本书广泛地参考了众多介绍南京历史和佛寺佛塔的书籍，并字斟句酌地细读了文字的原意；其三，还应感谢秦淮区政府办公室，秦淮区档案馆，原秦淮区史志办主任、文志学者杨献文先生，原秦淮区文化局局长、文志学者高安宁先生和摄影大师朱生坤先生等的具体指导和帮助。最后，特别应当感谢那些不知名的人为我所提供的资料、照片。因我在过去收集、摘抄和积累金陵大报恩寺及琉璃塔有关资料时，并没有出版之意，只是出于对文字资料的喜爱，出于自己的爱好和学习，有些资料的来源和出处，当时没有认真去摘抄记录，时间久了，现在也无法查出，难免有不少漏洞，有许多不足之处、疏漏乃至错误，特别是在编写时，也参照或摘抄了不少作者文章中的段落和语句、新老照片以及新闻资料，现在更难说出作者是谁或出于何处，更不能把他们的名字和作品——在本书中注明。在此，敬请谅解和感谢。由于自己学识简陋，对佛教文化和历史知识了解甚少，存在疏漏和错误不少，敬请读者原谅和不吝赐教。

在此，我特别向本书采用有关资料而没有留下名字的先生们深深地鞠躬！

史诗长

2020 年 5 月 18 日